2035
일의 미래로 가라

2035 일의 미래로 가라

초판 1쇄 발행 | 2017년 5월 21일
초판 2쇄 발행 | 2017년 6월 30일

지 은 이 | 조병학·박문혁
펴 낸 이 | 엄지현
기 획 | 조윤서
마 케 팅 | 권순민·오성권·강이슬
표 지 | 강수진
내 지 | 롬디
제작총괄 | 조종열
인 쇄 | 영신사
발 행 처 | (주)인사이트앤뷰
등 록 | 2011-000002
주 소 | 서울시 구로구 경인로 661
전 화 | 02) 3439-8489
이 메 일 | insightview@naver.com

ISBN 979-11-85785-32-5

값 16,000원

2035
일의 미래로 가라

조병학·박문혁 지음

인사이트앤뷰

CONTENTS

| PART Ⅲ |
일을 융합하는 9가지 혁신

일의 미래로 가라.

미래가 걱정스러운가, 걱정스럽다면 왜 그런가, 모르기 때문인가? 모르기 때문이라면 미래를 어느 정도 알게 되면 미래에 대한 걱정도 줄어들지 않을까? 그렇기는 하지만 실제로는 그렇게 되지 않는다. 왜 냐하면, 미래를 아는 것으로는 아무것도 해결되지 않기 때문이다. 지 금 내 앞에 있는 기차가 미래로 가는 것을 안다고 해도 열차에 올라타 거나 더 빨리 갈 다른 방법을 찾지 못하면 아는 것으로는 아무 변화도 생기지 않는다.

과거에는 30년 후, 심지어 100년 후 미래에 관한 책이 끊임없이 쏟 아져 나왔다. 그런데 2010년이 지나면서부터는 먼 미래라고 해야 10년 후, 20년 후가 대부분이다. 요즈음은 3년 후나 5년 후를 논하는 책이 더 많다. 왜 그럴까? 이를 두 가지 관점에서 생각해볼 필요가 있다. 첫 째는 불확실성 때문에 미래를 예측하기가 어려워졌고, 둘째는 다가올

5년의 변화는 과거 수십 년, 수백 년의 변화와 맞먹기 때문이다.

그런데도 나는 조금 더 먼 미래를 봐야 한다고 생각한다. 예측 가능하다면 최대한 멀리 보는 것이 현재를 살며 정확하게 미래를 준비하는 길이기 때문이다. 그리고 좀 더 멀리 봐야만 울퉁불퉁하거나 좌우로 치우친 길을 걷지 않게 된다. 삐걱거리거나 좌우로 갈팡질팡한다는 것은 시간을 낭비한다는 것인데, 우리에겐 그럴 시간이 없다. 변화는 지금도 생각지도 못한 속도로, 생각지도 못한 방식으로 지나가고 있다.

이제 두 가지가 남았다. '누가 볼 것인가'와 '어떻게 볼 것인가'이다. 누가 볼 것인가? 미래를 봐야 하는 사람은 절대 미래학자가 아니다. 미래를 걱정하며, 현재를 살며 준비해야 하는 사람은 바로 당사자인 우리다. 미래를 보려면 다른 사람의 눈이 아닌 우리 눈으로 봐야 한다. 그래야만 현재의 내 좌표를 확인할 수 있다. 그리고 나의 눈에 맞는 미래를 설계하고 준비할 수 있다. 미래를 잘 본다는 사람들의 말은 참고하면 된다.

그렇다면 어떻게 볼 것인가? 우리는 두 가지 방식으로 미래를 보려고 한다. 우선 선형적으로 10년 단위로 미래를 그려서 실현 가능한 핵심 주제를 선정하는 방식으로 미래를 본다. 이 주제는 크게 변화할 주제가 아니며, 모두가 관심을 두므로 그 시기가 별로 유동적이지도 않다. 예를 들어, 2025년 한국에는 '완전한 5단계 자율주행 자동차'와 같은 주제가 있다. 이것이 2024년에 실현되든, 2026년에 실현되든 현재와 앞으로의 10년에 큰 영향을 끼치지 않는다. 이런 핵심 주제를 2025년, 2035년, 2045년에 설정해 선으로 연결한다.

이런 생각이 바로 들 것이다. '자율주행 자동차가 핵심 주제라면 어떤 직업이 사라질까?' '내 일과는 무슨 관계가 있을까?' 자율주행 자동차가 택시나 버스 기사, 트럭 기사와 같은 직업을 사라지게 할 것이라는 생각이 가장 먼저 들 것이다. 그런데 왜 그런 생각이 들었는지도 생각해봐야 한다. 자동차라는 제품은 운전을 전제로 존재한다고 생각하기 때문이다. 그래서 '운전'이 사라지니 그 '직업'이 사라진다고 생각하는 것이다. 물론 일차적으로 그렇기는 하지만 '운전'이라는 직업이 사라지는 것은 시작에 불과하다.

가끔 등장하는 우버 자율주행 택시의 사고 소식이나 테슬라 전기자동차의 자율주행 중 사고 소식에 모두가 호들갑이지만, 실제로 인간이 일으키는 사고에 비하면 극히 작은 수치다. 여기에 현재의 기술 수준과 도로 환경, 인간 운전자와 같이 도로를 운행했다는 점을 고려하면 사고는 이미 제로를 향하고 있는 것과 마찬가지다.

여러분은 사고가 없는 차를 운행하면서 비싼 보험에 들겠는가? 만약 보험을 들어야 한다면 자율주행 자동차를 운행하는 소비자인가, 아니면 차를 만든 제조사인가? 자동차 제조사는 사고도 나지 않을 차를 만드는 소재로 그 무거운 철을 고집할 것인가? 철을 가장 많이 사용하는 제조업의 하나인 자동차산업이 철이 아닌 다른 소재를 채택한다면

프롤로그 일의 미래로 가라.

철강산업은 어떻게 될 것인가? 또한, 운전하지도 않는 차 안에서 여러분은 무엇을 할 것인가?

이처럼 미래로 이동하는 10년 단위의 마일스톤, 그러니까 이정표가 되는 핵심 주제들에는 산업과 일에 관련된 더 폭넓은 연관 주제들이 있다. 이런 주제들을 산업과, 산업의 경계를 허물면서 설정하고 생각해본다. 이것이 이 책에서 미래를 보는 두 번째 방식이다. 10년 단위의 미래로 가는 몇 개의 커다란 마일스톤을 설정하고, 이 마일스톤에 연관된 주제들을 살펴보면 일의 미래가 보인다. 이것이 우리가 알고자 하던 미래다.

물론 여기가 끝이 아니다. 자율주행 자동차마저도 계속 지금처럼 대량생산되지는 않을 것이다. 3D 프린터로 만든 자신만의 개성을 반영한 차를 갖게 될 것이다. 가벼워진 자동차에 환경오염을 일으키는 탄소 동소체인 화석 연료를 사용할 이유도 동시에 사라질 것이다. 대중교통의 역할도 상당 부분 사라질 것이다. 차를 몇 대씩 사는 가정도 보기 어려워질 것이다. 이제 차는 사람과 연결되고 집의 냉장고나 텔레비전과 연결되어 비서 역할에 충실해야 할 것이다.

미래는 우리 주변의 많은 것을 바꿀 것이다. 긍정적인 변화를 위해 시작된 미래지만, 앞으로 30년간 무수히 많은 사람이 일자리가 사라지는 고통을 겪게 될 것이다. 어떤 사람들은 산업혁명 초기에 일자리 걱정을 했던 일이 기우에 불과했다는 사실을 지적하며 지금의 일자리 걱정도 마찬가지라고 말한다. 그러나 지금은 대량생산이 대량소비를 촉발했던 시기가 아니다. 지금은 차를 생산할 공장을 건설하고, 철을 대량생산하고, 부품을 조립할 사람이 필요하던 시기가 아니라, 모든 운전자에게 운전 정지 명령이 내려지는 시기다.

하지만 새로운 기회도 동시에 생긴다. 차에는 탔지만, 운전하지 않게 된 운전자를 위해 필요한 것을 제공해주는 그런 일이다. 철로 차를 만들지 않는다고 해서 소재를 사용하지 않는 것은 아니다. 그런 소재를 개발하는 일에는 엄청난 기회가 열린다. 그걸 알아채는 것이 지금부터 우리가 할 일이다.

첫 파트에서는 '미래로 가는 가로축'을 확인한다. 2025년, 2035년, 2045년경에 일어날 가장 중요한 일이 무엇인지 확인한다. 그 이상은 예측도 어렵지만, 예측한다 해도 현실화할 가능성 또한 멀어진다. 저 시기의 좌표들에 관해서도 논란은 있다. 특히 어떤 관점으로 보느냐에 따라 방향은 물론 마일스톤마저 달라진다. 나는 과학기술의 관점에서 이 책을 썼으며, 가장 신뢰할만한 사람으로 미래학자이자 구글의 엔지니어링 책임자인 레이 커즈와일Ray Kurzweil[1]을 선택했음을 밝혀둔다.

두 번째 파트에서는 미래로 가는 '가로축 주변의 중요한 이슈들'을 살펴본다. 2025년에 자율주행 자동차라는 마일스톤이 설정되었다면, 중요한 이슈로 인공지능, 자율주행, 보험, 소재, 연결, 빅데이터, 디지털 감시, 융합, 3D 프린터, 일자리와 같은 것들이 계속해서 등장할 수밖에 없다. 여기서는 이런 이슈들이 어떻게 얽혀 다른 파급효과를 만드는지 확인한다. 한계라고 한다면 모든 이슈를 다룰 수 없다는 점이다. 여러분의 상상력이 필요한 지점이다.

세 번째 파트에서는 중요한 산업의 변화를 생각해본다. 예를 들어, 변기 제조는 건설산업에서 헬스케어산업으로 이동한다. 변기는 배설물, 체온, 땀, 심지어 피부를 읽어 분석하는 의료기기로 탈바꿈한다. 분석된 정보는 연결된 병원, 주치의에게 전달되고 관리된다. 텔레비전이나 냉장고 혹은 인공지능 비서는 집과 나, 가족, 생활, 건강을 모두 책임지는 비서실장이 된다. 우리가 알아야 할 것은 비서실장이 텔레비전이냐, 냉장고냐, 혹은 휴대전화냐가 아니다. 무엇이 바뀌고 어떻게 융합되느냐다.

이런 논의에서 가장 어려운 점은 현실에 발을 딛는 일이다. 우리는 이런 논의가 남의 일이 되지 않도록, 실제로 상상을 현실로 만드는 대표주자 기업들을 모두 확인했다. 일부는 이미 여러분이 아는 기업일 것이다. 하지만, 그들이 상상하는 미래를 확인하면 깜짝 놀랄 수도 있다. 이들을 미리 알아야 하는 이유는 10년, 20년 후에 여러분이 그리고 여러분의 아이들이 애플Apple Inc.처럼 자주 부르는 이름이 될 것이기 때문이다.

마지막 파트에서는 일은 어떻게 해체되고 다시 탄생하는지 상상력을 동원해 살펴본다. 일은 사라지기도 하지만 새롭게 탄생하기도 한다. 심지어 죽은 일이 살아나기도 한다. 모두 우주여행을 꿈꿀 것 같지만, 지금보다 더 자연을 탐험하는 여행이 주목받을 수도 있다. 모두 디지털 음악을 사랑할 것 같지만, 아날로그 음악을 찾아 연주회장이 붐빌 수도 있다. 우리는 주목할 만한 미래의 일거리 분야로 아홉 가지를 제시한다. 다섯은 그야말로 미래와 연결된 일이고, 둘은 인간의 감성에 연결된 일이고, 나머지 둘은 인간의 본성에 관련된 일이다.

이 책에서 가장 궁금해할 부분은 마지막 파트이겠지만, 분명히 한계가 있다. 이 부분을 연구한 자료도 부족하고 먼 미래를 사진처럼 예측하는 것은 어렵기도 하고 불가능하기도 하다. 하지만 아주 분명하지는 않겠지만, 상당 부분은 누구나 판단할 수 있는 일이기도 하다. 특히 우리는 미래에 벌어질 개별적인 사건이나 기술 수준과 같은 것보다는 전체적인 삶의 모습을 그려보려고 한다. 그리고 그 미래를 위해 무엇을 준비하고, 아이들에게는 무엇을 가르치고, 무엇으로 인간다움을 유지할 수 있는지를 말하고자 한다.

마지막으로 저자인 우리를 설명하려고 한다. 우리는 교육, 그러니까 공부를 전공한 사람들이다. 한 사람은 대학을 졸업한 이후에도 연구원에서 기업, 교육, 공부에 관련된 일과 사업만 계속했다. 교육과 공부의 대상은 사람과 기업의 과거, 현재, 미래에 관련된 모든 것이었다. 다른 한 사람은 교육 현장을 발로 뛰며 미래가 없는 교육에 맞서던 사람이다. 우리의 관심은 우리나라를 비롯한 전 세계에서 여러 가지 형식으로 나오는 지식을 들여다보고, 똑똑한 친구들과 토론하며 앎의 크기를 키우는 것이다. 이것이 우리의 삶, 우리를 둘러싼 세계, 인간의 미래를 가장 잘 이해하는 방법이라고 믿기 때문이다.

독자의 눈으로 글을 읽고 책을 내준 인사이트앤뷰 엄지현 대표에게 감사한다. 상상력이 필요할 때마다 우리보다 더 잘 공부해 아이디어를 준 이소영에게 감사한다. 산더미처럼 쌓인 책과 자료를 찾아준 우리의 동료와 가족에게도 감사한다.

부디 가슴 뛰는 미래를 발견하기를.

PART I

보이는 미래,
보이지 않는 미래

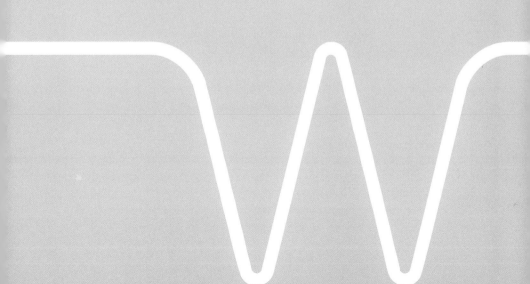

혁명은
행동에서 시작된다

인류는 이제 과거 30,000년간의 변화보다
더 큰 변화를 30년 안에 맞게 된다.
인류는 스스로 전쟁이 아닌 방식으로
자신의 생존방식을 결정하며 바꿔가고 있다.

산업혁명은 누구나 아는 용어다. 하지만 '4차 산업혁명'은 또 뭔가? '내가 모르는 사이에 2차 산업혁명과 3차 산업혁명이 지나갔다는 말인가?' 어떤 독자는 이런 생각이 들 것이다. 더구나 지식인이라는 사람들이 모두 큰일이라도 난 것처럼 갑자기 이구동성으로 '4차 산업혁명'을 말하니 시대에 뒤처진 것처럼 불안해진다.

아마존에서 책Books을 선택하고 '4차 산업혁명Fourth Industrial Revolution'을 검색해보자. 결과는 놀랍다. '4차 산업혁명'에 관한 책이 거의 없다. 우리나라에도 번역된 클라우스 슈바프Klaus Schwab의 〈제4차 산업혁명〉[2] 정도만 눈에 띈다. 반면 우리나라 서점가, 정계, 언론에는 4차 산업혁명으로 먹고사는 게 아닐까 의심될 정도로 용어가 넘쳐난다. 누가 이런 일을 벌였을까? 그렇다면 4차 산업혁명은 없는 것인가?

진원지는 여러분도 알다시피 독일인 클라우스 슈바프다. 다보스포럼이라 불리는 세계경제포럼[3] 회장이기도 한 그가 2016년 세계경제포럼에서 던진 화두다. 현재 직면한 과학기술 혁명은 이전과는 속도Velocity, 범위와 깊이Breadth and depth, 시스템 충격Systems Impact 면에서 크게 다르다는 데서 출발한 진단이다. 진단이 훌륭하고 옳긴 하지만 '4차 산업혁명'이라는 결론은 한국사회의 편중된 시각을 닮았다. 아마도 제러미 리프킨Jeremy Rifkin의 〈3차 산업혁명〉[4]에서 아이디어를 얻은 모양이다.

언어는 사고를 규정한다. '소비자Consumer, 消費者'라는 용어처럼 자기가 만든 물건을 사랑해주는 사람을 '소비하는 놈'이나 '먹어치우는 놈'으로 정의하면 형편없는 물건을 만들게 된다. '4차 산업혁명'처럼 구간을 나눠 이해하려면 계단식으로 변해야 하지만, 산업혁명 이후로 변화는 계속 가속되어 급격해졌고 폭이 넓어졌을 뿐이다. 다만 지금은 그 속도와 폭이 수직을 향하고 있는 점이 다르다. 그래서 슈바프가 말하는 4차 산업혁명의 산실인 미국에는 '4차 산업혁명'이라는 용어가 거의 등장하지 않는다.

지금은 인간을 둘러싼 모든 분야에 과학기술이 융합하면서 엄청난 폭발력을 키우는 시기다. 그 폭발력은 상승곡선의 끝자락처럼 기울기가 급격해졌다. 이것을 '4차 산업혁명'이라고 부르던, '산업혁명의 끝자락'이라고 부르던, 중요한 것은 인류가 30,000년간 맞았던 변화보다 더 큰 변화가 수십 년 안에 벌어진다는 점이다. 인류는 지금 스스로 전쟁이 아닌 방식으로 자신의 생존방식을 결정하며 바꿔가고 있다.

클라우스 슈바프의 4차 산업혁명

슈바프는 무엇을 말하고 싶었을까? 슈바프가 말한 '4차 산업혁명'이라는 용어를 제외하면 나머지는 전부 심각하게 생각해볼 과제다. 우선 왜 '4차 산업혁명'이라고 했는지 살펴보자. 1차 산업혁명은 18세기 중반부터 19세기 초까지 철도와 증기기관을 바탕으로 기계에 의한 대량생산을 탄생시켰다. 20세기를 전후로는 전기와 조립 공정이 가세하면서 대량생산을 가속했는데, 이를 2차 산업혁명이라고 했다. 1960년대 이후로는 컴퓨터, 인터넷이 발달을 주도했다. 슈바프는 이것을 3차 산업혁명이라고 정의했다.

4차 산업혁명은 21세기의 시작과 함께 출현했는데, 모바일 인터넷, 센서, 인공지능과 기계학습을 핵심요소로 꼽았다. 4차 산업혁명의 특징은 인간을 둘러싼 거의 모든 분야에서 동시다발적으로 광범위하게 이루어진다는 점이다. 다른 특징은 융합과 속도다. 물리학과 생물학에 디지털이 가세하는 식으로 융합하며, 그 속도 또한 가늠하기 어려울 정도로 빠르다.

슈바프는 경제, 사회, 정치의 모든 측면에서 4차 산업혁명을 재고해볼 필요가 있다고 진단했다. 변화에 대한 대중의 이해가 부족하다는 것은 혼란을 가중할 수도 있다는 말과 같다. 법과 제도도 문제다. 항상 법과 제도는 문제가 심각해져야 변하는 특성이 있지만, 현재 그리고 앞으로의 변화를 법과 제도가 따라가기에는 역부족이다. 슈바프는 무엇보다 각 분야에서 리더십과 보편적 담론이 필요하다고 진단했다. 인류 전체의 관점도 중요하다. 지금 우리는 다가올 변화를 논하지만, 인류의 절반도 넘는 40억 명이 아직 인터넷을 경험하지 못한 상태라고 지적했다.

같고도 다른 4강의 4가지 꿈

미국은 우리가 알 듯 거의 모든 분야에서 혁신을 주도한다. 미국은 기업의 생태계 자체가 그렇다. 스타트업이 가진 기술을 대기업은 정당한 가격으로 사주거나 투자해준다. 그렇지 못하더라도 아이디어만 좋으면 크라우드펀딩으로 얼마든지 자금을 조달할 수 있다. 또한, 가능성이 보이기 시작하면 더 많은 자본을 모을 수 있다. 일론 머스크Elon Musk의 테슬라Tesla도 이런 환경이 아니었다면 벌써 파산했어야 옳다. 이것이 미국이 혁신을 주도하는 간단한 논리다. 전 세계 사람이 미국으로 건너가 사업하고 싶어 하는 이유이기도 하다.

캘리포니아 마운틴 뷰에 가면 앤 워치츠키Anne Wojcicki가 2006년에 설립한 23앤미23andMe[5]가 있다. 회사 이름인 23앤미는 세포를 구성하는 23개의 염색체 쌍과 나를 의미한다. 무엇을 하는 회사인지 감이 올 것이다. 구글의 창업자 세르게이 브린Sergey Brin의 아내였던 앤 워치츠키는 개인 유전자 분석 시대를 열어 헬스케어산업을 통째로 새로운 패러다임에 진입시키려고 한다. 이들은 어떻게 헬스케어산업을 새로운 차원으로 끌어올릴까?

23앤미에 타액 샘플을 보내면 미국을 기준으로 일주일이면 분석 결과를 받아볼 수 있다. 무슨 결과가 담겼을까? 내 조상, 그러니까 나의 뿌리가 어디에서 시작되었는지, 어떤 질병에 걸릴 확률이 높은지 등 240가지 이상의 유전적 특징과 개인 건강정보를 보내온다. 가격은 얼마일까? 기본 정보는 99달러, 건강정보를 포함하면 199달러다. 우리 돈으로 대략 10만 원, 20만 원을 조금 넘는 금액이다.

23앤미는 타액 샘플 제공자의 동의를 얻어 전 세계인의 방대한 데이터베이스를 구축한다. 축적된 데이터베이스는 23앤미의 연구진과 파트너에게 제공된다. 제약회사는 각 국가와 인종, 유전적 특성에 따른 치료제를 연구한다. 실제로 제넨테크Genentech[6]는 우리가 아는 항암제 아바스틴Avastin이 개인에 따라 어떻게 영향을 미치는지 연구한다. 식습관과 운동에 관련된 해결책은 덤이다. 문제도 생긴다. 2014년에는 미국 식품의약청[7]에서 판매금지 처분이 내려지기도 했다. 하지만 지금은 대부분 문제를 해결했다. 샘플 제공자의 90% 이상이 동의한 일이고 동의한 정보를 활용하는 일인데도 미국에서조차 변화를 법과 제도가 따라가지 못한다.

미국은 기업 생태계를 제도가 지원한다. 그래서 자본과 기술, 무엇보다 아이디어를 가진 기업이 슈바프가 말하는 4차 산업혁명을 주도한다. 그러니까 민간이 주도하고 정부가 지원한다는 의미다. 우리의 상황과 한번 비교해보자. 4차 산업혁명을 말하는 사람들 다수가 누구인지 말이다. 산업혁명을 포함한 모든 혁명은 정부가 만드는 것이 아니다. 혁명을 정부가 주도하면 독재고, 민간이 주도해야 혁명이 된다. 더 중요한 것은 정부가 주도해서는 1등이 만들어지지 않는다는 사실이다.

국가별 전략을 보면 이런 상황은 더 명확해진다. 미국은 민간이, 독일과 일본은 민관이 공동으로, 중국만 정부가 주도한다. 중점은 어디에 뒀을까? 미국과 독일, 중국은 제조업을 중심으로 기술혁신과 융합의 방향을 설계했다. 미국, 독일, 중국의 차이라면 독일은 제조의 표준화를 선도하겠다는 점에서, 중국은 내수시장을 활용한다는 점에서 다르다. 일본은 로봇, 금융, 사람에 대한 투자에 우선 집중한다. 여기서 사람은 교육이다.

미국은 제조업에서 패러다임을 깨겠다는 생각이다. 산업혁명 이후 변하지 않던 공장의 개념이 깨지는 순간을 놓치지 않겠다는 의미다. 독일은 이미 2012년부터 자신들이 가진 제조의 강점을 '인더스트리 4.0Industrie 4.0'으로 묶어 개발, 생산, 서비스 등의 모든 과정을 인공지능으로 자동화하는 모델을 추진하고 있다. 일본은 로봇, 금융 등으로 차별화하여 기술개발을 지원하고 있다. 중국은 '중국 제조 2025'를 내

세우며 내수에 기반을 둔 전략으로 선진국을 따라잡겠다는 생각이다.

독일의 '인더스트리 4.0'을 조금 더 들여다보자. 독일은 어떤 것을 만들어서 제조의 표준화를 선도하겠다는 것일까? 이들의 생각은 몇 가지 아이디어가 융합되어 있다. '사이버 세상과 물리적 세상은 같은 것이다, 사물인터넷과 센서로 시스템을 통해 공장을 통제한다, 인공지능으로 시스템을 제어한다.'와 같은 것이다. 현실의 공장과 연결된 가상의 공장을 만들어 가상의 공장을 통제하면 현실에서 공장이 통제되는 환경을 만드는 것이다. 사물인터넷과 센서, 인공지능으로 공장을 통제하는, 사람이 거의 필요 없는 공장을 운영하는 것이다. 이렇게 사람의 일자리가 한꺼번에 사라진다.

4차 산업혁명이라는 케이팝

'한국에는 4차 산업혁명은 없고 4차 산업혁명이라는 케이팝이 있다'는 우스갯소리가 있다. 그렇다 하더라도 정부의 역할은 중요하다. 기업 생태계, 시장의 규모, 자본의 크기 등 모든 면에서 열세인 우리로서는 더욱 그렇다. 하지만 중요한 것과 규모가 큰 것은 다르다. 정부가 생각을 바꾸면 속도나 혁신의 크기를 바꿀 수 있다.

미국이라고 해서 정부가 민간에만 맡겨두는 것은 아니다. 2013년 미국 정부는 '브레인 이니셔티브BRAIN Initiative [8]'를 발표했다. 3조5천억 원을 뇌 연구에 투자해서 치매와 같은 인간의 질병 치료는 물론 인공지능 개발에 활용하겠다는 계획이다. 유럽연합도 휴먼 브레인 프로젝트HBP [9]에 1조5천억 원을 투자해 가동하고 있다. 일본이나 중국도 마찬가지다. 뇌과학과 같은 분야는 정부가 주도하여 연구하면 훨씬 효율적이고 파급효과가 큰 분야다.

　우리나라는 어떨까? 산업통상자원부, 환경부, 행정자치부, 심지어는 특허청까지 나서서 정책을 경쟁하듯 쏟아내고 있다. '제조업 3.0'을 내건 산업통상자원부는 스마트공장을 5,000개까지 보급하겠다고 한다. '5,000개'라는 대목에서 황당해지지 않는가? 이게 무슨 공장 짓기 게임이라도 된다는 말인가? 이는 독일을 베꼈다고 쓴 것과 같다. 이제 곧 스마트공장 인증을 받아야 세금을 덜 내거나 투자금에 대한 세제 혜택이 생긴다고 할 것이다. '어떻게'는 중요하지 않고 '무엇을' 할 것인지만 중요한 모양이다.

　환경부는 '똑똑한 환경관리로 4차 산업혁명 시대에 발맞춘다.'고 한다. 나는 태어나서 이렇게 우스꽝스러운 표현은 처음 봤다. 거의 모든 정부부처가 이렇다. 저것이 의미하는 바도 모르겠지만, 기왕이면 앞서가지 무엇 때문에 힘들게 '발맞추려고' 할까? '똑똑한' 것은 또 무엇일까? 참으로 멍청한 표현이다.

　우리나라 ICT는 모바일 분야, 그것도 제조와 관련된 일부를 제외하고는 이미 경쟁이 어려운 상황으로 가고 있다. 미국은 인공지능과 뇌 연구에 투자하고, 독일은 인공지능에 기초한 자동화 공장에 투자하고, 일본은 로봇과 금융과 사람에 투자하는 때에 우리는 강에 투자하고 창조 없는 창조경제를 만들고 있었다. 어쨌건 우리가 지금 무슨 일을 하느냐에 전혀 관계없이 지금까지 없던 변화가 쓰나미처럼 덮쳐올 것이다.

　몇 년 후에 무슨 일이 벌어질지가 우선은 중요할 것이다. 하지만 그런 일들이 미래에 우리에게 어떤 영향을 미칠지는 훨씬 중요하다. 그리고 벌어질 일들 대부분은 우리가 알거나 관여한다고 통제되지 않는다. 하지만 미래를 상상할 수 있다면 나를 변화시켜 미래를 맞을 수는 있다. 미래를 잘 모르는 아이들에게 이것은 더 중요하다. 아이들이 공부하는 '목적'이 미래를 준비하는 일이기 때문이다. 문제는 '목적'에 '변화'가 잘 반영되지 않고 있다는 점이다.

02

가까운 미래와
먼 미래

상상할 수 있다면 먼 미래는 삶 자체를 바꿀 힘을 가졌다.

그리고 먼 미래를 봐야 좌우로 흔들리지 않고

목적지를 향할 수 있다

여러분은 미래에 얼마나 관심을 두고 사는가? 항상 관심을 두는 것으로 생각할 것이다. 그런데 대부분은 미래에 별 관심이 없다. 절대 아니라고 생각할 것이다. 지금부터 우리가 생각하는 과거, 현재, 미래를 다시 정의해보고 셋의 연관성을 다시 그려보자. 그러면 과거, 현재, 미래의 모든 가치가 변한다.

　좀 엉뚱하다고 생각하겠지만, 우리는 우리가 '미래를 산다'고 생각한다. 그렇다고 과거는 필요 없다거나, 현재의 삶이 중요하지 않다거나, 현재를 모두 미래에 투자하는 그런 삶을 살아야 한다는 말은 절대 아니다. 적어도 상당 부분을 미래에 중심을 두고 사는 삶이 더 편안하고 더 성취가 크고 더 행복할 수 있다는 말이다.

산업혁명과 한반도 미세먼지

　산업혁명을 탄소의 혁명이라고 말하는 일부 학자들의 의견에 우리는 동의한다. '이게 무슨 소리냐'고 할 사람도 있겠지만, 분명 옳은 진단이다. 목재로 얻는 숯, 석탄, 석유, 천연가스가 모두 탄소 동소체다. 탄소 동소체에는 다이아몬드도 있고 대기 중에서는 이산화탄소의 형태로 존재한다. 그래서 탄소 연료를 태우면 온실가스의 주범인 이산화탄소가 증가할 수밖에 없다.

　산업혁명으로 돌아가 보자. 산업혁명이 가져온 결과에 풍요로움도 있지만, 한정된 자원을 짧은 기간에 사용하면서 생기는 부작용도 만만치 않다. 산업혁명 전후에는 자원으로 목재를 주로 활용했다. 목재로 마차도 만들고 집을 짓고 직물 기계도 만들었다. 물론 목재를 태워서 열을 얻기도 했고 숯으로 만들어 더 높은 온도에서 철을 생산하고 도자기를 구웠다. 그런데 목재는 쓰는 만큼 공급받기 어려웠다. 산은 점점 벌거벗게 되었다. 그러자 사람들은 서서히 석탄으로 눈을 돌리게 되었다.

　하지만 석탄 채굴은 쉬운 문제가 아니었다. 조금만 깊이가 깊어져도 탄갱에 물이 차 채굴할 수 없는 것이 석탄이었다. 무거운 석탄의 운송도 해결하기 쉬운 문제가 아니었다. 이런 문제를 우리가 배운 바 있는 제임스 와트James Watt[10]의 증기기관이 한꺼번에 해결해주었다. 펌프에 이식된 증기기관은 고인 물을 퍼내면서 더 깊이, 더 많은 석탄을 채굴하도록 했다. 철길이 깔리고 기차와 배에 증기기관이 장착되면서 석탄과 철광석, 생산된 철과 공업제품은 쉽게, 빠르게, 멀리 운송되었다.

　그러던 중 효율이 훨씬 높은 새로운 탄소 동소체가 인간의 눈에 들어왔다. 석유였다. 지표면으로 흘러나온 원유를 간신히 구해 약으로 아주 조금 먹거나 피부질환에나 바르던 것을 깊은 곳에서 채굴하고 정제해 사용할 방법이 만들어진 것이다. 내연기관의 발전은 탄소 동소체를 계속 발굴하도록 했다. 숯, 석탄, 석유와 천연가스로 탄소 동소체 연료가 확장되고 효율이 높아지면서 더 많은 사람이 사용하게 됐다. 이렇게 산업혁명은 계속 속도를 올렸다.

산업혁명이 유럽을 휩쓸고 지나갈 때, 중국은 어땠을까? 중국은 서고동저의 지형으로 서부는 사막과 고원, 산지가 많다. 동부해안은 평야가 발달해서 인구가 밀집했다. 남에서 북으로 이르는 해안평야 지역에 과거나 지금이나 많은 인구가 분포했다. 그 중심에는 황허^{황하, 黃河}가 흐른다.

2016년 현재, 중국은 매장량 기준 세계 3위, 생산량 기준 세계 1위의 석탄 대국이다. 석탄에 '대국'이라는 표현을 붙인 이유는 광범위하게 사용하고 광범위한 문제를 유발하기 때문이다. 중국의 석탄 매장지는 주로 황허를 따라 분포하는데 상류에 더 많다. 그런데 궁금해지지 않는가? 왜 과거에는 없던 미세먼지가 대량으로 한반도에 날아들까? 중국에 인구가 더 많아지고 점점 공업화해서 그런 것일까?

이 진단은 일부 옳지만, 한 가지 질문을 덧붙여야 한다. 왜 중국은 목재에서 석탄, 석탄에서 석유와 천연가스로 탄소 동소체 사용량 전환이 그동안 이루어지지 않은 것일까? 실제로 유럽을 비롯한 선진국들은 탄소 동소체를 사용하는 비율이 확연하게 석유와 천연가스로 이동했다. 우리나라도 마찬가지였다. 1970년대부터 1980년대를 거치면서 석탄은 가정과 공장의 주요 에너지원으로 등장했다. 그러다가 현재는 가정에서도 석유와 천연가스를 더 많이 사용한다.

중국은 석탄 매장량이 많았는데도 서부의 산악지형 탓에 동부로 석탄을 운송하는 데 어려움이 컸다. 가장 좋은 방법으로 황허를 활용해 배로 운송하는 방법이 있었지만, 한 가지 문제가 있었다. 큰 배를 띄울 수 없다는 점이다. 당시는 물이 얕고 좁아지고 경사가 커지는 상류로 갈 방법도 마땅치 않았고, 큰 배는 내연기관을 갖춰야만 그나마 상류로 거슬러 올라갈 수 있었다. 커다란 배에 연료인 석탄을 싣고 점점 얕아지는 상류로 석탄을 실으러 가는 것이 상상이 되는가?

석탄의 무게도 문제였다. 중국인들은 작은 배에 석탄을 싣고 하류인 동부로 운송한 후, 배를 줄로 묶어 강변을 따라 끌고 다시 상류로 올라가야 했다. 하류로 내려오면서 조금 더 큰 배로 옮기는 방법도 그리 좋은 방법이 아니었다. 중국의 공산화는 석탄을 잠재우는 데 더 큰 역할을 했다. 이렇게 석탄을 품은 채로 20세기가 거의 흘렀다.

1900년대 말, 중국의 산업화와 함께 다양한 운송수단이 급속하게 보급됐다. 매장된 석탄을 그대로 둔 채 석유를 대량으로 사용하기 시작했다. 곧이어 도로가 문제를 해결했다. 철도는 더 넓은 지역으로 보급됐다. 중국인들은 산업화의 혜택으로 저렴한 석탄을 쓰기 시작했다. 문제는 늘어난 자동차, 늘어난 공장, 늘어난 인구에 도시 집중화가 동시에 진행됐다는 점이다. 도시는 공장과 가정, 자동차와 음식점에서 내뿜는 매연과 먼지로 가득하게 됐다. 이처럼 석탄의 부활은 연기와 함께 나타났다.

지금 한반도를 뒤덮은 미세먼지의 상당량은 중국에서 부활한 석탄이 석유와 만난 결과다. 미세먼지 문제는 석탄 사용량만을 줄여서 해결할 수 없다. 가장 확실한 방법은 석탄을 포함한 탄소 동소체를 연료로 사용하지 않는 것이다. 그래야 지구온난화의 주범이자 탄소 동소체의 하나인 이산화탄소를 동시에 줄일 수 있다. 탄소는 이제 우리의 적이다.

현재 한반도에 미세먼지가 등장한 과거 배경을 들여다봤다. 이렇게 과거는 현재를 지배한다. 현재는 다시 미래를 지배할 것이다. 그러니 현재를 잘 들여다보면 미래에 무슨 일이 벌어질지 명확하지는 않더라도 예측 가능한 형태를 볼 수 있다. 그래서 미래를 예측한다는 것은 현재를 잘 살피는 일이기도 하다. 다만, 조금 더 먼 미래를 보기 위해서는 정밀하게 관계를 찾아 연결해서 과거와 현재를 봐야 한다.

분명히 우리는 과거에 만든 미래를 살고 있다.

미래로 가는 징검다리

현재의 문제를 바로 보려면 과거를 연결해서 봐야 한다. 현재에서 현재의 해답을 찾다 보면 단편적이거나 피상적인 해답만이 나온다. 언뜻 과거는 현재에 영향을 미친다고 생각되겠지만, 과거의 시점에서 보면 현재는 미래였다. 그리고 그 미래는 현재를 지나 앞으로 벌어질 진짜 미래에도 영향을 미친다. 미세먼지가 오늘의 문제이기도 하지만 내일의 문제이기도 한 것과 같다.

그렇다면 현재는 어떤가? 현재는 과거보다 더 크게 미래에 영향을 미친다. 한 가지 법칙이 있다면 가까운 미래일수록 '영향'을 더 크게 받고, 먼 미래일수록 더 '중요'하다는 점이다. 현재, 그러니까 현재 벌어지는 일이 과거의 일보다 가까운 미래에 대부분 영향을 더 크게 미친다는 사실은 누구나 안다. 그래서 사람들은 현재를 결정하는 데에 항상 가까운 미래를 대입한다.

아이들도 가까운 미래를 대입해 현재의 행동을 결정한다. '숙제를 안 하면 선생님에게 혼나겠지. 놀고 싶지만, 숙제부터 하자.' '숙제를 안 하면 선생님에게 혼나겠지. 일단 놀고 나서 숙제를 하자.' '숙제를 안 하면 선생님에게 혼나겠지. 그래도 오랜만에 친구들을 만났으니 숙제 대신 같이 노는 게 좋겠어.' 셋 중에서 어떤 결정을 하든 결정된 현재는 다시 미래에 영향을 미친다. 그래서 거의 정확하게 예측이 가능한 것이 가까운 미래다.

조금 더 먼 미래는 불투명해지기 시작한다. 숙제를 안 하는 것이 중간고사에 어떤 영향을 미치게 될지, 대학 입시에는 어떤 영향을 미치게 될지, 현재에서 멀어질수록 가늠하기 어려워지고 현재로부터 받는 영향력이 떨어진다. 숙제 한 번 하지 않는 것이 대학 입시에서 당락을 좌우하는 결정적 요인이 되지도 않는다. 이렇게 미래는 현재에서 멀어질수록 영향을 덜 받는다.

이제 불투명하고 영향력도 줄어든 먼 미래가 왜 중요한지 생각해 봐야 한다. 물론 먼 미래가 더 중요하다는 점에는 논란의 여지가 있다. 하지만, 나는 몇 가지 이유에서 먼 미래가 중요하다고 확신한다. 첫째, 상상할 수 있는 먼 미래는 삶 자체를 바꿀 힘을 가졌다. 만약 숙제하지 않는 것이 대학 입시 실패로 연결된다는 것을 알면 숙제를 하는 것이 정상이다. 하지만, 그걸 모르면 그저 선생님에게 혼나는 것과 같은 것이 의사결정의 기준이 된다.

둘째, 먼 미래를 봐야 좌우로 흔들리지 않고 목적지를 향할 수 있다. 어릴 적 평균대에서 떨어지지 않는 방법이 발밑을 살펴가며 걷는 것이 아니라, 좀 멀리 보고 걷는 것이라는 점과 같다. 먼 미래를 보지 않고 걷는 것은 목적지를 정하지 않고 주변에 보이는 것만 찾아 이리저리 헤매며 걷는 것과 마찬가지다.

볼 수 있는 먼 미래가 그려지면 중간 목적지를 확인하는 것이 바른길을 가는 옳은 방법이다. 중간 목적지가 확인되면 이동 경로를 찾기가 쉬워진다. 내비게이션이 그런 방법을 쓴다. 10년 단위의 중간 목적지인 미래의 이정표를 확인하고 보면 먼 미래도 어느 정도 윤곽을 드러내게 되고 목적지 주변의 상황도 확인할 수 있다.

이제부터는 클라우스 슈바프가 '4차 산업혁명'이라고 굳이 구간을 나눠 말했던 이유이자 근거를 확인한다. 그리고 구글의 레이 커즈와일과 같은 미래학자들이 말하는 2025년, 2035년, 2045년의 마일스톤을 확인한다.

03

소수의 종말과
다수의 불행

옥스퍼드대학은 미국에서 일자리의 47% 정도가

10년에서 20년 사이에 위협받게 될 것으로 전망했다.

우리나라라고 피해갈 수 없는 일이니

미국보다 더 일찍, 더 큰 문제가 될 수 있다.

소수는 누구일까? 그들은 지금까지 산업혁명의 혜택으로 성장해서 자본과 권력을 가진 소수다. 이들은 새로운 강자들에 의해 해체되고 대체될 것이다. 은행이 그들이고 미디어가 그들이다. 이들은 대량생산을 도와 대량소비를 유도했던 소수의 권력자였다. 또 다른 소수는 이들과 연대해 대량생산으로 덩치를 키운 기업들이다. 그렇다고 소수가 모두 종말을 맞는 것은 아니다. 다만 종말을 결정하는 쪽은 그동안 소수에게 희생을 강요당한 다수라는 것은 확실하다.

소수는 엄청난 권력을 행사했다. 다수가 저녁 뉴스 한 토막을 보기 위해 기다리는 동안 '이것 사라, 저것 사라' 외치는 모든 광고를 다 봐야 했다. 하지만 이제 다수는 쉽게 당하지 않는다. 다수는 지금 자신이 보는 것이 뭔가를 팔려고 하는 광고라는 것을 알아챈 순간, 버튼을 누른다. 약삭빠른 광고주들은 옆 채널에 같은 광고를 내보내지만, 이번에는 채널을 수십 개씩 건너뛴다. 미디어는 자기들이 최고라고 외치지만, 다수가 보는 텔레비전 미디어 수만 해도 수백 개다. 인터넷을 연결하면 60억 개가 넘는다.

시청률도 못 믿을 데이터가 된 지 오래다. '본방사수本放死守'라는 표현에서 망해가는 거대 미디어의 절박함이 묻어난다. 저런 데이터가 필요한 이유는 단 하나다. 또 다른 소수인 광고주들에게 돈을 받아내야 하기 때문이다. 하지만 다수는 미디어를 그렇게 소비하지 않는다. 다수는 자기가 편한 시간에 편한 방법으로, 자기가 좋아하는 것만 골라서 본다.

그런데 광고주라는 기업은 다수가 광고를 외면하고 보지 않는다는 사실을 모를까? 시청률이라는 데이터조차 믿을 수 없다는 것을 모를까? 그들도 잘 안다. 그들이 그걸 알면서도 많은 돈을 들이는 이유는 황당하다. 미디어가 괜한 트집을 잡아 뉴스거리를 만들지 않기를 바라기 때문이다. 이 말을 뒤집어보면 무슨 말이 되는지 생각해보라. 이 보이지 않는 거래의 이면에는 '트집'을 잡힐 일이 엄청나게 많다는 것과 같다. 확실한 것은 다수를 그들이 두려워하기 시작했다는 점이다.

미디어는 수도 없이 많고 엄청난 속도로 수가 증가한다. 다만, 지금까지 자신들만 믿을 만한 미디어라고 자평했던 미디어를 다수가 믿지 않을 뿐이다. 개인이 미디어가 된 지도 오래다. 다수는 라디오 대신 팟 캐스트를 더 좋아하고 개인 미디어를 친구 삼아 밥을 먹기도 한다. 다수는 거대 미디어가 아닌 친구가 되어준 작은 미디어에 스스로 돈을 내기도 한다.

안타깝지만 다수에게도 불행이 닥치고 있다. 성서에도 기록된 '일하는 인간'을 인간의 손으로 훼손해가기 때문이다. '일하기 싫거든 먹지도 말라'던 말을 실천할 방법이 사라지고 있다. 다수의 일자리가 순식간에 사라질 위기에 처했다. 일자리가 사라진 미래가 엄청난 속도로 다가오고 있다. 다수가 다시 한 번 생각을 바꿀 시기다.

종말로 가는 소수의 미래

소수를 해체하는 것은 그들이 가졌던 권력의 이동이다. 다만 소수가 그것을 모를 뿐이다. 안다고 해도 손쓸 방법이 별로 없다. 한 가지 확실한 방법이 있다면 소수가 다수의 편이 되는 것이다. 착한 미디어, 착한 기업, 자신들이 아닌 고객을 대변하는 기업 말이다. 나쁜 미디어, 나쁜 기업, 자신들을 대변하는 기업은 순식간에 망한다. 이제 권력은 다수에게 넘어갔다.

소수에 속하면서 가장 둔한 기업이 은행이다. 은행은 무엇으로 먹고살까? 은행은 대출이자에서 예금이자를 뺀 수익, 자신들이 '예대마진預貸 Margin'이라고 명명한, 국적도 알 수 없는 용어가 돈을 벌어준다고 지금까지 주장해왔다. 그렇다면 예금은 누가 하고 대출은 누가 할까? 예금은 다수가 하고 대출은 소수가 한다. 그러니까 일반인들의 예금을 모아서 기업에 대출하는 착한 일을 한다고 그들은 설명한다. 실제로도 그럴까? 아니다.

은행은 일반인의 돈을 모아서 일반인인 다수에게 대출하는 일에 파묻힌 지 오래다. 돈이 없는 사람에게는 같은 돈을 주면서 엄청나게 높은 이자를 받는다. 돈 많은 사람에게는 제발 자기 돈을 빌려 가라고 아우성이다. 돈 많은 사람에게는 담보도 필요 없고 이자도 아주 싸다고 강조한다. 하지만 돈 없는 사람이나 작은 기업이 은행에서 돈을 빌리는 것은 하늘의 별 따기다. 돈은 오로지 가진 자와 큰 기업의 것이다. 그런데 그들이 무너지고 있다.

어떤 방식으로 소수가 무너질까? 그리고 소수가 여기저기서 무너지면 은행에는 무슨 일이 벌어질까? 작은 기업은 과연 어떤 방법으로 돈을 마련할까? 우선, 소수가 무너지는 방식을 이해하려면 빙하가 무너지는 방식을 이해하면 된다. 많은 사람이 빙하가 녹아내린다고 생각한다. 지구온난화가 서서히 빙하를 녹여 빙하가 점점 작아진다고 생각한다. 그런데 빙하는 그렇게 사라지는 것이 아니다.

지구온난화는 낮 동안 빙하의 표면을 살짝 녹인다. 녹은 물은 얕은 곳으로 흐른다. 그러다가 빙하에 난 작은 상처, 그러니까 살짝 팬 곳에 고인다. 빙하의 작은 틈에 녹은 물이 흘러들어 가는 것이다. 그렇게 밤이 온다. 밤이 되면 다시 기온이 낮아져 고인 물이 언다. 물이 얼면 부피가 팽창한다. 물이 얼어 팽창하면 빙하의 작은 틈이 약간 더 벌어진다. 그리고 낮에는 그 틈 속 얼음이 녹아 물이 되고 틈에 더 많은 물이 고인다. 밤에는 어제보다 조금 더 많은 물이 얼며 틈을 키운다. 이런 일이 밤과 낮을 반복하며 계속된다. 어떻게 될까?
여러분이 가끔 뉴스에서 본 그런 일이 벌어진다. 어마어마한 빙하가 산산조각이 나면서 바다로 곤두박질한다. 이제 바닷물이 떨어져나온 빙산을 통째로 집어삼킨다. 바다에 떨어진 빙하는 더 쉽게 조각난다. 시간이 흐르면 빙산은 조각난 작은 유빙이 되어 몸을 가누지 못하고 사라져 간다. 이것이 소수가 해체되어 사라질 방식이다.

권력을 가진 소수가 망하면 은행에는 무슨 일이 벌어질까? 이런 일을 약 20년 전부터 지금까지 우리가 직접 목격했다. 은행이 망하지 않을 것 같지만, 여러분이 기억하는 이런 이름은 이제 없다. 경기은행, 동남은행, 대동은행, 동화은행, 충청은행. 이들은 자본잠식으로 퇴출당했다. 상업은행, 한일은행, 보람은행, 서울은행, 주택은행, 장기신용은행, 평화은행은 구조조정으로 다른 은행에 합병되었다. 충북은행과 강원은행은 조흥은행에 인수된 후 신한은행에 합병되었다. 제일은행, 한미은행, 외환은행은 외국자본에 넘어갔다. 외환은행은 현재 충청은행을 흡수한 하나은행에 인수되었고 우리은행은 아직 주인을 못 찾았다.

은행은 원금에 관해서는 잘 이야기하지 않지만, 빌려준 원금을 이자와 함께 받아야 은행도 살아갈 수 있다. 빌려준 원금을 못 받으면 망한다. 1997년 말 IMF 관리체제가 시작되면서부터 은행은 세상에서 가장 바보 같은 깨우침을 얻었다. 원금을 받으려면 아주 극소수의 잘나가는 대기업에 빌려주거나 개인에게 담보를 요구하고 빌려줘야 한다는 깨우침 말이다. 그래서 은행은 스타트업에는 돈을 빌려주지 않는다. 개인대출도 철저하게 담보대출로 제한한다. 담보를 요구하지 않는 개인은 대기업에서 일하는 사람들이다.

그런데 앞으로 돈을 버는 기업은 전부 스타트업들이다. 은행이 돈을 빌려준 대기업은 점점 해체의 길을 걷게 될 것이다. 5년 치, 10년 치 일감을 확보했다던 조선산업이 어떤 길을 걷고 있는지 생각해보라. 해운업은 어떤가? 여러분 중에도 은행에 가본지 한 달도 더 된 사람이 분명히 있을 것이다. 심지어 내 주변에는 언제 은행에 갔는지 기억하지 못하는 사람도 있다. 은행을 입출금 위주로 활용한다면 일 년을 가지 않아도 별 탈 없이 살 수 있는 사회가 된 걸 은행만 모른다.

은행이 외면하는 스타트업들은 어떻게 자금을 조달할까? 미국만큼은 아니지만, 스타트업이라고 자금을 조달할 방법이 없는 것은 아니다. 아이디어만 좋다면 크라우드펀딩을 통해 다수에게서 자금을 조달할 수 있다. 아이디어를 제품으로 만들어 투자금을 갚을 수도 있고 빌릴 수도 있고 출자로 전환할 수도 있다. 은행이 버린 그 자리에 다수가 모여 새로운 금융을 만들고 있다.

이제 인터넷은행도 새로운 금융에 가세했다. 인터넷은행은 무점포가 무기다. 무점포라는 말은 커다란 간판을 걸고 가장 비싼 위치에 있는 은행과 경쟁하지 않는다는 말이다. 최소한 점포는 그렇다는 말이다. 점포가 없으니 비싼 임대료를 지급하지 않아도 되고 그 안에서 일할 사람도 줄어든다. 심지어 몇 푼 안 되는 돈이 있는 은행 점포를 경비할 필요도 없다. 선택은 다수가 하면 된다. 점포를 가진 은행에 가서 높은 이자를 주고 돈을 빌릴 것인가, 아니면 인터넷으로 훨씬 저렴하게 돈을 빌릴 것인가?

시작된 다수의 불행

다수의 일자리가 어떻게 사라지는지는 프롤로그에서 자율주행 자동차를 예로 들어 설명했다. 언뜻 보기에는 운전을 직업으로 하는 사람들의 문제로 보이지만, 자동차 소재인 철강산업, 자동차보험, 심지어 자동차운전학원조차 설 자리가 없다. 자율주행 자동차는 가벼워져서 에너지산업에도 큰 충격을 준다. 가벼워진 차를 매연을 내뿜으며 내연기관을 가동해 움직일 이유가 없기 때문이다.

실제로 자동차 소비에는 어떤 변화가 생길까? 우선 차의 효용 가치는 올라가지만, 지금처럼 필요한 사람마다 차가 있을 이유가 없다. 출근한 이후에는 차를 집으로 보내 아이를 통학시키거나 다른 용도로 활용할 수 있다. 활용도가 높아져 여러 대의 차가 필요 없다는 의미다. 차의 활용도가 높아진다는 말은 대중교통의 역할이 줄어든다는 말과 같다. 이처럼 대중교통도 운용 효율성이 급격하게 하락할 것이다.

이는 대중교통과 관련된 일자리 문제를 다시 만든다. 하지만 불행하게도 대중교통을 운용하는 일자리만의 문제로 끝나지 않는다. 새로운 대중교통 수단을 건설하는 사회간접자본Social Overhead Capital 사업이나 건설산업도 타격을 받는다. 여기에 줄어드는 인구문제가 가세하면 건설산업은 기존 시장에서 활로를 찾기 어려워진다.

급하게 차가 필요하면 어떻게 할까? 빌려 쓰면 된다. 지금의 집카Zipcar[11]나 택시처럼 활용하고 다른 사람에게 넘기면 그만이다. 사실 넘길 필요도 없다. 차가 알아서 다음 사람에게 간다. 이렇게 되면 필요한 차의 수량이 확연하게 줄어든다. 자동차 회사가 열심히 공장을 지어 생산량을 늘리는 것이 수년 내에 부메랑이 될 수 있다는 말이다. 로봇이 사람의 일자리를 대체하지 않아도 차를 만드는 일자리는 이렇게 줄어든다.

인공지능이 탑재된 자율주행 자동차가 만드는 다른 일자리 문제는 없을까? 똑똑해진 자동차는 고장을 예방한다. 고장도 줄고 사고도 줄면 보험에만 문제가 생기는 것이 아니다. 수리할 카센터나 서비스센터가 할 일이 없다. 있다고 해도 일거리가 현저하게 줄어든다. 그 일마저 로봇이 차지할 것이다. 이것이 2023년 미국에서 시작될 풍경이다.

2016년 다보스포럼은 옥스퍼드대학 연구를 인용해 미국에서 일자리의 47% 정도가 10년에서 20년 사이에 위협받게 될 것으로 전망했다. 미국의 직종은 3만 개 이상이다. 그에 비해 우리나라 직종은 1만1천여 개로 미국의 세분되고 분화한 직종의 1/3 수준이다. 우리나라라고 피해갈 수 없는 일이고 직종의 전문성이 떨어지니 미국보다 더 일찍, 더 큰 문제가 될 수 있다. 양적으로도 마찬가지다. 단순하게 미국과 유사한 수준으로 계산해도 우리 일자리의 거의 절반에 문제가 생긴다.

04

미래로 가는
마일스톤

2025년에는 '자율주행 자동차'가 세상을 지배해가지만,

다른 한쪽에서는 '3D 프린터'가 기존산업을 철저하게 붕괴시킨다.

2035년에는 생명 연장과 건강한 삶의 꿈이 어느 정도 실현된다.

미래로 가는 가로축을 확인해보자. 2025년에는 '자율주행 자동차'가 세상을 지배해가지만, 다른 한쪽에서는 '3D 프린터'가 기존산업을 철저하게 붕괴시킨다. 실제로 상당수는 3D 프린터로 지은 집에 살면서 3D 프린터로 만든 많은 제품을 활용할 것이다.

2035년에 가장 중요한 마일스톤은 무엇일까? 인간의 욕망에 다가선 '젊음'이다. 젊음은 죽음의 반대말이 아닌데도 사람들은 늙음에서 나아가 죽음처럼 인식한다. 보통 늙음은 죽음을 향해 가는 자연스러운 여정이니 그렇게 받아들이는 것도 무리는 아니다. 이 시기에는 바이오산업에서 진보가 두드러진다. 젊음은 상당 부분 선택의 문제가 되지만, 모두가 선택할 수 있는 것은 아니다. 특히 3D 프린터와 연결된 바이오기술은 젊음의 영역을 대폭 확대한다.

2040년을 넘어간 시기를 예측하는 것은 쉬운 일이 아니다. 하지만 인공지능을 연구하는 미래학자들은 이 시기에 인공일반지능이 현실화할 것으로 예측한다. 인공특수지능이 '알파고Alphago[12]'나 '닥터 왓슨Watson[13]'처럼 특정한 분야에서 특별한 능력을 발휘하도록 설계된 인공지능인데 반해, 인공일반지능은 사람처럼 여러 방면에서 특별한 능력을 발휘하는 인공지능이다. 어쨌건 인공일반지능이 출현한다는 것은 사람 같은 로봇, 사람보다 월등한 로봇이 출현한다는 말이다.

2025년, 폭발적 해체, 융합의 용광로

2025년 사회를 바꿀 대표적인 기술로 자율주행 자동차와 3D 프린터가 있지만, 이들의 폭발력을 가속할 다른 기술은 사물인터넷 Internet of Things이다. 사물인터넷은 우리가 활용하는 사물들에 인터넷이 접목되어 사물과 사물, 사물과 사람 등을 연결하는 기술이다. 우리가 사용하는 휴대전화처럼 항상 인터넷에 연결된 사물이 곳곳에 깔리고, 그 사물들이 연결되고 다시 사람에 연결되는 것이다. 2020년이면 이미 300억 개의 사물이 서로 연결될 것이며, 시장규모가 15조 달러에 이를 것으로 IT 리서치 업체 가트너Gartner[14]는 전망했다.

3D 프린터의 활용은 실로 놀라운 변화를 만든다. 국제우주정거장을 한번 생각해보자. 테슬라Tesla의 CEO인 일론 머스크Elon Musk가 운영하는 또 다른 회사인 스페이스 엑스Space X[15]는 국제우주정거장에 화물을 나르기 위해 로켓을 쏜다. 국제우주정거장에서 고장 난 부품을 수리하기 위해 공구를 요청했다면 공구를 보내기 위해서는 어떻게 해야 할까? 어마어마한 돈을 들여 로켓에 실어 보내는 방법밖에 없다.

그런데 국제우주정거장에 3D 프린터가 있다면 어떨까? 지구에서 국제우주정거장에 공구를 프린트할 수 있는 설계도 파일을 전송하면 그만이다. 우주인들은 파일을 받아 프린트하고 출력된 공구를 활용하면 된다. 이런 3D 프린터가 모든 산업으로 파고들고 있다. 액세서리와 같은 작은 것에서부터 출발해 의류, 자동차, 건물, 심지어는 인간의 장기도 프린트한다.

3D 프린팅산업은 현재 어느 정도 수준에 이르렀고 2025년을 어떻게 바꿀까? 간략하게 살펴본 후 '일을 융합하는 9가지 혁신'에서 자세

히 살펴보자. 가장 먼저 주목할 회사는 '3D 허브3D Hubs[16]'다. 독일에서 시작한 이 회사는 네덜란드인 브람 데 즈발트Bram de Zwart에 의해 설립 되었다. 2016년 현재 약 150개국에서 7,000개 이상의 지점을 열었다. 하는 일은 3D 프린터가 필요한 사람에게 프린터를 활용하도록 해주는 일이다. 우리가 아는 킨코스Kinkos[17]와 비슷한 회사다.

현재 프린트하는 제품은 장난감, 자동차부품, 시제품, 식기 등 다양하다. 자신이 만든 설계도면으로 프린트할 수도 있고 표본에서 골라서 프린트할 수도 있다. 지점에서 보유한 3D 프린터는 3D 프린터 제조사들에 의해 신제품으로 업그레이드되면서 활용 영역을 계속 넓혀간다. 무엇보다 스타트업들이 시제품을 생산해 혁신을 주도하는 데 있어 비용과 속도를 획기적으로 개선한다.

오가노보Organovo[18]는 인간 세포를 활용해 바이오 프린터라고 불리는 3D 프린터로 프린트해 장기를 생산한다. 생산되는 장기는 심장, 신장, 간과 같은 정밀한 장기까지 다양하다. 생산된 장기는 인간의 신체에 이식되어 실제 조직과 결합한다. 자가 세포를 증식시켜 프린트하므로 장기이식을 받기 위해 하염없이 기다리거나, 장기이식으로 인한 면역 거부반응을 걱정할 필요가 없다. 하지만 현재는 여러 가지 생명윤리 문제를 해결해야 한다.

3D 프린터는 자동차산업과 같은 전통적인 산업에도 영향을 미친다. 거대한 공장에서 조립 공정을 거쳐 생산하는 자동차 제조방식이 허물어지는 것이다. 3D 프린터로 생산한 자동차에 인공지능이 더해지면 철을 소재로 자동차를 만드는 공정에 혁신이 일어날 수밖에 없다. 실제로 우리나라 자동차산업의 메카라고 할 수 있는 울산에는 아시아 지역 생산거점으로 미국의 로컬모터스Local Motors[19]가 입주를 타진하고

있다.

사물인터넷은 활용되지 않는 분야가 없을 것이다. 그야말로 사물인터넷은 연결을 초연결로 바꿀 것이다. 초연결 사회는 나를 둘러싼 모든 환경이 연결된다고 보면 된다. 지금은 연결된 컴퓨터에 내가 다가가거나, 연결된 상태의 휴대전화를 쓰거나, 연결된 텔레비전을 통해 정보를 획득하는 것이 보통이다. 하지만 초연결 사회는 텔레비전과 냉장고, 냉장고와 냉장고 안의 제품들, 냉장고와 휴대전화, 휴대전화와 자동차, 자동차와 내가 연결되는 식이다.

냉장고 안의 몇 가지 식재료가 유통기한이 얼마 남지 않았다고 가정하자. 냉장고는 이 재료들의 유통기한을 보여주며 이를 활용할 음식 레시피를 찾아준다. 그리고 최근의 재료별 소비 패턴을 분석해 식재료를 추가로 주문할 것인지 가격을 분석해가며 묻는다. 주문한다면 배달되는 시간에 집에 있는지 미디어센터가 된 텔레비전에서 일정을 파악해 확인하고, 다른 일정이 생기면 배달 일정을 변경한다. 마트에 직접 간다면 자동차와 연결해 자동차 배터리의 충전 상태를 점검한다.

2025년의 풍경은 크게 세 가지에 의해 변한다. 자율주행 자동차가 인간의 이동과 물류를 중심에 두고 변화를 주도한다. 또한, 3D 프린터가 공장의 개념을 완전히 바꿀 것이다. 공장의 개념이 변한다는 것은 같은 제품을 대량생산하던 체제가 끝나고 모든 제품의 생산이 개별화가 가능해진다는 말과 같다. 3D 프린터는 바이오산업에까지 영향을 미칠 것이다. 초연결은 편리함을 극대화할 것이지만, 사생활 보호와 같은 정보윤리 문제를 낳을 것이다.

2035년, 미래와 인간의 충돌

2035년에는 생명 연장과 건강한 삶의 꿈이 어느 정도 실현된다. 건강을 전제로 하지 않는 생명 연장은 재앙이 될 수도 있다. 2035년이 되면 헬스케어산업은 건강과 생명 연장의 두 가지 목표를 어느 정도 실현해낼 것이다. 한 가지 더 놀라운 진전은 인간이 우주에 진출하는 것을 넘어 우주를 개발하기 시작하고 일반인의 우주여행이 현실이 된다. 또한, 태양에너지를 포함한 신재생에너지 혁신으로 화석 연료에서 급속하게 탈피하기 시작한다.

건강에서 가장 중요한 목표는 암을 정복하는 일이다. 이 시기에 대부분 암이 정복된다는 데 이의를 제기하는 사람은 없다. 항암제는 1세대 화학항암제, 2세대 표적항암제에서 3세대 면역항암제로 이동하고 있다. 화학항암제는 정상 세포까지 공격해 부작용이 나타나는 항암제다. 머리카락이 빠지는 게 대표적 부작용이다. 표적항암제는 암세포만 골라서 공격하는 치료제다. 문제는 내성이 생기면 효과가 급격하게 떨어진다.

면역항암제는 암세포 표면에 달라붙어 자라지 못하게 하는 면역세포의 활동을 증대시켜 암을 치료한다. 현재는 BMS[20]의 옵디보Opdivo가 시장을 선점하고 있는데, 약 4조 원의 매출을 기록하고 있다. 1990년대 세계 1위였고 현재 세계 4위의 제약사인 머크Merk[21]는 키트루다Keytruda를 출시해 면역항암제 시장을 확대하고 있다. 현재 폐암과 신장암 등에서 계속 적용 범위를 확대하고 있다. 일라이 릴리Eli Lilly[22]는 당뇨병 신약으로 인류의 역사만큼이나 오래된 질병을 정복해가고 있다.

생명 연장과 건강을 방해하는 다른 한 축은 노화다. 노화를 원천적으로 막는 바이오기술은 2035년에도 거의 불가능할 것이다. 다만 앞서 설명했던 오가노보와 같은 기업들에 의해 상당 부분의 장기를 대체할 길이 열릴 것이다. 간, 심장, 피부, 동맥과 같은 조직들을 자가 세포로 프린트해 이식하게 되면 건강한 생명 연장이 어느 정도 가능해진다. 무엇보다 실시간으로 건강상태가 확인되는 연결된 건강관리 체제로 인해 갑작스러운 사망 위험도 줄어든다.

2035년의 변화할 모습 중 하나는 여행이다. 인류가 우주를 개발하기 시작한 지난 60여 년간 겨우 600명도 경험하지 못한 우주여행에 새로운 이정표가 만들어진다. 스페이스 엑스의 일론 머스크는 2022년에 화성에 인류를 보내겠다고 했지만, 우주여행이 일반화하는 시기는 2035년경이다. 우주여행의 패러다임을 바꾸고 있는 회사는 스페이스 엑스, 블루오리진Blue Origin[23], 버진 갤럭틱Virgin Galactic[24] 등이 있다.

스페이스 엑스와 블루오리진이 우주여행의 패러다임을 바꾸는 방법은 비슷하다. 한 번 쓰고 바다에 버리는 로켓을 재활용하는 기술을 개발해 비용을 획기적으로 줄이는 것이다. 아마존과 블루오리진의 CEO인 제프 베저스Zeff Bezos는 2015년 말에, 테슬라와 스페이스 엑스의 CEO인 일론 머스크는 그로부터 한 달 후에 로켓 회수에 성공했다. 특히 스페이스 엑스는 이미 로켓 회수 기술을 적용해 위성을 발사하고 있다. 로켓을 회수하는 것만으로도 우주여행 비용은 1/10로 줄어든다.

버진 갤럭틱은 좀 다르다. 버진 갤럭틱의 CEO인 리처드 브랜슨Richard Branson은 비행기처럼 생긴 모선의 중앙에 로켓을 장착하고 공기가 희박한 15km 이상으로 올라간 후 로켓을 분리하는 방법을 적용한다. 모선에서 로켓을 분리해 가속하면 순식간에 마하 4 이상으로 가속할 수 있다. 이렇게 지구 저궤도에 다다른 후 지구 중력의 힘으로 목적지를 향해 떨어져 내려온다. 이런 방식을 적용하면 그저 비행기 한 대를 움직이는 연료로 새로운 우주여행이 가능해진다.

서틀콕 모양의 우주선에 탄 여행객들은 무중력 상태를 경험하면서 대륙에서 대륙으로 이동한다. 이동하는 데 필요한 시간은 한 시간 남짓이다. 이렇게 우주여행은 지금의 해외여행처럼 원하는 누구든 가능한 일반적인 경험이 된다. 인공지능과 결합한 우주여행은 더 안전하고 더 짜릿하고 더 저렴한 여행을 선사할 것이다.

신재생에너지는 생명 연장이나 우주여행보다 훨씬 가치 있는 목표다. 생명 연장은 모든 사람이 아닌 소수부터 혜택이 돌아가는 일이다. 우주여행도 마찬가지다. 2035년에 우주여행을 할 사람의 수는 2017년에 세계일주여행을 하는 사람 수와 비교될 정도이겠지만, 신재생에너지의 혜택은 다르다. 신재생에너지는 어쩌면 우주가 탄생할 시기에 계획된 지구의 혜택을 활용하는 일일 것이다. 자연을 파괴하지 않고, 미래와 후손에 푸른 지구의 가치를 물려주는 일이니 말이다.

2045년, 로봇, 휴먼, 휴머니즘

2045년을 예측하는 것은 거의 불가능하다. 새로운 기술이 개발되고 기술의 융합이 만들어낼 속도와 범위를 측정하기에는 너무 멀기 때문이다. 하지만 어느 방향으로 갈 것인지 대체적인 목적지를 확인하기 위해 어렴풋하게 2045년을 그려본다.

레이 커즈와일Ray Kurzweil과 같은 컴퓨터를 전공한 미래학자들은 컴퓨터의 미래를 인간보다 모든 면에서 뛰어난 인공일반지능의 출현으로 설명한다. 레이 커즈와일은 이 시기를 대략 2040년 이후로 추정한다. 인공일반지능은 한 분야에서만 뛰어난 기능을 발휘하는 인공특수지능이 모든 분야로 확대된다는 의미다. 의사이자 바둑기사이고 건축설계자이며 회계사인 사람을 컴퓨터나 로봇으로 구현했다고 생각하면 된다.

여기에는 논란이 무척 많다. 인공일반지능이 출현하면 기계가 인간을 어떻게 생각할 것인지, 과연 인간이 기계를 통제할 수 있을 것인지, 창의성을 갖춘 로봇이 등장하는 일이 가능한지 등이다. 심지어 인간의 뇌를 컴퓨터에 연결함으로써 인간도 인공일반지능을 갖출 수 있다고 카네기멜런대 한스 모라벡Hans Moravec[25] 교수는 주장한다.

한 가지 확실한 것은 이런 시기가 오면 인간이 해온 일 대부분을 기계나 로봇이 하면 된다는 점이다. 이미 2025년부터 사라진 운전과 같은 일은 물론이고, 환자의 상태를 판단하고 치료하는 의사의 일도 사람이 하는 일은 아니다. 교사가 하는 일 대부분은 아주 축소되어 인간의 본성이 무엇인지를 가르치는 정도가 될 것이다.

이런 일은 농업도 예외가 아니다. 다행이라면 이 시기에는 에너지와 식량 문제도 어느 정도 해결될 것이라는 점이다. 산업혁명 이후 250년 이상 만들어온 극심한 환경문제는 하루아침에 해결될 수는 없겠지만, 해결의 실마리가 보일 것이다. 사이보그는 개념을 다시 세워야 할 것이다. 현재 사이보그는 백신을 접종했거나 보철을 한 수준의 인간을 포함하지만, 이 시기의 사이보그는 훨씬 높은 수준으로 정의해야 용어의 가치가 있을 것이다.

긍정적으로 보면 농업, 공업, 서비스의 모든 측면에서 효율이 극한으로 커지는 시기이자, 어쩌면 다수의 인간이 일하지 않는 시기가 이때부터 시작될 것이다. 사실 로봇에게 일자리를 내준다는 것의 의미는 사람이 하는 일의 효율이 엄청난 속도로 오른다는 말과 같다. 이렇게 일자리가 사라지는 힘든 시기가 한동안 지속하겠지만, 결국은 사람이 한 일의 수백, 수천 배의 효율이 만들어지는 시기로 연결될 것이다. 2040년을 넘어가면 인간의 일은 새롭게 정의되기 시작하고 인간다움이 새롭게 조명받을 것이다.

하지만, 세계의 모든 부와 정보가 1%, 0.1%도 안 되는 한쪽에 치우치고 다수가 불행해지는 시기가 될 수도 있다. 새로운 강자들이 나머지 인간의 모든 것을 통제하는 시기가 될 수도 있다. 국가의 개념조차 변할 수 있다. 무엇보다 모든 것이 통제당한다는 것은 인간으로 사는 삶이 무너진다는 의미가 된다. 극한으로 지식과 정보가 치우쳐 영화에서나 본, 인간성이 사라진 암흑의 시기가 될 수도 있다. 선택은 우리의 몫이다.

내 일의 마일스톤을 찾아서

2025년, 2035년, 2045년을 대략 연결해보라. 우리가 앞으로 30년간 어떤 길을 걸을지 상상이 되지 않는가? 어떤 일들이 사라지고 어떤 일을 해야 혼란의 시기를 지날 수 있을지 대략 판단이 서지 않는가? 우리는 이 30년의 기간 동안 인간이 가져갈 일로 세 가지 영역이 떠올랐다. 아마 여러분도 여기까지 오는 동안 비슷한 생각을 했을 것이다.

그 첫째 영역은 미래와 닿은 기술이다. 간단하다. 지금까지 살펴본 대로 미래의 마일스톤을 향해 가는 그런 일을 하는 것이다. 혹은 마일스톤과 연결된 그 근처의 일을 하는 것이다. 두 번째 영역은 최대한 기계가 대체하기 어려운 일을 하는 것이다. 인간의 뇌로 치면 좌뇌가 아닌 우뇌를 활용하는 일이다. 이 일들은 대부분 감성과 맞닿아 있다.

마지막 영역은 인간 본성에 관련된 일이다. 기술의 반대편에 선 일이다. 우주여행을 할 수 있다고 모두가 항상 우주여행을 원하겠는가? 나이를 충분히 먹은 우리는, 어린 시절 물가에서 고기를 잡으며 놀던 시절로 여행하고 싶을 것이다. 인간과 기계가 덜 건드린 자연으로 돌아가 과거를 추억하고 싶을 것이다. 기계가 길러주고 유전공학으로 개량된 농산물이 아닌, 저 깊은 저장고에서 꺼낸 과거의 씨앗을 심어 직접 재배하는 즐거움에 빠지고 싶을 것이다.

여러분의 일의 미래, 직업의 미래는 이 세 가지 영역에서 답을 찾아야 한다. 일자리가 사라지기 시작한 지금부터 다수에게 고통스러운 시간이 흘러 2040년이 지나면 서서히 사람에게 시간이 주어지기 시작할 것이다. 그것을 적절하게 활용하도록 하는 일이 두 번째와 세 번째 영역의 일이다. 미래에 더 먼 미래를 개척하기 위해 지금과 같은 방식으로 전진하는 일이 첫 번째 영역에 해당하는 일이다. 일과 직업의 미래는 마지막 장에서 상상력을 동원해 그려본다.

PART II

일을 해체하는
9가지 징후

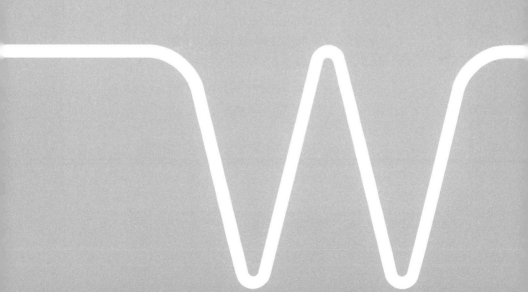

01

연결, 연결,
그리고 초연결

연결은 아이러니하게도 해체와 파괴를 촉진한다.

하지만 연결은 파괴한 재료들을 다시 융합해 새로운 세상을 창조한다.

심지어 융합하는 방식조차 해체하고 파괴해

새로운 방식으로 바꾼다.

연결은 더 많은 연결을 낳는다. 하지만 연결에서 '선'은 사라진다. 선이 사라진 연결은 더 쉽고 더 빠르고 더 복잡하게 연결된다. 연결은 사람과 사람, 사람과 사물, 사물과 사물로 이어져 주변의 모든 것을 생물처럼 살아 움직이게 한다. 이런 미래의 연결된 사회를 한마디로 정의하면 초연결 사회Hyper-connected society[26]다.

여러분도 항상 연결된 온라인 상태다. 여러분은 스마트폰으로 선이 없는 상태로 연결되어 있다. 그러면서도 일하는 노트북으로 다르게 연결되어 있다. 하지만 그 안으로 들어가 보면 같은 가상의 공간이다. 여기서 중요한 것은 연결 방식이 아니라 연결이다. 연결은 보이지 않는 새로운 연결을 만들고 교차점을 만든다.

연결은 어떻게 연결을 만들까? 내가 사용하는 카카오톡은 사람과 사람을 연결한다. 개인과 개인을 연결하는 기능은 기본이다. 여기에 가족, 동호회, 친구들까지 단체로 묶여 연결된다. 새로운 사람이 들어오기도 하고 나가기도 하는 동호회는 연결된 가상 사회가 생물처럼 움직인다는 사실을 확인시켜준다. 개인과 기업도 연결해준다. 이는 연결되지 않은 기업은 생존에 문제가 생긴다는 말과 같다. 알리바바Alibaba[27]는 기업과 기업을 연결해 성공했다.

연결된 사회라는 사실을 깨우쳐주는 것은 대학 동기들의 온라인 모임이다. 10여 명의 오프라인 친구 모임이 온라인으로 들어간 순간, 순식간에 거의 모든 친구가 연결되었다. 친구가 친구를 찾아 연결하고, 다시 그 친구가 다른 친구를 찾아 연결하면서 대학 1학년 입학 시절 동기생이 25년 만에 거의 복원되었다. 시간과 위치의 경계도 허물어버렸다. 그들이 지금 어느 나라에 있느냐는 문제가 아니다. 한 가지 유일한 제약은 연결할 수 없는 상태에 있는 것이다. 사람들은 대부분 이런 연결이 수십에서 수백 개다.

이번에 새 아파트로 이사하면서 새로 차를 산 K는 더 놀라운 생활을 한다. 스마트폰으로 주차된 차의 360도 주변을 확인하고 시동을 미리 거는 것은 물론, 반자율 주행으로 밀리는 도로를 통과한다. 스마트폰 앱으로는 난방을 가동한다. 아파트 관리실에 연결된 앱은 방범 상태나 에너지 사용량과 같은 정보를 실시간으로 제공한다. 주차위치는 자동으로 인식되어 가끔 차를 찾지 못하는 실수를 사라지게 한다. 아이들은 집안에서 K가 주차장에 들어선 것을 거실 모니터로 확인하고 반길 준비를 한다.

사람과 사물, 사물과 사물의 연결은 결국 사람과 사람을 연결한다. 연결은 우리가 선의 끝이 아니라, 선의 교차점에 있게 한다. 이 교차점은 두 선이 만나는 교차점이 아니다. 교차점을 지나가는 선의 수는 내가 원하는 수만큼 만들 수 있다. 가장 놀라운 것은 이 교차점이 다른 무한한 교차점과 연결되어 있다는 것이다.

해체와 파괴를 가속하는 연결

연결은 해체를 부르고 철저하게 파괴하고 다시 융합하도록 한다. 이 연결은 급진적이기도 하지만 때로는 알기 어려울 정도로 조금씩 스며든다. 연결이 해체하고 파괴하는 방식도 마찬가지다. 연결은 산업을 통째로 사라지게 하기도 하지만 때로는 조금씩 해체해서 감지하기 어려운 속도로 파괴하기도 한다.

오프라인 매장은 천천히 해체될 것이다. 역설적이지만, 마지막 오프라인 매장은 가상으로 제품을 체험하거나, 적은 돈을 내고 실제로 제품을 만져보고 확인만 하는 곳으로 변할 수도 있다. 제품을 사는 것이 아니라 나만의 제품을 만들어 사용한다면 어떨까? 매장은 곧 3D 프린터가 설치된 공장과 같은 곳이 될 수도 있다. 마치 구두를 만드는 제화공이 발에 맞춰 수제화를 만드는 것처럼 말이다. 다른 점이라면 이 놀라운 프린터는 원하는 거의 모든 것을 만들어준다.

여러분에게 이런 풍경은 어떻게 받아들여지는가? 늦게 결혼해 신혼살림을 차린 E는 정신없이 바쁘다. E가 나와 가장 달랐던 점은 신혼살림을 마련하는 과정이다. E는 필요한 대부분 살림을 온라인으로 샀다. 심지어 신혼집도 온라인으로 먼저 찾은 후 확인하고 계약했다. 주중에 필요한 물건을 검색하고 주말이면 백화점을 찾아 제품을 실제로 확인했다. 궁금한 점을 묻고 마음에 들지 않으면 다른 제품을 검색해 매장에서 확인하는 작업을 몇 차례 반복했다. 그리고는 온라인으로 가장 저렴하게 필요한 일정에 맞춰 구매했다.

예산은 약 30%가 절약되었다고 했다. 국내에서 구할 수 없는 제품은 직접 해외 온라인 사이트에서 사거나 구매대행 서비스를 활용했다.

해외 구매도 가격비교 사이트를 활용해 철저하게 예산을 줄였다. 이렇게 소매업은 급속하게, 알아차리기 힘든 방식으로 온라인으로 이동하고 있다. 소매업, 특히 공산품을 파는 매장은 왜 고객들이 제품에 관해 묻고 만져보기만 하고 돌아가는지 이해해야 한다. 매장 유지비를 더 부담해야 하는 오프라인 매장은 온라인을 절대 이길 수 없다.

연결은 모든 부분으로 확산해 우리가 아는 세상을 해체하고 파괴한다. 연결은 사람과 사람을 연결해 디자인의 영역으로도 들어간다. 스레드리스Threadless[28]는 티셔츠를 만들지만, 250만 명의 커뮤니티에서 만들어진 디자인으로 티셔츠를 한정 생산한다. 최고의 디자인을 선정하는 것도 온라인 커뮤니티다. 회원들의 투표를 통해 선정된 디자인으로 한정 생산한 티셔츠가 안 팔린다면 오히려 이상한 일이 아닌가? 스레드리스는 전 세계에 소비자이자 생산자인 커뮤니티를 만들어간다.

티셔츠가 아닌 자동차를 디자인한다면 장벽이 생길까? 그야말로 항공기 다음으로 부품이 많다는 자동차를 온라인으로 연결해 디자인하는 것은 가능한 일일까? 미국 피닉스 애리조나에 있는 로컬모터스 Local Motors는 존 제이 로저스John Jay Rogers가 운영하는 작은 자동차 회사다. 사실 로컬모터스는 자동차 회사라고는 하지만 '자동차에 미친 디자이너들의 커뮤니티'가 더 맞는 표현이다. 로컬모터스의 토론방은 항상 수천 명의 디자이너가 아이디어를 쏟아내고 더 놀라운 아이디어가 더해지는 용광로다.

지금 거리를 질주하는 BMW의 '전기자동차 i3[29]'도, 미군의 오프로드용 지프도, 도미노피자의 배달차도 로컬모터스에 의해 디자인되었다. 이제 로컬모터스는 자신들이 디자인한 자동차에 인공지능과 3D 프린팅을 적용할 준비를 마쳤다. 큰 문제가 생기지 않는다면 얼마 지나지 않아 우리나라 자동차산업의 메카 울산에 로컬모터스가 설립한 3D 프린팅 자동차공장이 들어설 것이다. 연결은 자동차산업도 해체해 가고 있다.

더 많은 연결은 더 큰 혁신과 파괴를 부른다. 기획, 연구개발, 디자인, 생산, 판매와 소비조차 연결이 바뀌가고 있다. 연결은 우리가 아는 산업을 천천히, 때로는 급속하게 해체하고 파괴해가며 새로운 세계로 융합해간다. 내가 하는 일, 우리 아이들이 미래를 위해 공부하고 준비하는 일은 해체될 일인가, 해체하는 일인가?

연결의 초신성, 융합과 창조

연결은 해체하고 파괴한 재료들을 다시 융합해 새로운 세상을 창조해간다. 심지어는 융합하는 방식조차 해체하고 파괴해 새로운 방식으로 바뀌버린다. 대기업에서 운영하는 대형 할인점은 크기와 편리성 등으로 철저하게 기존 시장을 파괴했다. 편리한 주차장에 다양한 상품은 많은 사람을 대형 할인점으로 향하게 했다.

하지만 일주일 치, 한 달 치 농축산물과 해산물을 사 냉장고에 보관하면서 이게 옳은 방법인지 고민하게 됐다. 대형 할인점 냉장창고에 보관되었다가 고객에게 선을 보이기 위해 한참이나 매대에 올라갔던 그 식재료들을 다시 가정의 냉장고로 옮겨 보관하는 자신을 생각해보라. 어떤 생선은 비싼 가격에 샀지만, 얼었다가 녹았다가 다시 가정의 냉동고에서 얼어야 한다. 그리고 한번 들어가면 언제 나올지 기약할 수가 없다. 상하고 안 먹어서 버린 식재료가 얼마나 많은가?

그렇다고 생산자가 할인점처럼 돈을 버는 것도 아니다. 어느 나라나 다수의 생산자는 소수의 대기업 앞에 약자가 될 뿐이다. 이런 모습은 미국이나 호주나 영국이나 한국도 마찬가지다. 이를 참을 수 없던 호주의 브래든 로드Braeden Lord는 가장 효율적이고 편리한 방식으로 대형 할인점에 도전하기로 했다. 대형 할인점과 같은 방식으로 파는 것은 생산자에게도 소비자에게도 도움이 되지 않는다고 생각했다. 로드는 오프라인과 오프라인을 최적으로 연결한다고 자부해온 대형 할인점을 없애기로 했다.

우선 소비자를 연결하는 방법으로 모바일 애플리케이션을 채택했다. 오프라인에서 실제로 생산품을 모으기 위해 도시 외곽에는 대형 창고를 마련했다. 온라인으로 오후 늦게까지 수집된 주문정보는 자동으로 취합되어 생산자에게 통보된다. 지방의 생산자는 즉시 냉장 트럭에 신선한 제품을 실어 보낸다. 냉장 트럭에 실려 대형 창고로 새벽에 모인 생산품은 분류된 후, 가맹점에서 보낸 냉장 트럭에 나뉘어 다시 지역으로 배급된다. 가맹점들은 이 생산품들을 지역의 냉장 우유 배달차에 실어 당일 새벽에 주문한 가정으로 배달한다.

이미 호주 전 지역에서 25만 가정이 신선한 달걀, 우유, 빵, 해산물, 과일, 축산물을 매일 필요한 만큼씩 가정에서 받아 쓰고 있다. 이것이 10년 전 오지 파머스 디렉트Aussie Farmers Direct[30]가 농부 셋과 우유 배달원 한 명으로 시작한 일이다. 오지 파머스 디렉트는 호주 농가의 희망이고 건강의 파수꾼이다. 이들은 가장 빠른 연결을 선택해 기존산업을 해체해가고 있다. 이들의 연결은 온라인과 오프라인을 구분하지 않는다. 온라인과 연결되고 융합된 오프라인은 새로운 일을 만든다. 심지어 일자리가 사라지던 우유 배달업을 새롭게 부활시켜 새벽마다 가장 많은 사람이 기다리는 일로 탈바꿈시켰다.

스레드리스와 로컬모터스는 디자이너와 디자이너, 디자이너와 소비자를 연결한다. 로컬모터스의 디자이너들은 로컬모터스와 연결함으로써 BMW와 연결되고 소비자와 연결된다. 이들은 실제로 로컬모터스를 방문해 생산 과정을 보며 오프라인으로도 연결된다. 이들은 자기 일인 디자인과 생산을 스스로 파괴해서 새로운 방법으로 일하고 있다. 연결은 해체하고 파괴하지만, 융합을 통해 새로운 일을 창조하기도 한다.

초연결 사회로 가는 2030년

초연결 사회는 상상하기 어려울 정도로 연결되겠지만, 그 안에서 사는 모습은 어느 정도 상상할 수 있다. 우선 2025년 한국의 마일스톤을 꺼내보자. 핵심이 되는 마일스톤은 '자율주행 자동차'와 '3D 프린터'이고, '사물인터넷'을 통한 연결이 사회 전반을 변화시킬 것이다. 특히 연결은 사람과 교통수단을 포함하는 움직이는 모든 것의 완벽한 이동을 구현해내고, 어디에 있는 3D 프린터라도 자기 것처럼 활용할 수 있게 된다.

2025년이 되면 움직이는 것들은 대부분 직접 혹은 간접적으로 연결된다. 자동차와 자동차는 주행 중에도 위치, 속도, 이동 경로, 교통 상황 등을 계속 주고받는다. 자동차는 도로에 깔린 센서와도 연결되어 도로의 모든 상황을 파악한다. 목적지에서 나를 기다리는 사람도 나의 위치를 확인할 수 있다. 목적지의 주차장도 연결되어 예약 중이다. 연결은 이동의 속도를 높여주고 사고를 원천적으로 배제한다. 사고는 사람에게 운전이 허가된 자동차 전용 트랙이나 레저용 코스에서나 발생하는 뉴스거리다.

자주 가지는 않겠지만, 직접 음식 만드는 것도 보고 새로 나온 제품도 구경하러 과거의 대형 할인점이나 백화점과 비슷한 체험 스토어에 간다. 체험 스토어에 가는 다른 이유는 연결이 만든 효율로 인해 과거보다 바쁘지 않기 때문이다. 마음에 드는 제품은 과거의 스마트폰 속 시리Siri나 빅스비Bixby의 후세쯤 되는 인공지능 비서가 챙겨준다. 결제는 손목에 찬 스마트워치에 연결된 지출 계정에서 스토어를 나오는 순간 자동으로 이루어진다. 배달은 가장 가까운 물류기지에서 통합해서 원하는 시간에 드론이 해결해준다.

문제도 많다. 한국은 약간 늦었지만, 선진국 대부분은 2023년을 넘어서면서 현금을 사용할 수 없게 되었다. 은행 계좌를 몇 개까지는 사용할 수 있지만, 입출금 명세가 실시간으로 세무당국에 보고되고 통합 처리된다. 먹은 열량마저 관리되어 인공지능 의사가 시비를 걸면 정신병원으로 달려가고 싶다. 그렇다고 잠시나마 의사와 연결을 끊자니 불안해진다. 이런 것 때문에 늘어난 헬스케어 비용이 상당하다.

2010년대에 문제가 되던 범죄는 대폭 줄었다. 이제 인간이 저지르는 범죄는 사이버공간으로 대부분 옮겨갔다. 아이들이 장난삼아 자동차를 해킹해서 지방도로의 이동 속도가 현저히 줄었다는 어이없는 뉴스도 등장한다. 지방정부는 드론 산불감시 예산이 부족하다고 아우성이다. 그렇다고 해도 가장 마음에 드는 것은 자동차 매연이 사라져 가는 세상에 사는 것이다. 매연을 뿜는 차는 생산도 어렵지만, 허가받은 구역에서만 운용하는 레저용이다. 그 매연조차 2033년부터는 포집해

정화해야 한다.

연결이 많은 문제를 해결하고 편리하게 해주었지만, 연결은 곧 감시나 마찬가지다. 인간의 마음도 모르면서 옷가게 옆을 지날 때마다 신상품을 걸친 내 모습을 보여주는 인공지능 진열대는 진저리가 난다. 돈을 준 회사, 돈을 쓴 명세, 통화한 상대방을 정부가 아는 것까지는 참을 수 있다. 하지만 내가 말한 단어, 걸음걸이까지 분석해서 쇼핑을 권하고 여행을 권하는 회사와는 정말 단절하고 싶다.

연결을 잠시 끊는 것도 허가가 필요하고 비용이 많이 든다. 운전대가 장착된 차를 운전하려면 마치 과거에 유원지에서 타던 범퍼카를 타듯 비용을 내고 빌려 타야 한다. 트랙 사용료도 내야 한다. 보험도 들어야 한다. 2010년대에도 국립공원과 같은 숲에 들어가려면 돈을 내야 했지만, 이제는 이동 경로마저 드론이 따라 다니며 통제한다. 게다가 산불감시원이나 공원 관리원처럼 연결된 센서들이 통신하며 여기저기서 감시한다.

연결은 효율이다. 자동차마저도 해외에서 생산해 배에 싣고 오는 일은 거의 없다. 주문하면 자동차를 내 집 근처의 대형 3D 프린팅 공장에서 만들어준다. 자동차 회사는 그저 기본 설계도를 혼합해 개인 입맛에 맞게 만들어주고 돈을 받는 회사다. 도로는 자동차와 연결되어 교통량을 자동으로 분산한다. 연결된 자동차는 사고를 없앤다. 사고가 없으니 대부분 차체를 플라스틱이나 이름도 기억하기 어려운 생소한 소재로 만든다. 자동차의 핵심은 엔진, 안전과 같은 것이 아니라 배터리, 인공지능과 같은 것이다.

2020년을 지나면서 2030년까지는 일이 사라진다. 통계적으로 지금 하는 일의 약 50%에 가까운 일자리가 사라질 것이다. 거리의 교통경찰마저도 할 일이 점점 준다. 이때가 되면 일자리는 연결로 얻어야 한다. 현재의 직업보다 세분된 일을 하게 되고 아르바이트처럼 프로젝트 단위로 투입되어 일하게 될 것이다. 일하려면 연결되고 등록된 상태여야 한다. 아니라면 정반대 편에서 일자리를 찾아야 한다. 정반대의 일은 연결되지 않은, 자연에 가깝고 인간적이고 감성적인 일이다. 2040년이 가까워지면 일의 효율이 부를 창출할 것이다. 많은 사람이 지금보다 일을 덜 하고도 살 수 있다는 말이다.

02

인간지능,
인공지능, 집단지능

인공지능이 발달한다는 것은 무슨 의미일까?
이것은 우리가 좌뇌를 활용해서 하던 일들의 종말을 의미한다.
논리적으로 연결하고 근거를 찾아 판단하는,
지금까지 똑똑한 인간이 하던 일을 똑똑한 기계가 대체한다.

시기에 논란은 있지만, 대략 30,000년 전 호모 사피엔스가 진화를 마무리하는 단계에서 현생인류인 호모 사피엔스 사피엔스Homo Sapiens Sapiens가 출현했다. 정교한 석기문화를 형성한 이들은 예술활동이나 종교활동의 흔적도 남겼다. 중요한 것은 이들이 습득한 지식을 기록으로 남기기 시작하면서 지식의 축적이 이루어졌다는 점이다. 지식의 축적은 인간의 모든 것을 바꾸기 시작했다. 쉽게 사냥하는 방법을 배울 수 있다면 사냥에 쓸 시간 일부를 다른 데 활용할 수 있다는 말이 된다.

시간이 흐르면서 인간은 언어를 정교화했고, 습득한 지식을 벽화와 같은 이미지에 담았으며, 활자를 발명해 이미지와 함께 지식을 축적하는 수단으로 활용했다. 30,000년이 거의 흐른 18세기 중반에 이르러 인간은 축적된 지식의 꽃을 피웠다. 산업혁명이다. 생산이 폭발적으로 증가하고 소비가 뒤를 따랐다. 산업혁명은 잠자던 탄소 에너지를 목재에서 석탄, 석유와 천연가스로 확대해갔다. 전기와 컴퓨터가 가세하자 생산은 더욱 가파르게 늘었고 과학기술은 더욱 정교해졌다.

클라우스 슈바프가 3차 산업혁명이라고 지칭한 1960년대 이후는 인간에게 지능의 관점에서 중요한 의미가 있다. 이전까지 인간이 가진 지능을 가장 효과적으로 활용한 방법은 '기록을 통한 지식의 축적'이었다. 글이든 그림이든 기록해서 남김으로써 끊임없이 지식을 축적한 것이다. 문제는 어디에 어떤 지식이 있는지 알기 어려웠다는 점이다. 그런데 컴퓨터와 인터넷이 등장해 가상의 공간에 지식이 쌓이고 연결되기 시작하자 상황이 급변하기 시작했다.

컴퓨터와 인터넷이 궁극적으로 만든 것은 '지식의 연결'이다. 그러자 지식의 질적, 양적 증가 속도가 엄청나게 가팔라졌다. 위치와 정확도를 반영한 검색기술은 더 빠르고 정확하게 지식을 활용하도록 했으며, 지식의 확대에 폭발력을 더했다. 클라우스 슈바프가 4차 산업혁명이라고 칭한 시기에 진입하면서부터는 컴퓨터가 스스로 지식을 찾고 그 지식을 통해 더 똑똑해지는 기계학습Machine Learning[31]이 위력적으로 가세하기 시작했다. 지금 우리가 서 있는 지점이다.

뇌를 벗어나는 인간지능

컴퓨터와 인터넷의 의미를 다시 생각해보자. 컴퓨터는 인간의 손과 발, 머리로 하던 작업을 기계 안으로 집어넣거나 기계를 통해 하는 장치다. 기록이나 계산과 같은 간단한 작업에서 논리, 실제 작업, 학습조차 기계로 할 수 있다. 여기에 연결이 더해진 것이 현재의 온라인 된 컴퓨터다. 이것이 의미하는 것은 무엇일까?

이것은 인간의 뇌 기능, 지능의 확장이다. 자기 뇌의 기능에, 연결된 외부의 다른 기계나 다른 사람의 뇌 기능을 결합할 수 있다는 의미다. 다만 현재의 연결은 완벽한 연결은 아니다. 생각해보자. 연결의 초기에는 유선으로 연결된 컴퓨터 앞에 앉아야만 연결된 세계에 들어갈 수 있었다. 그러다가 항상 연결된 무선의 컴퓨터를 손에 들고 다니게 되었다. '무선의 연결' 다음의 연결은 어떤 방식이 될까?

그다음 연결은 결합이다. 인간의 뇌가 온라인 된 세계를 읽어내는 방법으로 현재는 기계를 통해야만 가능하다. 하지만 앞으로는 뇌와 결합하는 방식으로 진화한다. 뇌가 항상 온라인 된 상태로 직접 기계, 즉 클라우드Cloud Computer[32]와 연결되는 것이다. 이미 이런 방식의 초기 기술은 현실이 됐다. 근력을 증강해주는 슈트가 장애를 극복하는 데 활용되고 병사들의 전투력을 끌어올리며 산업 현장에서 사람들의 작업을 돕는 것처럼, 뇌와 컴퓨터인 기계를 연결하면 근력이 아닌 뇌 기능을 증강한다. '연결된 뇌'가 탄생하면 연결된 모든 세계를 뇌가 직접 탐색하고 활용할 수 있다.

'연결된 뇌'가 할 수 있는 일을 판단하려면 '연결된 기계'가 할 수 있는 일을 먼저 생각해봐야 한다. 과거의 기계는 기록을 저장하고 명령을 수행하는 데 집중됐다. 하지만 지금은 스스로 찾아서 배우고 배운 것을 활용하는 단계에 이르렀다. 기계가 인간처럼 계속 배워서 자기 것처럼 활용하는 단계로 진화했다는 의미다. 2016년 봄에 만났던 알파고AlphaGo가 이세돌과 바둑을 둬 이기고, 2017년 봄에는 커제Ke Jie를 이긴 것처럼 말이다.

인공특수지능에서 인공일반지능으로

인공지능이 학문으로 연구되기 시작한 지는 이미 60년이 넘었다. 본래 '지능'이라는 단어에는 '학습'의 의미가 들어있는데, 인공지능Artificial Intelligence도 인간처럼 필요한 것을 찾아 '학습'한다. 알파고가

'바둑을 두는 방법과 내용이 기록된 기보'를 찾아서 배우고, 배운 자신을 복제해서 상대로 삼아 바둑을 두며 더 성장하는 방식이 기계학습이다. 인간이 탐구의 대상을 찾아 공부하고, 공부한 것을 실제로 적용하면서 성장하는 방식과 거의 같다. 차이라면 속도와 범위가 인간과 비교하기 어렵다는 점이다. 그래서 갑자기 등장한 것처럼 보이는 인공지능 알파고에 전 세계가 놀란 것이다.

인간지능과 인공지능의 차이는 없을까? 차이라면 현재의 인공지능은 한 가지 특수한 영역에서만 기능을 발휘한다는 점이다. 알파고는 바둑을 두고, IBM의 왓슨Watson은 환자와 축적된 방대한 데이터베이스를 비교·분석해 암을 진단한다. 특수한 분야에서 인공지능을 발휘한다는 의미로 이를 '인공특수지능'이라고 한다. 인공특수지능을 중심으로 한 인공지능 시장을 BBC[33]는 2019년 200조 원, 2024년에는 3배가 커진 600조 원 이상으로 추정한다.

인공특수지능이 바둑이 아닌 의료와 같은 산업으로 들어가면 우리가 우려하는 일자리 문제가 급속하게 확산한다. 예를 들어, 왓슨이 모든 병원에 도입되면 최소한 암을 진단하는 의사의 일은 사라질 게 뻔하지 않은가? 공장이 자동화된 로봇으로 가득하게 된다면 인간이 할 일은 로봇이 일을 잘 수행하는지를 관찰하는 일이 전부일 것이다. 독일 지멘스Siemens[34] 공장에 가면 소수가 실제로 그렇게 일한다.

인공특수지능 로봇이 인간처럼 여러 방면에서 뛰어날 수는 없을까? 이런 인공지능을 갖춘 로봇을 인공일반지능Artificial General Intelligence 로봇이라고 한다. 이런 로봇이 출현하기 위해서는 5가지 요건이 필요하다고 〈파퓰러 사이언스Popular Science〉[35]에서 지식융합연구소 이인식 소장은 말했다. 새로운 상황에서 발생하는 문제를 해결하는 능력, 자료를 분석해서 의미를 찾아내는 학습능력, 시각이나 청각과 같은 지각 능력, 자연어를 이해하는 언어이해력, 자율적으로 판단하고 움직이는 능력이 그 5가지 요건이다. 인공특수지능은 첫째 요건 일부와 둘째 요건을 갖추기 시작했다.

어쨌건 인공지능은 인공특수지능에서 인공일반지능을 향하고 있다. 알파고가 바둑에서 인간보다 뛰어나거나 가장 뛰어난 인간과 비슷한 능력을 발휘하듯, 인간보다 모든 방면에서 뛰어난 능력을 발휘하는 로봇은 점점 현실이 되고 있다. 알파고도 그렇게 변해갈 것이다. 상상하기 어려운 일이지만, 2040년을 넘어가면 모든 방면에서 인간보다 뛰어난 로봇이 현실화할 것으로 모두가 확신하게 된다.

좌뇌의 시대에서 우뇌의 시대로

인공지능이 발달한다는 것은 무슨 의미일까? 우리의 일자리와는 무슨 관계가 있을까? 이것은 우리가 좌뇌를 활용해서 하던 일들의 종말을 의미한다. 일자리가 사라지는 것이 아니라 인간의 일 자체가 사라진다. 논리적으로 연결하고 근거를 찾아 판단하는, 지금까지는 똑똑한 인간이 하던 숙련 노동을 똑똑한 기계가 대체하는 것이다. 단순하고 반복되는 반숙련 노동이나 비숙련 노동도 마찬가지다. 이런 일은 기계가 훨씬 잘할 수 있다. 조립 공정에서 인간이 하던 반숙련 노동이 지금 일차적으로 사라지고 있다.

중국의 메이디그룹Midea Group[36]은 2015년 8월부터 독일의 쿠카

KUKA[37] 지분을 사들이기 시작해 현재 94.55%를 사들였다. 당시 중국의 메이디그룹이 독일 쿠카를 인수하는 문제는 독일의 문제를 넘어 유럽연합의 문제였다. 유럽연합은 중국의 쿠카 인수를 반대했다. 왜냐하면, 쿠카는 클라우스 슈바프가 주장하는 4차 산업혁명의 상징과도 같은 회사이기 때문이다.

쿠카는 로봇 및 자동화의 선도기업이다. 현재 세계 20여 개 국가에 진출했으며, 자동차산업용 로봇시장 1위 기업이다. 이들의 산업용 로봇팔은 메르세데스 벤츠, BMW, 아우디, 폭스바겐, 테슬라 등 상위 자동차 제조사에서 활용한다. 실제로 자동차 조립 공정에서 로봇이 어떻게 활용되는지 이해하면 제조업에서 일자리가 어떻게 사라질지 알 수 있다.

자동차 제조 공정은 크게 5단계로 나눌 수 있다. 첫째는 독립적으로 생산하는 동력전달장치 제작 공정, 각 부분의 차체를 만드는 프레스 공정, 차체를 접착하고 용접하는 차체 조립 공정, 부식을 방지하고 색을 입히는 도장 공정, 마지막은 최종 조립 공정이다. 이 5단계 공정에서 레이저 용접, 접착 등이 이루어지는 차체 조립 공정은 거의 100% 로봇이 수행한다. 도장 공정도 마찬가지다. 동력 전달 장치 제작 공정과 프레스 공정은 대부분을 로봇이 수행한다. 최종 조립 공정 단계만 로봇 수행 비율이 낮을 뿐이다.

쿠카의 로봇이 투입된 자동차공장은 지금의 공장을 어떻게 바꿀까? 우선 투입되는 인력의 수가 1/3수준으로 떨어진다. 기존의 일자리 2/3가 사라진다는 말이다. 품질은 인간이 수행하던 때보다 약 2배 향상된다. 생산능력은 평균 25% 이상 상승하고 원가는 22% 절감된다. 로봇을 가동하는 인력을 고려해도 기존 일자리의 60% 이상이 사라진다. 고급 자동차 제조사를 넘어 불과 몇 년 안에 모든 자동차공장에서 벌어질 일이다.

기업의 회계와 같은 일은 인공지능이 개입하면 더 쉽고 편하게 처리된다. 법과 판례를 모아 검토하고 선고하는 판사의 일은 IBM 왓슨이 환자의 암을 진단하는 일과 거의 비슷하다. 게다가 판단하는 사람에 따라 좌우되지도 않는다. 호텔에서 제공하는 대부분 서비스는 로봇이 하는 것이 고객에게 심리적으로 편하다. 일본은 이미 이런 호텔이 영업 중이다. 우리나라 신분당선, 부산지하철 4호선, 인천지하철 2호선 등은 완전 자동운전 시스템으로 기관사 없이 운영된다.

로봇이 가져간 일 대신 인간은 어떤 일을 할 수 있을까? 인공지능이나 컴퓨터로 상당 기간 대체하기 어려운 일은 우뇌에서 찾을 수 있다. 우뇌는 아름다움을 인식한다. 음악과 미술과 같은 예술의 기초다. 감각과 관련된 섬세한 처리도 우뇌의 몫이다. 입체적인 사고와 통찰력, 즉 창조적 상상력이 우뇌에서 촉발된다. 하지만 우뇌가 할 수 있는 일에 관해 우리가 아는 부분은 아직 적다.

우뇌를 활용해 할 수 있는 일을 다음의 스티븐 윌트셔Stephen Wiltshire[38]의 사례로 생각해보자. "스티븐 윌트셔의 별명은 '인간 사진기'다. 그가 유명해진 것은 열네 살 때였다. 불행하게도 윌트셔는 세 살에 자폐증 진단을 받았다. 다섯 살에는 특수학교에 입학해 선생님의 도움으로 그림을 그렸는데, 그전까지는 말도 하지 못했다. 선생님은 곧 윌트셔가 그림에 놀라운 소질을 보인다는 사실을 알게 되었다. 윌트셔는 도시나 건물, 자동차 등의 정밀묘사에 소질을 보였다. 윌트셔는 도심의 상공에서 헬리콥터로 한 번 돌아보고는 며칠 후 자신이 본 도시를 정밀하게 그려냈다. 그가 그린 그림은 매우 정밀해서 건물의 유리창 하나도 세세하게 표현했으며, 전체적인 도시의 모습을 거의 완벽하게 재현하였다."[39]

자폐증은 발달장애의 하나로 의사소통 및 언어, 행동, 사회적 상호관계 발달에 장애를 유발하는, 뇌에 문제가 생기는 증후군이다. 그런데 자폐증을 앓는 일부는 정상적으로 발달하지 못한 좌뇌 기능에 대한 보상체계가 작동해 특별한 능력이 증폭된다. 이것을 의학적으로는 서번트 증후군Savant Syndrome이라고 부른다. 스티븐 월트셔는 어쩌면 미래의 인간이 증폭시켜야 할 뇌의 영역을 미리 보여주는지도 모른다.

실제로도 논리가 아닌 우뇌에 연결된 감성을 다루는 일은 상당 기간 인간의 몫이다. 인간성을 다루는 일도 인간의 몫이다. 전혀 새로운 것을 만드는 창조적인 사고가 필요한 일도 인간의 몫이다. 복합되어 얽힌 문제를 해결하는 일도 대부분 인간의 몫이다. 좌뇌를 주로 활용하더라도 우뇌가 개입해 섬세하게 처리할 수 있는 일도 인간의 몫이다. 그래서 단순한 청소는 로봇의 일이 되겠지만, 감성이 들어간 청소는 한동안 인간만이 할 수 있는 일이다. 이렇듯 개별 인간에게 일자리 문제는 심각해지지만, 인간만이 할 수 있는 분야에서는 새로운 수요가 생긴다.

또한, 연결된 인간이 함께 해결하는 새로운 일이 계속 탄생할 것이다. 개인으로서의 인간이 도저히 할 수 없는 일을 함께 연결해서 해결하는 것이 그런 일이다. 이를 집단지능Collective Intelligence이라고 부른다. 아래는 아프리카 버섯흰개미로 집단지능을 가장 잘 설명한 지식융합연구소 이인식 소장의 칼럼 일부다.

"흰개미는 수만 마리씩 집단을 이루고 살면서 진흙이나 나무를 침으로 뭉쳐 집을 짓는다. 아프리카 초원의 버섯흰개미는 높이가 4m나 되는 탑 모양 둥지를 만들 정도다. 이 집에는 온도를 조절하는 정교한 냉난방 장치도 있다. 그러나 개개의 개미는 집을 지을 만한 지능이 없다. 그런데도 흰개미 집단은 역할이 서로 다른 개미들의 상호작용을 통해 거대한 탑을 쌓는다."[40]

03

해체를 가속하는
3D 프린터

소품종 대량생산에서 다품종 소량생산의 시대가 되면
3D 프린터가 설치된 곳이 공장이 된다.
미국이 3D 프린터를 만드는 데 중점을 두는 이유는 제품이 아니라
공장을 만드는 일이기 때문이다.

미래를 만들고 바꿔가는 기술로는 자율주행 자동차, 나노기술, 3D 프린팅, 생명공학, 사물인터넷, 로봇공학, 재료 공학, 인공지능, 에너지 기술 등이 있다. 그중에서 3D 프린팅은 산업혁명 이후 지속해온 공장의 개념을 송두리째 바꿀 것이다. 중요한 점은 공장이 일자리와 같은 개념이어서 공장의 변화는 곧 일자리의 변화다. 3D 프린터가 어떻게 공장을 해체해 일자리를 없애는지, 또 일자리를 어떻게 만드는지 알아본다.

　　3D 프린터는 작은 개인용 프린터에서 공장에서 활용하는 대형 프린터까지 다양하다. 3D 프린터를 활용하는 산업은 자동차, 우주항공, 의료, 바이오, 교육, 엔터테인먼트를 가리지 않고 그 범위를 계속 확대하고 있다. 자동차나 우주항공 분야에서도 부품은 물론 차체에서 엔진에 이르기까지 75% 이상에 적용하여 활용한다. 의료나 바이오 분야는 보철에서 인공 장기에까지 3D 프린터를 적용하고 있다. 시제품, 완구, 작품의 제작에도 3D 프린터가 활용된다.

　　3D 프린터를 제작하는 산업은 미국이 주도한다. 미국의 3D 프린터 제조사 '스트라타시스Stratasys [41]'와 '3D 시스템즈3D Systems [42]'는 자동차, 우주항공, 의료, 바이오, 교육, 엔터테인먼트 등 각 산업과 연관된 프

린터를 생산하고 있다. 미국은 왜 3D 프린팅 분야에서 앞선 기술력을 확보하려고 할까? 그것은 3D 프린터가 모든 산업의 다음 세대를 견인하기 때문이다. 소품종 대량생산에서 다품종 소량생산의 시대가 되면 3D 프린터가 설치된 곳이 공장이 된다.

3D 프린터가 설치된 공장은 가정에서부터 실제 대형 공장까지 다양하다. 그리고 새로운 기술이 적용될 때마다 새로운 프린터가 필요해진다. 프린터가 사용하는 플라스틱, 금속 분말에서 형상기억합금에 이르는 소재는 물론, 새로운 소재를 만드는 산업도 같이 성장한다. 그래서 미국은 전 세계에 자신들의 공장인 3D 프린터를 보급하려고 한다. 쿠카KUKA의 로봇팔이 자동차 브랜드와 상관없이 공장을 점령해가는 것과 마찬가지다.

헨리 포드Henry Ford로 대표되는 조립 공정은 같은 제품을 신속하게 대량생산하는 길을 열었다. 그런데 이런 공정을 완전히 혁신한 것이 3D 프린터다. 3D 프린터로 만들 수 없는 것은 거의 없다. 자동차 엔진, 로켓 추진체, 유리 렌즈, 로봇, 음식, 회로기판, 인간의 장기, 집, 의류도 만들 수 있다. 형상기억합금과 같은 소재로 프린트하면 순식간에 조립할 수도 있다.

만약 개인이 3D 프린터를 소유한다면 무슨 일이 벌어질까? 사실 3D 프린터를 소유할 필요도 없다. 지금처럼 가정에 2D 프린터가 없으면 킨코스Kinkos나 문방구에 가서 파일을 건네주고 프린트를 부탁하듯, 3D 프린팅 소매점에 가서 파일을 건네주면 그만이다. 그것도 귀찮다면 온라인으로 사진 파일을 전송해 인화된 사진을 받아보듯, 파일을 보내고 출력물을 집으로 배달시키면 된다. 이런 일이 '현실이 된다'가 아니라 현실이다.

3D 프린터가 무서운 이유

3D 프린터가 프린터이긴 하지만, 2D 프린터를 떠올리면 곤란하다. 3D 프린터는 설계도면과 같은 프로그램 파일만 있으면 뭐든 만들 수 있는 기계다. 자동차는 100% 3D 프린터로 만들 수 있다. 다만, 일부 부품은 기성품을 쓰는 것이 편리해서 보통은 70% 정도를 프린터로 만든다. 처음부터 3D 프린팅을 위해 설계된 자동차는 100% 프린터로 출력할 수 있다. 자전거 정도는 클릭 한 번으로 완성된 상태로 출력된다.

로컬모터스는 자동차를 거의 100% 프린터로 제작한다. 소재는 강화 플라스틱과 탄소섬유 등을 사용한다. 25,000개나 되는 부품을 조립하는 방식 대신 차체, 대시보드 등 5개 정도의 큰 유닛으로 나눠 출력한 후 조립한다. 여기에 자율주행 기능과 주문형 디자인을 적용한다. 색이나 소재를 바꾸는 수준이 아니라 완전히 다른 차를 만드는 주문형 디자인은 3D 프린터만이 가능한 옵션이다.

옷은 어떻게 만들까? 옷을 만드는 소재는 코지플렉스Cosyflex라는 합성섬유를 활용한다. 영국의 타미케어Tamicare[43]에서 개발한 코지플렉스는 라텍스, 실리콘, 테플론, 폴리우레탄과 같은 고분자 재료에 비스코스, 면, 폴리아마이드Polyamide 등과 같은 직물 재료를 혼합하여 만든다. 여기에 색, 패턴, 이미지를 추가해 스프레이 노즐로 적층 출력하면 된다. 적층하면서 중간에 센서와 같은 전자소재도 넣을 수 있어서 스마트 의류도 생산할 수 있다.

이렇게 만들면 나만의 옷이 탄생한다. 디자인, 기능, 패턴, 색, 섬유까지 개별화한 세상에 하나뿐인 옷이 만들어진다. 원단을 자르지 않으므로 소재는 거의 낭비되지 않는다. 바느질도 하지 않는다. 인건비도 거의 들지 않는다. 신발을 제작하는 데에 이 방식을 적용하면 3단계로 제작이 끝난다.

3D 프린터로 제작하는 자동차는 공장에서 조립되는 자동차와 비슷한 수준으로 가격이 낮아졌다. 옷은 오히려 더 싸다. 디자인은 마음에 드는데 발에 맞는 치수가 없는 스포츠 신발도 얼마든지 제작할 수 있다. 시간이 흘러 살 수 없는 오래된 신발도 새로 만들 수 있다. 파일 대신 3D 프린터에 딸린 적외선 음파 스캐너로 스캔해서 똑같이 프린트하는 일은 아주 간단한 작업이다. 심지어 3D 프린터의 80%는 자가복제 기능이 있어서 자기보다 작은 3D 프린터를 프린트할 수도 있다.

3D 프린터는 기성품을 순식간에 해체할 것이다. 어떻게 이런 일이 가능할까? 3D 프린터는 디자인 파일만 있으면 무엇이든 출력해서 만들 수 있다. 아무리 새로운 디자인의 제품이 출시되어도 누군가는 스캔해서 파일로 공유할 것이다. 매장에 전시된 제품은 마음만 먹으면 똑같이 만들거나 변형해서 만들 수 있다. 어쩌면 미국에서 출시된 제품이 배나 비행기에 실리기도 전에 해적판이 되어 세계 곳곳에 깔릴 수도 있다.

현재 3D 프린터 보급이 속도를 내지 못하는 이유는 단 두 가지다. 하나는 사람들이 3D 프린터를 잘 모르기 때문이다. 하지만 '3D 허브3D Hubs'와 같은 브랜드가 무슨 일을 하는지 알기 시작하면 사용자는 스마트폰보다 더 빠르게 늘 것이다. 약 150개국에서 7,000개 이상의 지점을 연 이 회사의 지점을 그물망으로 연결하면 15km 안에서 만날 수 있다.

다른 이유는 공장에서 제조한 제품보다 품질이 뛰어나지 못하다는 평가를 받는 예가 많다는 점이다. 하지만 이는 당연한 과정이다. 초기 디지털카메라는 10만 화소도 되지 않는 제품이 필름카메라와 맞먹는 가격이었다. 사용자가 적을 수밖에 없었다. 하지만 지금은 어떤가? 초기 디지털카메라보다 100배나 뛰어난 화질의 카메라가 스마트폰마다 두 대나 장착되지 않는가? 또한, 디지털카메라에 밀려난 필름카메라는 이제 거의 자취를 감추지 않았는가? 무엇이 무엇을 밀어낼 것인지는 자명하다.

연결로 더 강해지는 3D 프린터

실제로 3D 프린터가 제조를 대체하는 데 장애물은 없다. 지금 3D 프린터는 가장 바꾸기 쉬운 곳부터 서서히 제조를 바꿔간다. 개인 취미용 완구, 의료용 보철, 선수용 맞춤 의류, 기업이나 개인의 시제품과 같은 것이 그것이다. 그러나 현재 수천 달러에 이르는 고성능 3D 프린터 가격이 더 내려가면 모든 장애물이 순식간에 사라진다. 우리가 기억해야 할 것은 대부분 IT 장비들이 매년 같은 가격에 성능이 두 배가 된다는 점이다.

사람들이 프린터에 사용할 디자인, 즉 원하는 파일을 어떻게 얻을지도 생각해보자. 이 광경은 낯설지 않다. 몇 년 전, 옷이나 자전거도 아닌 아주 긴 시간을 연구해 개발한 한국의 자동차가 출시되자마자 중국시장에 중국 브랜드를 달고 등장했다는 뉴스를 기억할 것이다. 앞으로는 누군가 사거나 얻거나 직접 스캔한 명품 핸드백 신제품 파일은 순식간에 원하는 모든 사람의 것이 될 것이다. 출력하기 전에 실물을 한번 만져보고 싶으면 매장에 가서 직원의 친절한 설명을 곁들여 들으면 된다. 물론 사지는 않을 것이다.

디자인 오픈 소스는 지금도 넘쳐난다. 메이커봇MakerBot에서 운영하는 싱기버스Thingiverse [44]나 3D시스템즈가 운영하는 큐비파이Cubify [45], 울티메이커Ultimaker가 운영하는 유매진Youmagine [46], 셰이프웨이스Shapeways [47]와 같은 사이트에 가면 무료로 사용할 3D 프린팅용 파일이 넘친다. 이들은 이미 앞으로 저작권이 사라진 세상을 예견한 듯 비즈니스 모델을 선점해가고 있다. 심지어 독창적인 디자인 프로그램을 회원끼리 거래하기도 한다. 이들을 막을 방법이 있을까?

3D 프린터가 알려지기도 전에 우리는 이미 연결에 익숙해진 상태다. 공유하고, 나누고, 연결해서 찾아내는 데 익숙한 사용자들은 필요한 물건이 아니라 필요한 3D 프린팅 파일을 찾는 데도 익숙해질 것이다. 파일을 연결로 찾게 되면 가장 멋지게 출력해줄 방법만 생각하면 된다. 작고 단순한 것은 집에서, 나머지는 더 좋은 프린터를 가진 곳에 맡겨서 출력하면 된다.

반면에 3D 프린팅 제조사는 어떨까? 거대한 공장을 갖지 못한, 3D 프린터로 자동차를 생산하는 제조사는 어떻게 자동화된 공장을 가진 경쟁자와 싸울까? 이들에게 공장은 '자신들이 원하는 요건에 맞는 3D 프린터를 가진 곳'이 모두 해당한다. 파일을 받아 설명서대로 출력할 수 있으면 그곳이 공장이 된다. 자동차를 만들어서 보내주는 것이 아니라, 원하는 장소에서 만들어주면 된다. 물론 초기에는 소수로 출발하겠지만, 우리가 파일을 주고받아 출력하듯, 원하기만 한다면 개성에 맞는 자동차도 출력하는 세상이 2018년부터 현실이 된다.

그렇다면 한 가지 생각해볼 문제가 생긴다. 미래의 제조사는 무엇을 제조하는 곳일까? 시간이 흘러도 제조업 일부는 계속 자체 제품을 생산하겠지만, 지금의 공장처럼 생산하지는 않을 것이다. 대다수 제품은 킨코스를 닮은 '3D 허브'나 '포노코Ponoko [48]'와 같은 '소규모 생산거점'에서 지역과 제품 특성에 따라 생산하게 될 것이다. 특별한 제품들은 국가별 거점에서 생산될 수도 있다.

그러면 제조사는 '제품을 개발해 디자인하여 파일을 제공하는 곳'인가? 이를 생각해보려면 LP나 CD를 제작해 팔던 제조업이 어떤 길을 가는지 생각해보면 된다. 가끔 복고의 바람이 불고 음악 애호가가 있어서 명맥은 유지하지만, LP나 CD는 디지털 음원이 되어 새로운 형식으로 유통된다. 원한다면 음원을 CD에 담을 수도 있다. 미래의 제조는 3D 프린터가 해결 가능한 범위까지 책임져줄 것이 분명하다. 다만, 제조사는 자신들의 제품을 어디에 어떤 3D 프린터를 가진 생산거점과 협업할 것인지를 결정하게 될 것이다. 물론 초기에는 로컬모터스처럼 자신들이 직접 생산거점을 운영할 수도 있다. 자신들의 제품이 해킹되거나 복제되어 엉뚱한 곳에서 생산되지 않는다는 가정에서.

3가지 경쟁력과 일자리

막 꽃을 피우려는 시기에 진입한 3D 프린터는 크게 3가지 측면에서 경쟁력을 갖췄다. 그 첫째는 미래가 원하는 다품종 소량생산이나 개인 맞춤형 생산에 최적이라는 점이다. 둘째는 비용, 원료, 시간 등 자원 측면에서 낭비 요소가 획기적으로 줄어든다. 셋째는 다른 산업과의 융합이나 파급력이 기존의 혁신과는 완전히 차별화된다.

다품종 소량생산이나 개인 맞춤형 생산은 소비자의 요구에 최적화된 생산 방식이다. 그 누구도 같은 옷을 입고, 같은 가방을 메고, 같은 차를 타고, 같은 장소에 나타나기를 원하지는 않는다. 이런 삶은 같은 교복을 강제로 입고 등교해야 하는 아이들조차 원하지 않는다. 비싼 자동차도 마찬가지다. 똑같은 차를 타서 행복하다는 사람은 거의 없다. 같은 차를 타는 자동차 동호회 회원이라도 만나서 하는 얘기는 공통의 문제 해결에 관한 것이 아니라면 어떻게 개성 넘치는 튜닝을 할 것인가이다.

3D 프린터를 통한 개인 맞춤형 제조는 의료, 건강, 의류, 시제품, 장난감과 같은 소품 분야에서 기존의 제조방식을 가장 먼저 대체할 것이다. 의료는 보철이나 틀니 제조와 같은 기초적인 분야에서부터 인공 장기와 같은 고도의 맞춤형 분야가 해당한다. 장애인을 위한 의족과 같은 의료기구는 기존 생산 방식을 완전히 대체할 혁신적 대안이다. 물론 장난감이나 시제품 제작에도 이보다 좋은 대안은 없다.

자원 활용 측면에서도 3D 프린팅은 대단한 혁신이다. 잘라서 버리는 낭비 요소, 접착하거나 꿰매거나 용접하는 공정, 원료와 제품을 수송하고 배송하는 물류까지 비용을 획기적으로 줄인다. 원료가 절약되고 공정이 줄면 이에 따르는 비용이나 시간도 동시에 줄어든다. 문제는 생산과 물류 등에서 공정이 줄고 부품이 줄면서 이에 연관된 모든 일자리가 같이 줄어든다는 사실이다.

3D 프린팅은 융합되지 않는 분야가 거의 없을 정도다. 그래서 3D 프린팅이 다른 산업과 융합해 가져올 파급력을 측정하는 것은 불가능에 가깝다. 일자리는 더욱 그렇다. 오가노보Organovo가 바이오 프린터 NovoGen MMX Bioprinter로 만드는 자가 세포를 활용한 인공 간을 이식받기 위해서는 법과 제도 정비에만 많은 시간이 필요하다. 하지만 현재도 오가노보의 인공 간을 활용해 세계 1위의 제약사 로슈Roche[49]를 비롯한

많은 제약사가 신약 독성실험을 한다. 이렇게 인체실험으로 하기 어려운 과제가 순식간에 해결된다.

새로 만들어지는 생산거점 비즈니스인 '3D 허브'와 같은 프린팅 사업에는 새로운 일자리가 만들어진다. 무엇보다 일인 제조업이 가능해진다. 아이디어만 있다면 프린터를 갖추든, 의뢰하여 생산하든 새로운 일자리를 스스로 창출할 수 있다. 시제품을 만드는 일도 단순해진다. 3D 프린터, 프린팅 소재, 프린팅용 프로그램 개발, 디자인 파일의 유통과 거래에 관한 사업은 이제 출발점에 섰다.

3D 프린팅은 산업으로서 이제 걷기 시작했다. 3D 프린팅이 자동차산업과 융합한다고 해도 당장 자동차산업을 송두리째 바꾸지는 못할 것이다. 3D 프린팅이 만드는 맞춤형 자동차 생산은 이제 쿠가KUKA의 로봇팔이 만들어가는 생산성과 품질 중심의 생산과 충돌할 것이다. 이렇게 3D 프린팅은 다른 산업을 융합하고 다른 산업에 융합되고 경쟁하고 파괴하면서 제조를 혁신할 것이다.

04

가상과 물리의
사라진 경계

독일의 목표는 가상세계를 움직여

물리 세계의 공장을 100% 가동하는 것이다.

일하는 사람은 가상세계를 움직이는 극소수로 충분하다.

독일은 자동화된 공장의 표준을 만들려고 한다.

전직 해병대원으로 하반신이 마비된 제이크 설리Sam Worthington가 주인공이 되어 판도라 행성의 나비족 전사 네이티리Zoe Saldana와 펼치는 모험을 다룬 영화 아바타Avatar, 2009를 기억할 것이다. 영화에서 제이크는 아바타를 통해 판도라 행성에서의 모든 경험을 '실재實在로 경험'하게 된다. 이런 일이 가능할까?

게이머들은 오큘러스Oculus[50]의 가상현실Virtual Reality 헤드셋을 쓰고 3차원 도시에서 로봇과 한판 전투를 벌인다. 생일을 맞은 멜리사를 잭과 다이안은 현실과 가상이 융합된 놀이공원으로 초대해 파티를 열어준다. 그리고 가상의 셀카봉에 연결된 스마트폰으로 기념사진을 찍어 페이스북에 올린다.

아바타는 영화를 설명한 것이지만, 오큘러스의 가상현실 게임이나 가상의 생일파티에서 찍은 가상의 사진을 페이스북에 올리는 일은 현실이다. 이미 우리는 가상현실이나 증강현실Augmented Reality을 이처럼 아무 거부감 없이 일상에서 활용하고 있다. 친구들과 사진을 찍을 때, 실제 얼굴에 가상의 수염을 붙인 우스꽝스러운 장면을 스마트폰 앱으로 만들기도 하고, 포켓몬Pokemon을 잡는다며 아무것도 없는 풀밭을 뛰어다니기도 한다. 정보를 증강해주는 앱으로는 눈에 보이지 않는 약국과 음식점을 찾는다.

현실을 강화한 증강현실, 현실과 가상의 경계를 허문 가상현실, 가상 공간을 삼차원으로 확장한 3D는 모두 가상현실의 범주로 정의할 수 있다. 물론 물리 세계와 가상세계가 혼합되는 정도와 구현 방법에 따라 다르게 표현되기도 하지만, 그런 차이보다는 공장에 이런 기술이 반영될 때 어떤 모습으로 변화할 것인지를 확인하는 것이 중요하다. 중요한 다른 하나는 이런 기술이 공장 밖으로 나왔을 때 실제로 우리 생활을 어떻게 변화시킬지 확인하는 것이다.

공장은 이렇게 구성된다. 물리적 공장과 가상 공장을 똑같이 설계해서 구성한 후 연결한다. 이 둘의 차이는 물리적 공장은 현실 세계에, 가상 공장은 컴퓨터 안에 가상으로 만들어진다는 점이다. 그리고 가상 공장을 통제함으로써 물리적 공장을 통제한다. 예를 들어, 부산신항만 국제터미널에는 엄청난 수의 컨테이너가 컨테이너선에 실려 들어오고 나간다. 터미널의 임무는 컨테이너를 배나 트레일러에서 내려 야적장에 잘 적재한 후 트레일러에 실어 보내거나 배에 실어 보내는 일이다. 40피트 컨테이너는 12m가 넘는 크기로, 대형 야드 크레인을 움직여 싣고 내린다.

그런데 항만에 사람은 거의 보이지 않는다. 트레일러만 일방 통행로를 오간다. 마치 자동으로 크레인이 움직여 컨테이너를 들어 올리고 쌓고 배에 선적하고 트레일러에 실어주는 것처럼 보인다. 이조차 한 치의 오차도 없이 정확하게 레고 블록을 쌓듯 이루어진다. 이 크레인들은 누가 어떻게 조종하는 것일까?

통제실에 가면 직원들이 조이스틱으로 컴퓨터 모니터를 보며 섬세하게 크레인을 조작한다. 이 모니터에는 가상의 터미널 내 장치들이 보인다. 이들은 조이스틱을 움직여 크레인을 움직인다. 배에서 컨테이너를 연결해 들어 올리고 다시 내려 트레일러에 한 치의 오차도 없이 싣는다. 한 번에 두 개의 컨테이너를 내려 두 대의 트레일러에 싣기도 한다. 트레일러는 컨테이너를 야적장으로 이동하고 야적장에서는 같은 방법으로 컨테이너를 쌓는다. 반대편에서는 출고될 컨테이너를 트레일러에 싣는다. 오가는 모든 트레일러와 컨테이너는 RFIDRadio Frequency Identification와 무선랜으로 연결되고 통제되고 처리된다.

우리는 물리 세계에서만 30,000년을 살아왔다. 그래서 가상세계를 자꾸 물리 세계와 구분하려고 한다. 익숙해질 만도 한데 가상세계를 물리 세계와는 다른 세계로 생각한다. 하지만 스마트폰으로 본 기사가 곧 컴퓨터로 본 기사고 종이신문에 활자화된 기사다. '인더스트리 4.0'을 내세우는 독일은 실제로 공장을 이렇게 바꿔가고 있다. 독일의 목표는 가상세계를 움직여 물리 세계의 공장을 100% 가동하는 것이다. 일하는 사람은 가상세계를 움직이는 극소수로 충분하다. 가상세계가 물리 세계와 일치하는 정도가 커질수록 사람이 할 일은 줄어든다.

경험의 미래로 가는 가상현실

페이스북은 2014년에 오큘러스를 약 2조 원에 인수했다. 그로부터 3년이 흐른 2017년, 페이스북은 스페이스Spaces[51']를 발표했다. 페이스북 스페이스는 가상 공간에서 아바타를 만들고 가상 공간에 친구들을 불러모아 가상의 행동을 할 수 있게 해준다. 가상인 듯 실제로 통화하고, 실제와 똑같은 가상의 탐험을 하고, 가상으로 파티하면서 사진도 찍는 그런 일이다.

가상세계에서 사용할 분신인 아바타는 자신의 사진을 바탕으로 만든다. 앱을 가동해서 가상 공간에 친구들을 불러 메신저로 대화하거나 화상통화도 할 수 있다. 가상 공간은 현실과 융합되기도 하고 완전히 새로 만들어질 수도 있다. 실제와 똑같은 기분이 드는 롤러코스터를 타거나, 모형 비행기에 아바타를 태워 모험을 떠나거나, 카페에 모여 같은 음악을 들을 수도 있다.

페이스북이 하려는 것이 이것이 전부일까? 친구들과 가상의 쇼핑을 떠나면 물리 세계에서 보던 모든 제품을 만날 수 있다. 물론 기업은 가상의 쇼핑몰에 제품을 등록해야 할 것이다. 아바타 친구들과 가상의 백화점을 둘러보고 평가하다 보면 무슨 일이 벌어질까? 똑같은 티셔츠를 하나씩 사거나, 좋아하는 프로야구팀의 모자를 사는 일은 비일비재할 것이다. 이 티셔츠를 사기 위해 페이스북을 빠져나와 컴퓨터로 다시 쇼핑몰에 접속해 검색하며 쇼핑하는 사람은 거의 사라질 것이다.

가상현실로 프랑스 알리에주Allier로 구석기 시대 동굴을 탐험하는 일은 어떨까? 레 트로아 프레르Les Trois-Freres 유적에 가면 750m나 되는 동굴을 따라 격실마다 구석기인들이 그린 벽화가 잘 보존되어 있다. 거기에는 〈주술사〉라는 이름이 붙은 올빼미를 닮은 귀, 둥근 눈, 영양의 수염, 사슴의 뿔, 인간의 팔다리를 가진 춤을 추는 듯한 동작을 하는 동물 그림이 있다. 놀랍고도 신기한 이 그림을 가상현실 헤드셋을 쓰고 학생들이 직접 관찰하는 것은 어떨까? 구석기인이 왜 이런 그림을 그렸는지, 직접 구석기인 아바타가 되거나 동굴 속 박쥐가 되어 그들의 동물 속 삶을 관찰하는 것은 어떨까?

롤러코스터를 타거나 번지점프를 하기 두려워하는 사람이 있다면 가상현실로 경험해볼 수 있다. 지금도 가상현실 헤드셋을 쓰고 롤러코스터를 타면 물리 세계에서 진짜 롤러코스터를 타는 기분과 비슷해진다. 몰입되어 3D 영화를 볼 때와 비슷하다고 생각하면 된다. 여기에 바람이나 소리 등이 가세하면 더욱 현실에 가까워진다. 이런 장비를 통해 게임이나 체험은 물론 비행과 낙하훈련도 얼마든지 할 수 있다.

우리가 경험하는 대부분 가상세계는 그래픽에 기반을 둔다. 실제로 물리 세계에서 경험하는 감각정보의 70%가 시각정보에 의존하는 것과 같다. 그만큼 시각정보는 인지에 크게 영향을 미친다. 가상세계에서 우리의 시각을 대신하는 것이 센서다. 센서는 망막과 같은 기능을 한다. 센서로 읽은 정보를 처리해 가상현실에 구현하기 위해서는 실제와 가장 유사하게 경험할 수 있도록 해주는 그래픽 처리기술이 따라야 한다.

가상세계에서 로봇과 전투를 한다고 가정하자. 우리는 로봇이 나타나는 것을 화면에서 시각으로 '인식'한다. 그러면 뇌는 로봇을 적이라고 '판단'한다. 그다음은 조준하여 사격하라고 신경망을 '제어'해 명령한다. 반대로 센서는 우리가 총을 쏘는 동작을 하면 총을 쐈다고 '인식'한다. 그러면 CPU와 GPU는 총이 겨눈 곳과 격발 타이밍을 '판단'한다. 그다음은 프로그램을 '제어'해 로봇이 총에 맞는 장면을 보여준다.

자율주행 자동차도 이런 절차를 따른다. 사실은 우리가 운전하는 방식도 그렇다. 차로와 차량의 흐름을 '인식'하고 '판단'하고 신체를 '제어'해 계속 반응하며 운전한다. 자율주행 자동차는 레이다, 카메라, GPS, 내비게이션, 실시간 교통정보 등으로 도로의 상황을 '인식'하고 어떻게 움직일 것인지 '판단'한다. 그리고 판단에 따라 가속과 감속, 회전, 주차 등을 '제어'한다. 자율주행은 이 세 가지를 사람이 아닌 인공지능이 하는 것이다. 여기에 사물인터넷이 더해지면 차와 도로, 차와 차가 통신하며 더욱 정밀하게 인식하고 판단하고 제어할 수 있다.

이처럼 우리가 가상현실에서 게임을 하는 것과 스스로 운전하는 자율주행 자동차에 타는 것은 같은 것이다. 그런데도 우리는 게임을 하는 것은 물리 세계가 아닌 전혀 다른 가상의 공간에서 벌어지는 일이고, 자율주행은 물리 세계에서 벌어지는 일로 생각한다. 이제 우리가 생각을 바꿔야 할 때다. 이미 가상과 물리의 경계는 무너졌고 가상 세계는 물리 세계와 융합되었다.

그러니 이제 가상과 물리 세계를 구분하는 것을 가장 경계해야 한다. 가상세계가 곧 우리가 사는 물리 세계이기 때문이다. 당연하다. 가상세계도 우리가 만든 것이니 물리 세계의 한 부분일 뿐이다. 우리는 옛날부터 텔레비전에 등장하는 배우나 선수를 실재 인물과는 다른 가상의 인물이라고 생각하며 시청하지 않았다. 가상세계에서 누군가와 함께 어떤 것을 경험했다면 그 경험은 두 사람이 함께 물리 세계에서 경험한 것이다.

공장 안의 기계, 기계 안의 공장

공장 안에 기계가 늘면 무슨 일이 벌어질까? 사람, 그러니까 일자리가 사라진다. 사람은 직접 근육의 힘으로, 근육으로 기계나 컴퓨터를 조작하는 방법으로 일한다. 굳이 생산직과 사무직을 구분하자면 생산직은 근육과 감각을 많이 사용하고, 사무직은 뇌와 감각을 많이 사용한다. 상대적으로 비교하면 생산직은 근육 사용량이 많고 사무직은 뇌 사용량이 많다. 뇌는 주로 좌뇌의 영역인 이성을 활용한다.

클라우스 슈바프가 말한 3차 산업혁명 기간의 주된 변화는 주로 사람의 근육과 뇌를 기계가 보조하고 대체해나가는 것이었다. 자동차 공장에서 프로그램에 따라 기계가 철판을 자르고, 프레스 장비가 외형을 만들고, 로봇이 용접하는 것이 그것이다. 사무실에서는 컴퓨터로 문서작업을 하고, 3차원 설계도면을 만들고, 공장 내부의 움직임을 분석하는 것이 또한 그것이다. 발전의 방향은 기계가 보조하는 양과 대체하는 비율을 높이는 쪽이었다.

그런데 사람의 근육과 뇌를 보조하고 서서히 대체하는 방식으로 생산성을 끌어올리는 데는 한계가 있을 수밖에 없었다. 이조차도 자동차산업, 반도체 생산이나 휴대전화 제조와 같은 IT산업에 한정된 일이었다. 이유는 두 가지다. 하나는 생산 현장이든 사무실이든 사람이 감각을 통해 작업 현황과 변화를 인지하는 가장 중요한 일을 기계가 대신하기 어렵다는 점이고, 다른 하나는 공장 전체를 읽어 판단하고 제어할 수 있도록 완전한 자동화를 구축하기 어렵다는 점이다.

그러니까 문제의 중심에 사람의 감각과 판단을 기계로 대체하기 쉽지 않다는 점이 있다. 그런데 이런 문제가 과학기술의 발전으로 상당 부분 해결되고 있다. 기계나 로봇에서 사람의 감각을 대신하는 것이 센서다. 실제로 로봇의 핵심은 정밀한 센서다. 센서가 정밀하지 못하면 정밀한 움직임을 만들 수 없다. 게다가 미세한 오류나 불량을 알아챌 수도 없다. 그런데 이 센서가 공장에서 기계를 활용하는 평균적인 사람의 작업보다 정밀해졌다. 2016년 말을 기준으로 평균 생산능력이 사람보다 25% 이상 높아졌고, 2배 정밀해졌다. 이렇게 '공장 안의 기계'가 사람을 넘어섰다.

두 번째 제약이었던 공장 전체를 읽어 판단하고 제어하는 가상 공장을 만드는 일은 첫 단추가 풀리면서 거의 동시에 해결되었다. 이는, 문제가 가상 공장 설계의 어려움이 아니라, 설계된 프로그램에 따라 자동화를 구현해 낼 센서와 같은 장치에 있다는 말과 같다. 작업하는 로봇과 공장을 읽어내는 기술의 공통분모가 센서고, 이 센서가 정밀해져야 자동화가 가능해진다. 그래서 공장자동화의 핵심은 센서다. 이렇게 '기계 안의 공장'인 가상 공장이 센서 기반 기술혁명으로 불리는 센서라이제이션Sensorization으로 완성되고 있다.

고성능 센서가 장착된 로봇에 사물인터넷이 가세하면서 공장은 '스마트공장Smart Factory'으로 급속하게 진화했다. 스마트공장에서 센서가 측정하는 대상은 우리의 감각 대상과 같다. 다만 우리가 보지 못하는 부분도 볼 수 있을 정도로 감지 범위가 넓다. 온도, 위치, 압력, 신호, 속도, 주파수, 심지어 생물의 생체신호도 감지한다. 놀라운 점은 센서가 감지한 데이터를 통합하고 비교하고 분석하고 판단하고 처리하는 기술이 동시에 발전하고 있다는 점이다.

일본의 키엔스Keyence[52]는 스마트공장용 센서 및 계측기, 검사장비 등을 생산한다. 앞서 설명한 센서를 통해 스마트공장을 만들어가는 회사다. 키엔스의 센서는 스마트공장의 대부분 로봇에 장착된다. 현재는 자동차, 정보통신 분야의 스마트공장에 주로 활용되지만, 제약, 화학, 식품, 기계 등의 분야로 영역이 급속도로 확대되고 있다. 센서 시장 또한 2016년에 이미 120조 원을 넘어섰고, 5년 후인 2021년에는 210조 원을 넘어설 것으로 BCC 리서치BCC Research[53]는 예측했다.

스마트공장의 구축에 직접 관련되는 중요한 다른 한 가지 요소는 자동화된 물류설비다. 그래서 스마트공장에 물류 운반 시스템은 필수다. 또한, 원자재나 제품을 창고에 저장하고 출고하는 물류설비도 완전자동화가 필수다. 다이후쿠Daifuku[54]와 같은 자동화 설비 회사는 과거의 체인 컨베이어 시스템을 아마존의 첨단 물류시스템과 같은 혁신적인 설비로 바꾼다. 물류에서 그나마 사람의 영역이던 배송도 곧 로봇이나 드론에 자리를 내어줄 것이다.

로봇으로 가득한 공장은 물리 세계의 공장이다. 물리 세계의 공장은 컴퓨터 안의 공장인 가상 공장과 연결된다. 쉽게 말하면, 정밀한 기계로 가득한 실제 공장이 컴퓨터로 통제되는 환경이 만들어진다. 인간이 할 일은 에러가 발생하지는 않는지 확인해서 조치하는 일과 자동으로 만들어지는 제품이 잘 팔리는지 확인해서 생산량을 조절하는 일이다. 어떤 전문가의 우스갯소리처럼 에러를 감독하는 사람이 졸지 않도록 강아지 감독관 하나가 필요할 지도 모를 일이다.

스마트공장, 그러니까 공장자동화는 '완전한 공장자동화'로 바로 이행되기도 하지만, 대부분은 공정별로 자동화율을 나눠 '공정별 공장자동화'로 이행할 것이다. 자동차공장이라면, 현재 5단계나 6단계로 나눠 제작하는 공정을 단계별로 세분하고 단계별로 자동화율을 조절할 수 있다. 이를 일자리 측면에서 보면 서서히 일자리가 줄어드는 형태가 될 것이라는 의미다. 그래서 일자리가 줄어드는 상황에서는 공장의 위치가 무척 중요해진다. 일자리가 줄어들수록, 그 줄어든 일자리가 어디에 있느냐는 더 중요해진다.

근로자에게 일자리의 위치는 아주 심각한 문제인데, 그에 비해 기업은 어떨까? 자동화는 기업에 임금이 덜 중요해진다는 의미다. 노동집약적이던 것이 점차 자동화되면 소비자, 물류, 세금, 전기료와 같은 요소가 입지 선정의 중요 요소로 부각한다. 우리나라가, 지방자치단체가 주목해야 할 부분이다. 트럼프 행정부가 '자국 우선주의', 중국이 '중국 제조 2025', 독일이 '인더스트리 4.0'을 내세우며 왜 자기 나라에 공장을 세우려고 전쟁을 벌이는지 알아야 한다. 이제부터는 한 번 세워진 공장은 이전할 이유가 사라진다. 줄어든 일자리를 뺏기 위한 경쟁은 이제부터 본격화할 것이다.

가상세계의 레고 블록

물리 세계에 건설되는 가상세계는 무엇으로, 최종에는 어떤 모습으로 구현될까? 가상세계는 우리가 자동차를, 집을, 도시를 레고 블록으로 만들 듯 건설된다. 하지만 직소 퍼즐Jigsaw Puzzle처럼 만들어지지는 않는다. 레고 블록은 직소 퍼즐과 결정적인 한 가지가 다르다. 직소 퍼즐은 완성해야 할 설계도가 있다. 설계도가 있다는 말은 각 블록이나 그림 조각이 들어갈 위치가 정해져 있다는 말이다. 하나만 잘못 끼우면 전체가 실패다.

하지만 레고 블록은 그 레고 블록을 사용하는 사람의 생각대로 만들어진다. 실패도 없다. 각 레고 블록은 가상세계의 재료들이다. 레고 블록은 가상세계의 기술이고 융합을 만들어내는 용해제이고 접착제이다. 레고 블록은 같은 모양의 레고 블록을 만나더라도 어떻게 끼우느냐에 따라 전혀 다른 모습이 된다. 하나에 하나가 연결되기보다 블록이 블록을 둘러싸며 결합하고 융합된다. 물론, 블록 하나도 가상세계의 완성품이자 재료다.

오큘러스의 VR 헤드셋이나 삼성전자의 기어 VR 헤드셋은 센서,

오디오, 디스플레이가 만나 삼차원 공간을 바꿔간다. 구글 글라스 Google Glass 는 음성인식기술, 내비게이션, 카메라, 스마트폰, SNS를 융합한다. 레고 블록의 숫자는 점점 늘어가고 그 모습도 상상하기 어려울 정도로 다양해진다. 무엇보다, 블록이 결합하고 융합해서 새로 만들어진 레고 블록 덩어리도 가상세계를 건설할 새로운 레고 블록이다.

어떤 모습으로 물리 세계에 가상세계가 만들어질지 상상하기 어렵다고 해도 가상세계의 흐릿한 모습은 상상해볼 수 있다. 그렇다면 가장 보편적인 형태의 가상세계는 어떻게 구현될까? 2025년을 지나 2035년의 이정표를 향할 중간 어느 지점이 되면 홀로그램과 같은 삼차원 영상이 허공에 구현되고 조작되고 반응하는, 실제 물리 세계와 똑같은 환경으로 대부분 진입할 것이다. 헤드셋을 쓰지 않아도 볼 수 있고, 컨트롤러를 손에 들지 않아도 보고 듣고 만지고 조작할 수 있을 것이다. 마치 〈아바타〉에 나오는 판도라 행성에서 지구인들이 행성을 삼차원 그래픽으로 띄워놓고 조작하는 것처럼.

지금 가상세계를 건설하는 레고 블록은 끼워지고 융합되면서 어떤 지점을 향해 가고 있다. 수십만 마리의 철새 떼가 어지럽게 섞여 나는 것 같지만, 분명한 공동의 목적지를 향하는 것과 같다. 먹이를 찾아 움직이는 것처럼 가깝고 단순한 목적을 향해 날 때는 지금의 가상세계처럼 혼란스럽게 보일 수도 있다. 하지만, 계절이 지나 대이동이 시작되면 목적지를 향해 수십만 마리의 철새 떼가 수렴할 것이다.

가상 공장도 마찬가지다. 최종적으로 가상 공장과 물리적 공장은 완전히 하나가 되어 완전자동화된 스마트공장이 될 것이다. 그 전까지는 산업에 따라 여러 가지 복합된 기술이 차등 적용되어 최적의 환경으로 끊임없이 진화해갈 것이다. 지금은 공정별로 나눠 각 공정의 자동화율을 끌어올리는 것이 자동화의 방향이다. 어떤 공정에는 로봇과 자동화된 물류시스템이 완벽하게 갖춰지겠지만, 그다음 공정에는 한동안 사람이 필요할 것이다. 그러다가 어느 순간 모든 공정을 자동화한 공장이 등장할 것이다. 조금 더 시간이 흐르면 사람이 오가는 공장이 이상하게 보일 것이다.

05

탄소의 역사를 버리는
에너지

사하라사막의 10%에만 태양광 발전설비를 해도

인류 전체가 사용할 에너지가 생산된다.

일자리도 화석 연료에서 신재생에너지로 급속하게 이동하고 있다.

아프리카 사하라사막에는 지금 인류 역사상 가장 거대한 프로젝트 하나가 진행되고 있다. 약 40년간 4,000억 달러가 투자되는 이 프로젝트가 2050년경에 완성되면 유럽 에너지 수요의 약 15%를 충당할 것이다. 이는 원자력발전소 390기가 생산하는 전기와 맞먹는 규모다. 이렇게 생산된 전기는 아프리카는 물론 지브롤터해협을 해저케이블로 건너 남유럽 대부분 국가에 공급된다. 이것이 데저텍Desertec[55] 프로젝트다.

데저텍 프로젝트는 독일의 전기·전자 기업 지멘스Siemens, 독일 은행 도이체방크Deutsche Bank[56], 스위스의 전기와 운송 인프라 다국적 기업 ABB[57], 스페인의 태양광 플랜트 기업 아벤고아Abengoa[58] 등 12개 기업이 초기부터 참여하였으며, 프랑스의 태양광 플랜트 기업 생고뱅솔라Saint-Gobain Solor[59] 등 참여 기업이 계속 늘고 있다. 이 프로젝트는 일부만 플랜트가 완성되어도 전기를 생산해 가까운 곳으로 송전할 수 있는 강점이 있다. 부분적으로 준공되어도 바로 전기를 생산할 수 있다는 의미다. 물론 아프리카 북부에서 유럽으로 3,000km 구간을 통과해 전기를 보내려면 송전손실도 감수해야 한다.

산술적으로는 전 세계 사막에 6시간 동안 내리쬐는 태양에너지를 합하면 인류가 1년 동안 사용하는 전기량이 된다. 하지만 실제로 이를 전기로 바꾸는 일은 쉬운 일이 아니다. 데저텍 컨소시엄 DIIDesertec Industrial Initiative는 "사막의 0.3%인 9만㎢에만 태양광 발전 설비를 설치하면 전 세계 전력 소요량 전체를 충당할 수 있다."고 주장한다. 9만㎢는 우리나라 남한 면적의 90% 수준으로, 사하라사막 860만㎢를 기준으로 보면 10% 정도만 활용해도 된다. 만약 전 세계 사막에 태양광 발전 설비가 동시에 건설된다면 달성하기 어려운 목표도 아니다. 게다가 풍력, 수력, 조력 발전 등의 신재생에너지가 탄력을 받으면 탄소 에너지나 원자력에서 완전히 탈피할 수 있다.

원자력발전은 1986년 우크라이나 체르노빌Chernobyl 원전 사고나 2011년 일본 후쿠시마Fukushima 원전 사고를 통해 방사성 물질 누출 위험성이 잘 알려졌다. 체르노빌은 사고 후 30년이 지났지만, 여전히 방사성 물질 피해에서 벗어나지 못했다. 후쿠시마 원전은 2017년까지도 수습되지 않았으며 여전히 방사성 물질을 누출하고 있다. 해안가에 건설되는 원자력발전소는 해일이나 지진에서 완전히 벗어날 수 없다. 또한, 방사성 폐기물은 영구적 처리가 불가능하다. 독일은 재앙이 될 수 있는 원자력발전 포기를 선언했다.

유럽은 신재생에너지에 특히 강하다. 그중에서 영국은 해안의 풍부한 풍력과 조력을 활용한다. 2013년 30%에 이르던 가스발전은 북해 가스전 고갈과 탄소배출량 규제로 위기에 직면했다. 그래서 영국은 신재생에너지 중심의 에너지 계획을 세웠다. 2020년까지 신재생에너지 비율을 30% 이상으로 늘리는 것이다. 실제로 영국에서 가장 큰 풍력발전소를 운영하는 동에너지Dong Energy[60]는 40년 이상 지속해온 석유와 가스사업을 매각하고 신재생에너지 사업에만 주력한다. 이들은 2017년을 풍력과 태양열 중심의 신재생에너지로 전환되는 변곡점으로 보고 있다. 지중해 북단의 포르투갈, 스페인, 프랑스, 독일, 덴마크도 풍력발전에 적극적이며, 노르웨이는 수력발전에 투자한다.

세계에서 가장 행복한 나라, 바람의 나라로도 불리는 덴마크의 풍력발전은 어떨까? 2014년을 기준으로 덴마크 전기생산량의 39%를 차지하는 풍력발전은 2020년이 되면 50%, 2035년에는 84%를 넘어선다. 2050년에는 탄소 중심의 화석 연료에서 완전히 벗어나는 것이 목표다. 덴마크는 편서풍을 활용해 발전한다. 발전기는 대부분 바닷가에 건설되는데 풍부한 바람을 최대한 활용할 수 있어 발전량이 늘고 안정성이 유지된다.

더 놀라운 것은 발전소 건설의 주체가 시민이라는 점이다. 전기가 필요한 지역의 시민이 풍력발전조합을 설립해 직접 전기를 생산한다. 여기에 투자하는 사람은 시민들로 발전용 터빈 1기당 수천 명의 사람이 참여한다. 이렇게 되면 지역 일자리 창출은 물론, 정부의 인프라 투자비가 감소한다. 지역에서 생산한 전기를 지역에서 소비하면, 송전선로 건설비 부담이 줄고 송전손실이 사라져 더 저렴하게 전기를 쓸 수 있다. 수익이 생기면 그조차 시민의 몫이다. 덴마크는 협동생산, 협동소비를 통한 일자리 창출에 에너지가 중심인 나라다.

일자리의 측면에서 2050년 이후까지 신재생에너지 분야는 계속 주목받을 것이다. 발전 플랜트를 건설하는 일이 일차적인 일자리이지만, 전력을 비축하는 전지 설비분야도 계속 성장할 분야다. 신재생에너지로 생산된 전기가 전기자동차와 같은 이동수단에 활용되면 더욱 획기적으로 전지 분야에 일자리가 는다. 송전 설비분야도 중요한 일자리다. 특히, 새로운 송전선로를 건설하는 일부터 노후화한 송전설비를 교체하는 일에 새로운 일자리가 창출될 것이다.

탄소를 버려야 하는 이유

인류가 불을 발견하고 활용하기 시작했다는 것은 곧 인류가 탄소와의 질긴 애증의 역사를 시작했다는 말과 같다. 화석 연료를 사용하기 전까지 인류는 숯을 활용해 문명을 발전시켰다. 나무를 태워 만들 수 있는 숯은 지상에서 가장 쉽게 얻을 수 있는 탄소 동소체였다. 그러다가 지하에 묻힌 탄소 동소체를 발견했다. 화석에너지로 불리는 화석 연료는 나무와 같은 식물과 동물의 유해가 묻혀 오랫동안 화석화하여 만들어진 연료다. 고체로는 석탄이 있고, 유체로는 석유와 천연가스, 오일샌드가 있다. 그래서 이 연료는 모두 같은 배경을 지닌 탄소 동소체다.

탄소는 대기 중에서는 이산화탄소의 형태로 존재한다. 탄소는 탄소 동소체와 같은 탄소화합물이 연소할 때 발생한다. 생물이 호흡하거나 발효될 때도 생기는데, 대기에 0.035% 정도 존재한다. 문제는 화석 연료 형태로 땅속에 묻혀있어야 할 이산화탄소가 지상으로 올라와 연소하면서 공기 중에 분산하는 데 있다. 1900년대 초에 평균 이산화탄소 농도가 0.030% 정도던 것이 1990년에 0.035%, 2000년에는 0.036%, 2010년에는 0.038%에 이르렀다.

녹색식물은 이산화탄소와 물로부터 유기물을 합성한다. 대기 중의 이산화탄소 농도를 떨어트리는 것이 녹색식물이라는 의미다. 그런데 삼림을 훼손하고 화석 연료를 태우면 대기 중 이산화탄소 농도가 계속 올라갈 수밖에 없다. 이산화탄소는 메탄, 염화불화탄소와 함께 온실가스의 주범이다. 온실가스는 지구에 도달한 태양에너지를 우주로 방출하지 못하게 한다. 온실가스가 층을 형성해 지구복사 에너지를 흡수하거나, 다시 지구로 방출함으로써 지구온난화를 일으킨다.

지구온난화의 가장 심각한 문제는 기후변화다. 지구온난화는 그 자체로 기후변화를 말한다. 온대지방이 열대지방처럼 변하고, 데워진 지구는 안정된 기후에 악영향을 끼친다. 빙하를 부수고 녹이고 해수를 팽창시켜 해수면을 상승시킨다. 또한, 극지방의 안정된 기류에도 심각한 불안정성을 초래한다. 해수면 상승은 몰디브, 투발루와 같은 해발고도가 낮은 섬들을 수몰시킨다. 과학전문지 〈네이처Nature〉[61]에 2016년 게재된 논문은 2100년까지 해수면이 약 1.9m 상승할 것으로 예측했다. 몰디브는 2025년경, 우리가 자율주행 자동차에 빠져있을 때면 바닷속으로 사라질 것이다.

화석 연료를 사용하면 이산화탄소를 배출하는 문제만 생기는 것이 아니다. 심각한 매연문제가 동반된다. 지금 한반도를 뒤덮은 미세먼지의 주범은 대부분 화석 연료에 기인한다. 특히 석탄을 태울 때 문제가 심각해진다. 중국은 석탄 매장량 세계 3위, 석탄 사용량 세계 1위다. 중국의 뒤늦은 산업화가 잠자던 엄청난 석탄의 채굴과 소비를 촉발했고 그 영향이 한반도를 뒤덮은 것이다. 해결책은 중국이 석탄 경제를 벗어나고 우리나라가 훨씬 더 친환경적인 에너지 생산과 소비로 전환할 때만 나온다. 문제는 두 나라 모두 반대로 움직이고 있어서 그 시기가 아득히 멀다는 점이다. 이런 산업의 역사는 5년 내 미세먼지를 10% 줄이기도 쉽지 않다고 경고한다.

에디슨이 부활하는 이유

우리는 에너지를 대부분 전기로 만들어 소비한다. 발전소에서 석탄을 소비한다는 말은 석탄을 태워 전기를 생산한다는 뜻이다. 물론 가정에서 나무나 숯을 활용해 직접 난방하거나, 연탄과 석유로 보일러를 가동하기도 한다. 이보다 발전된 방식으로 매립가스를 활용해 대규모 열병합발전을 하기도 한다. 열병합발전은 전기와 열을 동시에 회수하는 발전소로 전기만 생산하는 방식보다 에너지 효율이 훨씬 높다. 여기서 생산한 열은 지역의 아파트 등에 공급한다. 하지만 대부분 에너지는 전기의 형태로 소비한다. 그만큼 전기는 편리하다.

우리가 가정이나 공장에서 사용하는 전기는 대부분 교류Alternating Current다. 교류는 백열전구를 발명한 에디슨Thomas Edison의 직류Direct Current와 경쟁해 이겼고, 지금껏 전 세계적으로 사용하고 있다. 교류는 시간에 따라 크기와 방향이 주기적으로 변하는 전류다. 교류는 교류 장치를 발명한 니콜라 테슬라Nikola Tesla에 의해 일반화되었다. 한때 에디슨과 일하기도 했던 테슬라는 직류와 교류에 관한 견해차로 에디슨과 결별하고 교류 특허권을 조지 웨스팅하우스George Westinghouse에게 팔았다.

이때부터 직류와 교류의 치열한 경쟁이 시작되었다. 하지만 시카고 세계 박람회장을 밝힐 전기로 교류가 채택됨으로써 경쟁은 막을 내렸다. 테슬라와 웨스팅하우스가 승리한 것이다. 현재 발전, 송전, 배전에 모두 사용되는 교류는 장점이 많다. 쉽게 변압기로 전압을 변경할 수 있으며, 회로의 차단도 쉽다. 하지만 교류는 송전 거리가 멀어지면 여러 가지 기술적 요소들로 전압강하가 생겨 송전손실이 크다. 반면에 직류는 전압강하가 저항 외에는 발생하지 않아 송전손실이 거의 없고 곧바로 전지에 충전할 수 있는 장점이 있다. 국경을 넘고 대륙을 건너는 송전에 교류는 불리한 방식이다.

이런 이유로 최근 고압 직류High Voltage Direct Current 송전방식이 부각하고 있다. 가까운 거리를 송전하는 데는 교류가 유리한 측면이 있지만, 먼 거리를 송전하면 손실이 너무 커진다. 특히, 국토가 크거나, 이웃 나라에서 전기를 수입하거나, 원격지에서 전력을 공급받는 상황에서는 고압 직류로 송전하는 것이 유리하다. 이렇게 송전한 전류는 교류로 변환하여 공장과 가정에 공급하면 된다. 풍력이나 태양광과 같은 신재생에너지는 원격지에서 생산하는 경우가 많아 고압 직류 송전 수요가 급증하고 있다.

양쯔 강으로 불리는 중국 장강長江 상류 댐의 수력발전소에서 생산한 전기는 현지 수요가 적다. 그래서 고압 직류 송전설비를 통해 상해와 광동 등 남부해안 공업지역으로 보낸다. 유럽의 유로링크Eurolink는 독일과 폴란드를 거쳐 러시아에 이르는 고압 직류 송전선로로 4GW급으로 건설되었다. 브라질에는 아마존 강 지류를 따라 2,300km가 넘는 고압 직류 송전선로가 구축되어 있다. 이제 신재생에너지는 송전의 최고 효율을 위해 에디슨의 직류로 돌아가고 있다.

전기로 대표되는 에너지에 관한 몇 가지 과제가 더 있다. 화석 연료를 신재생에너지로 대체하는 것도 중요하지만, 전기를 최적화하여 생산하고 소비하는 일도 중요하다. 스마트 그리드Smart Grid와 마이크로 그리드Micro Grid가 주목받는 이유다. 스마트 그리드는 전력망에 IT 기술을 융합해 국가나 거점 단위로 전력의 생산과 소비를 최적화하는 방법이다. IT 기술로 과잉 생산하는 예비전력을 제로에 가깝게 만드는 것이 스마트 그리드의 목표다. 그러려면 잉여전력이 발생하는 시기를 공장이나 가전제품이 자동으로 인식해서 가동해야 한다. 심야 전력으로 세탁기가 가동되는 똑똑한 에너지 소비를 만드는 일이다.

풍력과 같은 신재생에너지는 마이크로 그리드에 더 잘 어울린다. 마이크로 그리드는 스마트 그리드의 하부구조로 설계되기도 하지만, 지역 단위로 활용할 수 있다. 송전시설을 최소화해 송전손실을 줄일 수 있고 단위가 작아 통제에 유리하다. 남는 전력은 다른 마이크로 그리드나 스마트 그리드에 연계해 효율적으로 소비할 수 있다. 여기에 전기를 저장하는 기술을 접목하면 낭비가 사라진다.

전기를 저장하는 기술은 2차전지 산업과 연관된다. 스마트 그리드로도 해결하지 못한 잉여전력을 저장해 필요한 곳에서 사용하려면 재충전할 수 있는 2차전지가 필수적이기 때문이다. 2차전지에 담은 전력은 비축해 공장에서 활용할 수도 있고, 자동차를 충전하고 스마트폰을 충전하는 데도 활용할 수 있다. 공동으로 활용하는 보조배터리인 셈이다. 그런데 불행하게도 지금 친환경이라는 전기자동차를 충전하는 전기의 상당량은 화석 연료를 태워 만든 전기다. 수소에너지도 마찬가지다. 우리나라 자동차 회사의 광고대로 우주의 75%는 수소지만, 에너지로 쓸 수소를 얻기 위해 화석 연료를 사용한다면 탄소를 벗어날 수도 없고 친환경도 아니다.

화석에너지를 버리고 신재생에너지로 빠르게 눈을 돌려야 하는 결정적인 이유는 전력 사용량에 있다. 과학기술이 발전할수록 IT 기계가 많아진다. 스크린이 주변에 얼마나 많아졌는지 한번 헤아려보라. 딱 한 대만 있던 텔레비전이 어느새 방과 거실에 따로 있고, 손에 든 스마트폰에는 모두 커다란 스크린이 장착되어 있다. 컴퓨터는 스크린을 두 대씩 연결해 사용하기도 한다. 오디오기기, 현관 모니터, 자동차 키에도 스크린이 장착되는 추세다. 저전력으로 구동하는 기술이 발전한다 하더라도 에너지를 탄소에서 신재생에너지로 바꾸지 않으면 인류는 재앙을 맞을 것이 뻔하다.

신재생에너지와 관련된 일자리는 앞으로 수요가 커질 것이다. 신재생에너지를 생산하기 위한 플랜트를 건설하는 일, 송전하기 위한 설비를 구축하는 일, IT 기술을 융합해 스마트 그리드를 확대하는 일, 생산된 전기를 저장하는 2차전지를 만들고 전력비축 시설을 확대하는 일이 그런 일이다. 특히, 노후화한 전력 송전시설을 교체하거나 스마트 그리드에 편입하기 위해 새로운 그리드를 구축하는 일이 중요한 일자리다.

테슬라를 배워야 하는 이유

테슬라모터스Tesla Motors [62]는 니콜라 테슬라의 이름을 따서 일론 머스크Elon Musk가 만든 전기자동차 회사다. 2003년 회사가 설립된 이후로 2017년 1분기까지 계속 천문학적인 수치로 적자를 내고 있다. 테슬라의 미래에 관해서는 긍정과 부정의 평가가 극단으로 갈린다. 특히 일론 머스크가 세운 태양광 발전회사 솔라시티Solar City를 합병한 일에 관해서는 더욱 그렇다. 어쨌건 2017년 4월, 테슬라모터스는 포드와 GM을 넘어 시가총액으로 미국 자동차 회사 1위에 오르기도 했다.

테슬라가 전기자동차 제작과 자율주행 기술인 오토파일럿에서 한

획을 그었지만, 에너지 분야에서 가장 혁신적인 성과로 기록될 일은 충전소를 운영하는 방식이다. 테슬라의 슈퍼차저 충전소는 무료로 운영된다. 테슬라 전기자동차를 사고 슈퍼차저 충전소를 이용하면 연료비가 들지 않는다는 의미다. 슈퍼차저 충전소는 2016년 말을 기준으로 전 세계에 약 4,000개가 설치되었다. 2017년 말까지는 7,000개 이상으로 늘릴 계획이다.

충전하여 다시 사용하는 2차전지를 활용하는 전기자동차는 충전이 가장 중요한 요소다. 테슬라의 슈퍼차저 충전소는 480V의 직류 급속충전소로 운영된다. 배터리 용량 90kWh의 테슬라 모델 S를 슈퍼차저에서 충전할 경우 40분에 80%가 충전되고 완전히 충전하는 데는 75분이 걸린다. 완전 충전에 가까워질수록 시간이 더 걸리는 이유는 과잉충전되면 배터리 성능이 떨어지므로 천천히 충전해야 하기 때문이다. 이 충전소는 고속도로를 따라 설치되었고 월마트Walmartv[63]와 같은 대형시설에도 설치되었다. 중요한 것은 슈퍼차저에 사용되는 전력이 전부 태양광 발전으로 공급된다는 사실이다. 설치만 된다면 슈퍼차저 충전소를 무료로 운영할 수 있는 비결이다.

일론 머스크는 2차전지를 충전하는 데 화석 연료로 생산한 전기를 사용하는 것은 전기자동차를 타는 의미를 사라지게 한다고 생각한다. 내연기관 자동차 대신 전기자동차를 타는 이유가 신재생에너지를 사용하는 데 있다고 보는 것이다. 테슬라 전기자동차는 신재생에너지로 구동되는 차라는 뜻이다. 테슬라는 자신들의 슈퍼차저 특허도 모두 공개했다. 경쟁사도 특허를 활용해 전기자동차 생태계 형성에 동참해야 더 빠르게 슈퍼차저 충전소가 늘고, 더 많은 사람이 전기자동차를 탈 것으로 생각하기 때문이다.

경영상 다른 이유도 있겠지만, 태양광 발전회사 솔라시티를 테슬라에 합병한 이유의 하나는 슈퍼차저 기술과 태양광 발전 기술의 시너지다. 솔라시티는 그동안 일반 주택의 지붕과 대형시설을 활용해 태양광 설비를 늘려왔다. 솔라시티의 태양광 설비를 하게 되면 설비를 한 가정은 전기료가 줄어들고 회사는 생산된 전기를 팔아 설치비를 서서히 회수한다. 그런데 여기에 전기자동차 충전기를 부가적으로 설치하면 순식간에 충전소가 대단위로 보급된다.

일론 머스크에게는 아이디어가 하나 더 있다. 2차전지를 생산해서 전기자동차에만 장착하는 것이 아니라 충전소에도 배터리팩 형태로 공급하는 것이다. 충전소는 보유한 배터리팩을 완전충전된 상태로 보관하고 있다가 충전소를 찾는 전기자동차의 배터리팩과 교환한다. 그러면 전기자동차를 40분에 걸쳐 충전할 필요 없이 1분 만에 완전충전된 상태로 바로 운행할 수 있다. 그래서 테슬라모터스는 전기자동차용 2차전지만 해도 실제 제작되는 자동차보다 더 많이 필요하다. 테슬라모터스가 기가팩토리Giga Factory[64]를 세워 2차전지를 직접 생산하는 이유다.

이제 신재생에너지는 과학기술의 발전과 놀라운 생각을 하는 기업가들에 의해 화석 연료를 빠른 속도로 대체해가고 있다. 한번 생각해보라. 사막 전체도 아닌 사하라사막의 10%에만 태양광 발전소를 설치해도 인류 전체가 사용할 에너지가 생산된다. 그런데 전 세계 각지에서 앞선 생각을 하는 국가와 기업들이 동시에 신재생에너지 산업에 뛰어들고 있다. 일자리도 화석 연료를 생산하고 정제하고 운송하고 사용하는 곳에서 신재생에너지를 생산하고 송전하고 사용하는 곳으로 급속하게 이동하고 있다.

06

보이지 않는
경쟁자

이제는 모든 산업에서 현명한 고객이 경쟁자를 결정해준다.
그래서 두려워야 할 대상은 경쟁자가 아니라 고객이다.
가장 먼저 고객이 등을 돌린 산업은 금융과 미디어다.

메트로, 더데일리포커스, AM 7, 굳모닝서울, 데일리줌, 스포츠한국. 이 책을 읽는 독자 중에서 10여 년 전에 서울 시민이었다면 모두 기억할만한 이름들이다. 메트로는 무가지가 한창이던 2005년 당시 18개국 약 60개 도시에서 발간되던 무가지로, 2002년 국내에 들어왔다. '무가지無價紙'라는 명칭이 생소한 사람도 있을 텐데, 가격이 없는 신문이라는 의미로 무료신문이다. 메트로는 100% 광고수익으로 운영한다는 획기적인 사업모델로 50만 부 이상 발행했다. 그러다가 대부분 무가지가 순식간에 우리 눈에서 사라졌다. 메트로만 아직 인터넷 신문사처럼 운영한다.

　　2002년 무가지가 등장한 이후 지하철, 버스, 거리는 무가지의 천국으로 변했다. 인터넷으로 신문기사를 접할 수는 있었지만, 많은 사람이 돈을 내고 신문을 보던 시기에 무가지는 혁신 그 자체였다. 사람들은 무가지에 열광했다. 대중교통은 물론 사무실, 화장실, 가정집에도 무가지가 들어찼다. 신문사들은 다급해졌다. 네이버나 다음과 같은 포털에 기사를 주면서부터 신문을 찾는 구독자가 계속 줄어들던 시기에 광고마저 모두 무가지에 빼앗길지 모른다는 불안감에 휩싸였다. 실제로 핵심 기사가 한정적인 스포츠신문은 많게는 70% 이상 매출이 급감했다.

광고를 되찾아오는, 최소한 빼앗기지 않는 방법은 무엇이었을까? 놀랍게도 신문사들은 자신들의 신문 제작 경쟁력을 살려 무가지를 직접 창간했다. 'AM 7'은 문화일보에서 만든 무가지다. '굿모닝서울'은 스포츠서울 21이 만들었다. '스포츠한국'은 한국일보, 서울경제신문, 코리아 타임즈가 합작해서 만들었다. 심지어 군인공제회도 '데일리줌'을 만들었다. 메트로 이후 국내에서 처음 창간된 더데일리포커스와 데일리줌을 제외한 4개 무가지를 기존 신문사가 만들었다.

질 좋은 일자리는 적었지만, 일자리도 만들어졌다. 무가지를 제작하는 일자리, 광고주로부터 광고를 수주하는 일자리, 새벽부터 무가지를 나눠주는 시간제 일자리에 이르기까지 다양했다. 지하철에는 보고 버린 무가지를 거둬서 폐지로 처리하는 자생적인 일자리도 생겨났다. 그런데 무가지가 마주한 첫 번째 위기는 역설적이게도 무가지를 운영하게 해주는 광고에서 생겨났다. 독자들은 지면의 40%가 넘는 광고를 보며 신문의 기능을 의심하기 시작했다. 무가지를 발행하는 신문사로서는 수익을 기대할 수 없는 경쟁환경에 진입한 것도 문제인데, 경영에 직결되는 광고와 독자가 원하는 기사를 사이에 두고 고민에 빠지지 않을 수 없었다.

그런데 신문사들의 이런 고민은 쓸데없는 고민이었다. 고민의 가치가 없다는 말이 아니라, 정작 무가지를 폐간으로 내몰 혁신은 다른 데서 일어나고 있었다. 스마트폰의 등장이다. 무가지에 열광하던 사람들은 더는 무가지를 쳐다보지 않았다. 뉴스를 소비하는 방법으로 '종이에 인쇄된 활자'를 선택하지 않는 사람이 대부분이 된 것이다. 사람들은 거리에서, 대중교통에서 더는 신문을 들고 다니지 않았다. 무가지를 만드는 사람도, 무가지에 광고하는 사람도, 무가지를 나눠주는 사람도, 무가지를 거두는 사람도 사라졌다. 무가지를 들었던 독자의 손을 스마트폰이 차지하면서 무가지에 관련된 일자리는 거의 사라졌다.

　무가지를 만들던 신문사와 그 관계자들에게는 가슴 아픈 일이지만, 사람들의 기억에서 사라진 이 일에서 적어도 두 가지는 배워야 한다. 하나는 큰 흐름을 이해하고 방향을 잡아야 한다는 점이다. 그러니까 우리가 이 책에서 2025년, 2035년, 2045년과 같은 시기에 이정표를 세우고 그에 맞춰 미래를 계획하는 일이 그런 일이다. 이런 흐름은 조금 달라지거나 시기가 약간 조정될 수는 있어도 전혀 엉뚱한 방향으로 가지는 않는다. 다른 하나는 같은 산업에서 경쟁하는 경쟁자가 무서운 것이 아니라, 보이지 않는 경쟁자가 무섭다는 사실이다. '보이지 않는' 경쟁자를 알아채려면 '시각이 아닌 다른 감각'을 키워야 한다.

　그렇다면 큰 흐름에서, 무가지 사업에 뛰어든 신문사들은 무엇을 잘못했을까? 그것은 지식과 정보가 가상 공간에서 생산되고 저장되고 유통된다는 큰 흐름을 잊은 것이었다. 자기 신문사의 기사가 포털에서 유통되면서 신문사 매출이 계속 줄어드는 상황이고, 한편으로는 자신들도 신문사 웹사이트를 만들어 광고를 유치하려고 안간힘을 쓰던 터였다. 신문과 비슷한 무가지가 생겼다고 광고주가 예산을 추가로 책정할 리도 없었다. 매일같이 신문에 이런 변화를 기사와 사설로 쓰던 사람들이 정작 자신들은 과거에 하던 방식대로 사업을 확장했다.

　보이지 않는 경쟁자에게 산업이 통째로 무너지는 일은 이제 상식이 되었다. 심지어 자기가 만든 제품이 자신의 다른 제품을 파괴하기도 한다. 그래서 '혁신'에는 항상 '파괴'가 따라다닌다. 애플의 아이팟

iPod은 아이튠즈Tunes에 '온라인 된' MP3 플레이어로 경쟁자들을 한 번에 압도해 시장을 독식했지만, 자신들이 만든 아이폰이 아이팟의 기능을 흡수하면서 아이팟은 설 자리를 잃었다. 이렇게 경쟁자는 내부에서도 생긴다. 아마도 애플은 자기 손으로 아이폰의 경쟁자 아이팟을 완전히 없앨 것이다.

경쟁은 혁신의 어머니

경쟁자를 알아채는 일은 왜 중요할까? 경영자는 기업이 경쟁에서 이기고 살아남기 위해 경쟁자를 잘 알아야 한다. 상대를 모르면 이기기 어렵다. 지금까지 경영자에게 중요한 경쟁자는 주로 같은 산업 내에 존재했다. 그런데 생각지도 못한 산업에서 경쟁자가 나오기도 하고 별로 관련성이 없는 기술 하나가 경쟁자를 만들어내기도 한다. 가장 힘든 상황은 경쟁자를 찾을 수 없는데도 무언가에 계속 지는 상황이다.

상대를 알아야 하는 것은 근로자도 마찬가지다. 그렇다면 일하는 근로자에게 경쟁자는 누구일까? 과거에 근로자에게 경쟁자는 옆자리 근로자를 의미했다. 경영자가 일자리 하나를 줄이려 들거나 더 나은 조건으로 일자리를 만들어줄 때 그걸 두고 경쟁할 대상이 옆자리 근로자였기 때문이다. 그런데 그런 시대는 이미 지났다. 기업은 보이지 않는 경쟁자와 경쟁하는데, 근로자는 옆자리 근로자와 경쟁한다는 것은 어불성설이다. 근로자도 기업처럼 경쟁한다. 본 적 없는 경쟁자, 다른 산업과 다른 나라에 있는 경쟁자와 경쟁한다.

어떤 경영자는 아직도 이렇게 말한다. 회사는 같은 일을 하는 회사와 경쟁하고, 직원들은 옆자리 직원과 경쟁하라고. 하지만 절대 둘 다 사실이 아니다. 사실이 아니라는 말은 아주 일부만 옳다는 의미다. 이것은 단지 보이는 부분에만 한정된 말이다. 회사도 같은 산업의 다른 회사와 경쟁하지만, 정말 무서운 경쟁자는 다른 산업이나 신생기업에 있다. 오늘은 경쟁자가 없지만, 내일은 여럿이 생길 수도 있다.

세계 최고의 휴대용 오디오기기, 젊은이들의 문화로 불리던 소니Sony의 카세트플레이어 워크맨Walkman은 1990년대 말까지는 CD가 등장했어도 잘 버텼다. 하지만 엉뚱하게도 독일에서 만든 컴퓨터용 음원 압축기술인 MP3로 종말을 맞았다. 이 기술을 음악을 듣는 데 활용한 것은 한국기업들이었다. 아이리버Iriver의 전신인 레인콤Reigncom, 거원 Cowon과 같은 회사가 그들이다. 1999년에 생긴 신생기업 레인콤은 소니의 워크맨 신화를 단 6개월 만에 20세기의 유물로 만들었다. 아마 소니는 왜 갑자기 아무도 워크맨을 거들떠보지 않는지 당시에는 이해하지 못했을 것이다.

2000년 말, 아이리버 MP3 플레이어 돌풍이 국내시장은 물론 북미시장을 비롯한 세계시장을 휩쓸었다. 하지만 2001년 말, 애플의 MP3 플레이어 아이팟이 등장하자 상황이 급변했다. 불과 1년여 만에 벌어진 일이다. 더구나 우주선 디자인을 닮은, 무려 1,000곡을 저장하는 아이팟이 자유롭게 와이파이로 연결되자 더는 경쟁조차 불가능했다. 2007년, 휴대전화에 MP3 플레이어를 흡수해 스마트폰을 내놓고 통신의 장벽을 없애자 아이리버는 경쟁력을 완전히 잃었다. MP3 플레이어 제조업이 통째로 종말을 맞았다는 신호였다.

워크맨과 아이리버의 경쟁은 마차를 타다가 자동차를 타는, 말 대신 엔진이 등장하는 것과 같은 경쟁환경의 변화였다. 이동수단이라는 같은 목적을 가진 제품을 만드는 데 다른 산업이 끼어든 것이다. 더구나 아이리버는 보이지도 않는 신생기업이었다. 소니는 같은 일을 하는 다른 기업인 아이와Aiwa나 파나소닉Panasonic과 카세트플레이어, CD 플레이어, MDMini Disk 플레이어로 경쟁하던 중이었다. 그들 모두는 그렇게 MP3 경쟁에 제대로 끼지도 못하고 사라졌다. 진짜 경쟁자는 산업의 밖에 있다. 이 상황에서는 내부 직원 간의 경쟁은 아무 의미가 없다.

애플과 레인콤의 경쟁, 그러니까 아이팟과 아이리버의 경쟁은 카세트플레이어나 CD 플레이어의 경쟁 그다음의 경쟁이다. 이때는 경영자가 말하는 '같은 일을 하는 회사'와의 경쟁이 다시 시작된 것처럼 보였다. 그런데 이 경쟁이 싱겁게 끝난 가장 큰 이유는 통신에 있었다. 컴퓨터에 연결해 컴퓨터에 저장된 음원을 내려받는 방법보다 와이파이로 연결해 원하는 모든 음원을 내려받을 수 있다면 후자를 선택하지 않는 것이 이상한 일이었다. 거기에 이동통신망이 융합하니 산업 내 경쟁은 전혀 의미가 없는 일이 되었다.

이런 일이 기업에서만 벌어지는 것은 아니다. 세계 정상급 가수, 국내 최고의 가수가 최고의 자리를 놓고 경쟁할 때도 혜성같이 등장한 누군가가 그 자리를 빼앗아간다. 항상 화젯거리를 몰고 다니는 레이디 가가도 그렇게 등장했다. 그녀가 무명 가수에서 세계 최고가 되는 데는 24개월이면 충분했다. 본명이 스테파니 저머노타Stefani Germanotta인 레이디 가가는 디지털 기술로 도발적인 춤과 음악을 융합해 순식간에 사람들의 입에 오르내리며 소셜 미디어와 음원 시장을 석권했다. 그녀는 디지털 기술과 소셜 미디어가 음악과 결합하면 어떤 일이 벌어지는지 보여줬다.

할인점 안에서의 고전적인 경쟁은 재미도 있다. 실제로 대형 할인점에 가면 제품 간에 경쟁하는 모습을 압축해서 볼 수 있다. 브랜드끼리 경쟁하느라 더 좋은 진열대 위치를 차지하기 위해, 특별판매대를 차지하기 위해 안간힘을 쓰는 경쟁이 할인점에는 항상 벌어진다. 어쩌면 그런 모습을 보여서 싸지도 않은 가격에 하나라도 더 팔려는 속셈인지도 모른다. 그런데 유통업체가 그 진열대를 앞세워 자기 브랜드를 단 제품Private Brand을 만들어 내놓는다. 비슷한 제품을 위탁 생산해서 유통업체 브랜드를 붙이면 싼 가격에 팔아도 높은 이익을 얻을 수 있기 때문이다. 기존 브랜드는 울며 겨자 먹기로 자기 제품에 가면을 씌워 무서운 경쟁자를 만든다.

심지어 가면은커녕 얼굴 자체가 없다는 것을 강조하는 '노 브랜드No Brand' 제품도 있다. 누가 만들었는지 묻지 말고, 싸게 줄 테니 '소비자'에 충실하게 '소비'나 하라는 말이다. 싼 것은 좋지만, 의미를 해석해보면 그리 기분 좋은 일은 아니다. 그리고 '노 브랜드' 제품은 경쟁 제품들이 이유 없이 비싸다는 사실을 한눈에 알게 해준다. 그러나 창고형 할인점에서 물건을 사본 사람은 '노 브랜드' 제품도 싸지 않다는 것을 알고 있다. 중요한 것은 이것이 품질 혁신도 아니고, 가격 혁신도 아니라는 사실을 제품을 사는 사람이 더 잘 안다는 사실이다.

내가 일하는 공동체, 우리 회사의 진짜 경쟁자는 누구인가? 내 일자리는 어떻게 만들어진 것이고 결국 어떻게 사라질 것인가? 고민은 이런 것이지만, 해답은 이 질문에 있지 않다. 이 모든 질문의 해답은 우리가 상대하는, 우리 회사 제품을 사용하는, 회사 안에서는 '소비자'라고 부르고 눈앞에서는 '고객'이라고 부르는 그들에게 있다. 이들을 이해하는 국가, 기업, 사업가, 직장인만 살아남는다. 기업과 직장인은 그들이 무엇을 사랑하게 될지 알지 못한다. 보이지 않는 경쟁자들은 그들에게 사랑받을 새로운 방법을 찾고 있다. 그 방법이 세상에 드러나면 '혁신'이라고 부른다.

경쟁자에서 경쟁방식으로

'눈에 보이지 않는 경쟁자가 무섭다'는 말의 실제 의미는 무엇일까? 그것은 기존의 경쟁방식이 아닌 새로운 경쟁방식이 무섭다는 말이다. 기존의 경쟁방식은 드러나 있지만 새로운 경쟁방식은 새로운 경쟁자만큼이나 철저하게 가려져 있다. 드러난다 하더라도 기존의 경쟁자는 그들이 하는 일을 알기 어렵다. 경쟁자 중에 그들의 조력자가 생기기도 한다. 대형 할인점들이 자기 브랜드를 단 제품을 출시했다는 말은 경쟁자 중 누군가가 대신 경쟁 제품 한 가지를 만들어줬다는 말이다.

경쟁자들은 협업하기 어렵다. 네이버나 다음Daum과 같은 포털에 뉴스를 공급하면 종이신문을 보는 구독자가 줄고, 구독자가 줄면 발행부수가 줄어 광고단가를 낮춰야 하는 일이 벌어진다는 것을 신문사가 예상하지 못하는 것은 아니다. 그런데 그렇게 해서라도 자기 브랜드를 알리고 싶은 신문사가 나온다. 그러면 경쟁 관계의 비슷한 신문사들이 뛰어든다. 조금 시간이 지나면 포털에 뉴스를 제공하지 않는 신문사가 경쟁에 뒤처진 신문사로 보인다. 이렇게 되면 순식간에 모든 신문사가 포털에 뉴스를 제공한다. 뉴스를 따라 방송, 사전, 지도, 잡지, 음악까지 다 포털로 들어간다.

문제는 신문사가 포털에 뉴스를 제공하는 일이 포털의 혁신이지 절대 신문사의 혁신이 아니라는 사실과 포털 안에서도 경쟁이 치열하다는 사실이다. 더 큰 문제는 신문사에 수익이 되지 않는다는 점이다. 뉴스를 보여주는 데도 광고는 포털의 몫이다. 그러니 포털의 이익을 일부 얻어가는 방법밖에 없다. 일자리는 어떻게 될까? 포털에는 일자리가 일부 늘지만, 신문 구독자가 줄어드는 이유를 알지 못했던 신문사 지국은 배달원 일자리를 가장 먼저 줄여야 했다. 이렇게 신문사 지국은 생존을 위해 배달 경쟁에서 배달 협업으로 바꿔야 했다. 그래서 지금은 한 지국에서 여러 신문을 취급한다.

돈키호테Don Quijote Holdings[65]를 들어본 적이 있는가? 여기서 돈키호테는 스페인의 미겔 데 세르반테스Miguel de Cervantes의 소설 〈재기발랄한 향사 돈키호테 데 라만차El Ingenioso Hidalgo Don Quixote de la Mancha〉로 불리는 〈돈키호테〉에서 빌린 이름이지만, 실체는 일본의 할인 유통업체다. 주인공 돈키호테와의 차이점은 실패가 아닌 성공의 모델이라는 점이다. 이들은 경쟁하는 방식을 바꿔 고객에게 사랑받는다. 또한, 고객이 사랑하는 이유를 배워 경쟁방식에 적용한다. 그래서 이들에게 중요한 것은 경쟁자가 아니라 고객이고 경쟁방식이다.

돈키호테는 세 가지 측면에서 경쟁방식을 혁신했다. 첫째는 같은 제품을 수급하는 방식이다. 이들은 재고로 쌓인 양질의 제품을 발굴하는 데 최선을 다한다. 반품된 제품이나 약간의 하자가 있는 제품, 재고와 파산한 기업의 처분 제품을 대량으로 저렴하게 사들여 판다. 유통기한이 많이 남지 않은 제품도 사들인다. 이 방식으로 제품을 수급하면 가격경쟁력이 엄청나다. 제품을 수급하는 방식을 바꾸는 것만으로도 30% 정도의 가격할인이 가능해진다. 돈키호테는 자기들 제품에 '정열가격情熱價格'이라는 브랜드 이름을 붙였다.

둘째는 매장 진열방식이다. 사실 '진열'이라고 이름 붙이기도 어렵다. 그들은 제품을 쌓아두고 판다. 이렇게 하면 고객이 좋아하지 않으리라고 생각하지만, 고객은 제품 사이사이를 다니면서 생각지 못한 제품을 발견하는 재미를 느낀다. 정렬된 방식과 가장 큰 차이는 진열하는 사람의 인건비, 창고비, 매대 유지 관리비 등이 모두 사라진다는 점이다. 단위 면적당 진열된 물건의 수도 경쟁사보다 많다. 이들은 산더미처럼 쌓아두고 파는 방법을 '압축진열'이라고 부르며 경쟁력으로 만들었다.

셋째는 영업방식을 차별화했다. 돈키호테는 늦은 밤에도 영업한다. 심야영업은 달라진 세대와 가구의 변화에 주목한 결과다. 1인 가구나 2인 가구처럼 가사를 분담할 수 없는 사람들이 퇴근 후 늦은 시간을 활용할 수 있게 해준다. 실제로 돈키호테 매출의 60% 이상이 저녁 이후에 발생한다. 또한, 돈키호테는 특별한 고객 경험을 선사한다. 매장 입구에 설치된 수족관이나 각종 이벤트로 사람들을 불러모아 즐거움을 공유하게 한다. 신혼부부나 연인들은 돈키호테를 데이트 장소로도 활용한다. 이런 전략은 고객과 더 친근하게, 고객이 더 오래 머물게 한다.

일본에는 '돈키호테와 경쟁할 전략을 세우는 것은 망할 전략을 세우는 것과 같다'는 말이 있다. 돈키호테는 경쟁자와 경쟁하지 않는다. 그들은 경쟁자가 경쟁할 수 없는 방식으로 경쟁한다. 돈키호테는 폐업한 할인점을 인수해 돈키호테 매장으로 바꿔 직원을 고용한다. 다른 할인점은 직원을 줄여 경쟁하지만, 돈키호테는 지역 점포를 인수해 일자리를 만들면서 경쟁한다. 지점 직원들에게는 지역 제품에서 품목을 선정하고 구매할 권리를 준다. 돈키호테는 고객이 원하는 제품, 원하는 가격, 원하는 경험을 안다.

경쟁자를 결정하는 고객

일자리를 만들어내는 기업은 어디서나 사랑받는다. 거꾸로 생각해보면 일자리를 만들 수 있는 제품이나 서비스를 제공한다는 것 자체가 고객으로부터 사랑받고 있다는 증거다. 독자들은 21세기에 가장 사랑받지 못하는 산업이 무엇이라고 생각하는가? 나는 금융과 미디어라고 생각한다. 금융과 미디어는 왜 사랑받지 못하게 되었을까? 이유는 간단하다. 권력을 가진 소수의 편에 섰기 때문에 대중이 등을 돌린 것이다. 실제로 지금도 착한 금융, 착한 미디어는 어디서나 사랑받는다.

2017년 4월, 내가 은행과 거래하기 시작한 지 수십 년 만에 처음으로 이상한 일을 겪었다. 기준금리가 변하지 않았고, 다른 금리변동 사유가 존재하지 않았는데도 돈을 빌려준 은행이 금리를 낮춰주겠다는 것이다. 물론 내가 요청한 것도 아니다. 비슷한 시기에 실제로 나와 똑같은 일을 경험한 독자도 많을 것이다. 어떻게 이런 일이 벌어졌을까? 은행에 묻지는 않았지만, 100% 정확한 추측이 가능했다.

우리나라에도 2017년부터 인터넷은행이 설립되어 영업을 시작했다. 인터넷은행은 무점포를 원칙으로 운영하기 때문에 점포 운영비용이 없다. 이는 은행이 같은 이익을 거둔다면 예금이자를 더 줄 수 있다는 말이고, 대출이자를 덜 받을 수 있다는 말이다. 물론 규모가 큰 기존 은행이 한동안은 쌓아둔 우위를 유지할 수는 있을 것이다. 가끔은 '소비자'에게 0.1%도 안 되는 이자로 선심을 쓰면서 말이다. 그렇다고 해도 인터넷은행이 제대로 기능을 시작하면 '고객'은 기존 은행들에 제대로 된 경쟁자를 결정해줄 것이다. 은행은 열심히 일하는 직원들의 일자리를 유지할 방법을 찾아야 한다.

신용사회를 만들었다는 또 다른 금융산업, 카드사들은 어떨까? 카드사는 은행과 하나도 다르지 않다. 은행이 돈이 없는 사람에게 이자를 더 받듯, 카드사도 매출이 적은 점포에는 엄청난 수수료를 물린다. "연 매출 1,000억 원 이상의 대형가맹점은 매출협상력을 바탕으로 수수료가 1%대라고 밝혔다. (중략) 코스트코와 삼성카드의 가맹점 수수료는 0.7% 수준이다. 대형 할인점과 백화점 등의 수수료율도 1.5%대다. 일반가맹점이 대형가맹점보다 카드 수수료율이 더 높아 역차별을 받고 있다."[66]

트위터의 공동 창업자 잭 도시Jack Dorsey는 유리공예가인 친구 짐 맥켈비Jim McKelvey에게 놀라운 이야기를 듣는다. 자신이 신용카드를 취급하지 않아서 매달 2,000달러의 손해를 본다는 것이다. 신용카드로 결제하면 수수료가 너무 비싸서 팔수록 손해라는 말이었다. 2009년, 잭 도시는 소액결제를 모아서 대규모 결제를 일으키고 줄어든 수수료를 영세업자에게 나눠주는 결제방법을 만들어 스퀘어Square[67]를 설립했다.

스퀘어는 스마트폰에 손톱만 한 사각형의 카드리더기를 꽂아 신용카드로 결제할 수 있도록 해준다. 카드리더기를 스마트폰 이어폰 잭에 연결하고 스퀘어 앱으로 결제하면 스퀘어 레지스터Square Resister에 연결된다. 스퀘어 레지스터는 결제 명세를 남기고 디지털 영수증을 발행한다. 스퀘어 레지스터는 이를 카드사에 전송해서 결제를 마무리한 후 가맹점들에 수수료를 부과하고 대금을 지급한다. 매출이 적다면 2.5% 수수료를 선택해도 되고 매출이 많다면 월 275달러의 정액 수수료를 내도 된다.

스퀘어가 출시되자 영세업자들은 크게 환영했다. 줄어든 카드수수료는 물론 별도의 단말기도 설치할 필요가 없었다. 전 세계에서 앱을 설치하고 손톱만 한 동글을 받아 스퀘어로 결제하는 영세업자가 폭발적으로 늘었다. 스타벅스Starbucks[68]도 스퀘어에 투자했다. 출시 1년이 지나자 결제액이 50억 달러를 넘어섰고 2년 뒤에는 다시 150억 달러를 넘어섰다. 2016년에는 분기당 150억 달러에 육박하는 결제액을 기록했다.

스퀘어는 영세업자와 카드사 모두에 이로운 일이었지만, 혁신은 카드사의 차별에서 시작된 일이었다. 이런 일이 원래 금융이 해야 할 일이다. 혁신은 새로운 일자리를 만들고 기존의 일자리를 사라지게 한다. 하지만 새로 생기는 일자리는 대부분 기존의 일자리보다 적다. 전세계 카드사가 이제 곧 위기에 봉착할 것이다. 그들의 '소비자'는 현명해져서 새로운 핀테크Fintech의 '고객'이 되어가기 때문이다.

스타벅스는 2016년 1분기에 스타벅스 선불카드 적립액이 12억 달러를 넘어섰다고 발표했다. 스타벅스는 이 돈만큼 은행에서 돈을 빌리지 않아도 된다. 이자를 낼 이유도 사라졌다. 이 돈은 고객이 쓰겠다고 예약한 돈이다. 다른 경쟁사로 가지 않고 스타벅스의 매출로 이어질 돈이다. 이 돈은 신용카드가 아닌 핀테크 방식으로 결제되었으니 카드사 매출은 그만큼 줄어든다.

이렇게 은행과 카드사의 일은 빙하에 금이 가듯 쪼개지고 있다. 한 가지 기억할 것은 스타벅스는 스퀘어에 초기부터 투자한 투자자라는 사실이다. 그런데 이런 새로운 핀테크 혁명에 동참한 회사는 스타벅스가 전부가 아니다. 심지어 개인도 크라우드펀딩Crowd Funding으로 은행을 대신한다. 이제는 모든 산업에서 현명한 고객이 산업의 경쟁자를 결정해준다. 정작 두려워야 할 대상은 경쟁자가 아니라 고객이다.

07

디지털 발자국을 보는
매의 눈

························

디지털 발자국으로 권력을 키우게 될
가능성이 큰 집단은 통신기업과 정부다.
정부는 특정한 사람의 의지로 권력을 키우기보다는
여러 가지 이유로 권력을 키운다.

웹사이트를 탐색해본 사람이라면 이런 경험은 대부분 해봤을 것이다. 어떤 광고를 클릭했더니, 다른 사이트를 방문해도 계속 그 사이트의 광고 배너가 따라다니는 그런 경험 말이다. 예를 들어, 어떤 사이트에서 우연히 N이라는 제품 광고를 보고 N을 클릭한 적이 있는데 P, K, X와 같은 다른 사이트에 들어가도 N 제품 광고가 계속 나타난다. 이런 놀라운 광고기법 때문에 원하지 않는 경험을 한 것이다.

최근에는 더 나아가 N 제품과 연관된 다른 제품을 보여줘 더 많은 클릭을 유도한다. 침대 광고에 관심을 보였다면 매트리스, 침대 커버, 침구와 같은 제품을 계속 광고로 노출한다. 이렇게 되면 더 많은 접속이 이루어질 수밖에 없고 광고효과가 올라간다. 이런 광고기법은 컴퓨터나 스마트폰을 가리지 않는다. 게다가 피할 방법도 없다. 왜냐하면, 가장 영향력이 큰 대부분 언론사 사이트, 연예나 스포츠 사이트, 구직 사이트, 게임 사이트 등이 이런 광고에 협조하기 때문이다. 사실은 협조가 아니라 이렇게 돈을 번다.

이 광고기법은 대부분 구글의 광고플랫폼을 활용한다. 개인의 기호, 취미, 관심을 그대로 광고에 접목하는 이런 기법을 피할 방법은 거의 없다. 그런데 내가 어떤 제품에 관심을 보였다는 정보는 동의를 구하지 않고 수집해서 활용해도 되는 정보인가? 최소한 법적으로는 문제가 없다. 하지만, 누군가 나의 행동을 감시하고 나의 관심과 행동 패턴을 추적하고 있다는 불안감이 들지 않는가? 기분이 묘해지면서 관련된 사이트에 다시는 접속하고 싶지 않은 것은 우리뿐인가?

요즈음 신용카드 한 장이면 생활에 불편함이 없다. 교통카드 기능까지 내장되어 있다면 더없이 편리하다. 그런데 이 카드가 움직이고 사용된 정보를 분석하면 내가 어떤 삶을 사는지 거의 완벽하게 알 수 있다. 몇 시에 어느 역에서 지하철을 탔으며, 어느 역에서 버스로 갈아타고, 어디에서 내렸는지 알 수 있다. 편의점과 백화점은 어디를 이용하고 있으며, 무슨 물건을 샀는지, 온라인으로는 어떤 물건을 샀는지 알 수 있다. 어떤 커피전문점을 좋아하고 무슨 음료를 주문하는지 아는 것은 아주 쉬운 일이다. 퇴근 시간과 출근하지 않은 날도 알 수 있다.

더구나 이런 데이터가 쌓이면 개인의 삶을 거의 완벽하게 복원할 수 있다. 카드 사용명세에 인터넷 접속 현황, 스마트폰 접속 현황, 검색어, 검색어를 통해 접속한 사이트, 사용하는 SNS, SNS에 기록한 내용, 사진과 위치정보, 통화내용, 활용하는 애플리케이션 정보까지 모두 수집된다면 이것은 행동 패턴을 아는 것이 아니라 내 머릿속 생각을 모두 빼가는 것이다. 기업이 노리는 것이 이것이다. 더구나 우리는 읽기도 어려운 엄청난 분량의 그들의 '서비스 약관'에 동의한 상태다. '서비스 개선을 위해 당신의 데이터를 사용할 수 있다'는 약관 말이다. 물론 동의하기 싫으면 나가야 한다.

기업에서 항상 내세우는 것은 이런 것이다. '당신을 위해서 당신의 정보를 분석해드립니다.', '이번 달에는 옷을 사느라 지출이 12% 늘었습니다.'와 같은 것이다. 하지만 실제로는 '우리 회사를 위해서 당신의 정보를 분석해드립니다.'이고, '12% 지출이 늘었습니다. 당신이 좋아하는 의류 브랜드의 20% 할인쿠폰을 내려받아 이달이 가기 전에 꼭 사세요.'가 속마음이며, 소비자가 해주길 바라는 행동이다.

　　데이터는 상상할 수 있는 모든 방법으로 수집되고 분석된다. 검색어, 접속 사이트, 구매 제품을 통해 데이터를 분석하는 것은 애교다. 사진, 위치정보, CCTV로도 정보가 수집되고 분석된다. 물론 범죄를 예방하고 수사에 활용되어 성과를 내기도 한다. 하지만, 정보의 활용에는 긍정적인 측면과 부정적인 측면이 동시에 존재한다. 최소한 정보를 제공하는 사람에게 어떤 정보가 수집되고 어떻게 활용되는지 제대로 알려야 한다. 왜 이것이 중요한지는 '구글이 발자국에 집착하는 이유'에서 알아본다.

　　우리는 항상 온라인 상태다. 지금은 손에 온라인 상태의 스마트폰을 들고 있지만, 앞으로는 주변의 대부분 사물이 온라인 상태로 우리를 지켜볼 것이다. 나를 위한 차라고 생각하는 자율주행 자동차가 나의 목적지, 이동 경로, 이동 시간, 속도 등 이동과 관련된 모든 정보를 도로에 설치된 사물인터넷을 통해 도로를 관리하는 기관에 전달한다. 실제로 지금도 이런 정보 대부분이 센서와 CCTV로 수집되고 처리된다. 심지어 자동차 회사까지 나서서 더 나은 자율주행 자동차를 만드는 데 활용하겠다고 실시간으로 정보를 가져갈지도 모른다. 문제는 몰래 가져간다 해도 사용자가 알기는 어렵다.

　　그렇다면 데이터나 정보가 수집되고 처리되고 활용되는 것과 일자리는 어떤 상관관계가 있을까? 이 문제만큼은 해답이 간단하다. 이런 일을 해서 더 많이 팔리고 그래서 더 많이 생산해야 한다면 일자리가 늘지도 모른다. 하지만, 내 자동차의 움직임과 내 카드 지출 명세와 내 행동이 분석되고, 다른 사람의 패턴과 합쳐진다는 말은 효율을 의미한다. 심지어 나를 따라다니는 배너광고조차 효율적 광고다. 쓸데없이 여기저기에 광고하지 않아도 된다는 말이다. 그러면 '여기저기에 광고하는 데' 필요했던 사람들의 할 일이 먼저 사라진다.

내 차와 주변 차량의 흐름이 분석된다는 것은 눈으로 보며 차량 흐름을 통제할 교통경찰이 필요 없다는 말과 같다. 에너지도 당연히 덜 사용된다. 에너지가 덜 팔린다는 말이다. 범죄를 예방하고 단속할 CCTV가 곳곳에 설치된다는 말은 순찰차가 순찰에 덜 투입되어도 된다는 말과 같다. 내가 좋아하는 브랜드가 분석되어 신제품 할인쿠폰이 온라인으로 도착했다는 말은 누군가 전단을 제작해 나눠주거나 우편물을 발송하지 않아도 된다는 말과 같다. 정보가 수집되고 분석되어 효율이 높아지면 과거의 방법으로 그 일을 하던 많은 사람이 일자리를 잃고 아주 조금 새로운 일자리가 생긴다.

디지털에 새겨진 발자국

디지털이라는 말은 결국 '발자국'을 남긴다는 말이다. 디지털 행동에는 디지털 기록이 남는다. 내가 검색한, 방문한, 결제한, 올린, 대화한 정보가 모두 기록으로 남는다. 그런데 이 정보가 쌓여 분석되면 '왜' 검색하고, 방문하고, 결제하고, 올리고, 대화하는지 알 수 있다. 어느 해 2월, 36세인 M이 아동복과 장난감만 사다가 초등학생용 가방, 필기구, 노트를 샀다면 M의 아이가 곧 학교에 입학한다고 분석된다. 구매 정보만으로도 이런 추정이 가능한데, 검색어나 SNS까지 분석된다면 이런 일이 비밀이 될 수 있을까?

그런데 앞으로는 디지털이 아닌 아날로그도 대부분 디지털로 기록되어 남게 된다. 아무도 없는 골목길을 지나가면 CCTV가 내 움직임을 알아채고 보이지 않을 때까지 따라가며 기록한다. 물론 곧 다른 CCTV가 이어받아 나를 감시한다. 내 위치는 지도에 표시될 정도로 정밀하게 분석되어 휴대전화가 항상 어디론가 전달 중이다. 내가 지하주차장에 차를 세운 위치도 기록되고 보관된다. 이렇게 모든 움직임은 디지털 발자국이 되어 남는다.

긍정적으로 디지털 발자국을 활용하도록 하는 놀라운 기업도 있다. 브렛 킹Brett King 박사의 모벤Moven[69]이 그렇다. 모벤을 사용하면 금융의 새로운 세계를 경험하게 된다. 페이스북이나 문자로 결제하는 것은 물론, 금융소비 패턴을 완벽하게 분석해 절제된 금융소비로 이끌어준다. 모벤 계좌가 일주일에 10만 원이나 되는 돈을 커피전문점에서 쓰고 있다는 사실을 알려주면 당장 다른 방법으로 커피를 마셔야겠다고 생각하게 될 것이다. 모벤은 돈이 모이면 어떤 금융상품에 투자하면 좋을지 추천하기도 하고 재무 건전성도 평가해준다.

2017년 4월, 서울국제금융포럼에서 기조강연을 한 그는 "지난 수백 년 동안 하나도 변하지 않은 은행이 큰 변화에 직면하게 될 것"이라고 하면서 "은행은 어떻게 바꿀 것인지 생각할 일이 아니라, 완전히 무에서 유를 창조해야 한다."고 말했다. 브렛 킹은 모벤 사용자들의 경험을 토대로 "결국에 사람들은 스마트폰을 기반으로 하는 은행 계좌를 사용하게 될 것"이라고 말했다. 그의 말은 편리함도 중요하지만, 데이터에 기초한 금융소비를 할 것이라는 말이다.

브렛 킹이 말하는 '데이터에 기초한 금융소비'는 기업에서 주로 자신들의 목적에 활용하기 위해 분석하는 빅데이터Big Data와는 다른, 개인이나 점포 단위의 스몰 데이터Small Data 분석이다. 모벤은 사용자의 한 달, 일 년간의 소비 패턴을 분석해서 최적의 소비를 만들어내는 방법을 조언한다. 절제된 소비를 통해 모은 자금을 어떻게 불릴 것인지도 도와준다. 소비 습관이 분석되면 도표로 보여주는 것은 물론 초록, 노랑, 빨강으로 경고한다. 이 데이터들은 기업을 위한 데이터가 아니라 고객을 위한 데이터이다. 물론 모든 고객의 패턴을 빅데이터로 분석해 더 나은 소비방안을 제시할 수도 있다. 빅데이터든 스몰 데이터든 그걸 사용하려는 목적이 우리에겐 중요하다.

스몰 데이터 분석을 제공하는 스마트밴드나 스마트폰의 수면 분석 앱은 질 좋은 수면을 돕고 일의 성과도 높인다. 책을 보거나 글을 쓰는 사람에게는 방해받지 않는 환경과 집중이 필수다. 한 달간 수면 분석 앱을 사용한 후, 나는 조금 더 일찍 자고 일찍 일어나는 방법을 선택했다. 잠을 자는 시간이 같은 데도 더 깊은 잠을 자는 시간이 늘었다. 새벽 시간에 글을 쓰면 낮에 글을 쓰는 때보다 두 배는 효율이 오른다. 오후에 일찍 피곤해지면 머리를 덜 쓰는 일을 한다.

디지털 발자국은 우리의 일상을 완전히 바꿀 것이다. 퇴근길에 내가 좋아하는 의상브랜드의 신제품을 보러 갔는데, 전시장에 설치된 대형 화면이 그 신제품을 입은 내 모습을 비추며 맞는다고 생각해보라. 기분이 좋기만 할까? 정말 피곤해서 늦잠을 자는 바람에 회사에 지각했는데 차가 밀렸다는 핑계조차 댈 수 없는 상황을 생각해보라. 내가 쓰는 글의 성향이 자동으로 분석되어 누군가에게 보고되고 있다면 어떤가? 디지털 발자국은 점점 자유와 감시, 윤리와 인간성의 문제가 되어갈 것이다.

구글이 발자국에 집착하는 이유

아마존Amazon [70]과 월마트Walmart는 자주 비교된다. 2015년은 아마존에 기록적인 해였다. 온라인 서점으로 출발해 설립 20년 만에 월마트를 넘어 세계 최대 유통업체가 된 해다. 이들이 사용하는 데이터는 어떨까? 2015년에 월마트는 대략 시간당 100만 건 이상의 거래정보를 처리했다. 처리된 정보는 월마트의 데이터베이스에 저장되는데, 이 데이터베이스 용량이 2.5페타바이트PB다. 이는 아마존에서 판매되는 모든 책 데이터베이스의 160배에 해당한다. 그렇다면 온라인 거래가 대부분인 아마존의 검색정보와 거래정보는 도대체 얼마란 말인가?

이런 빅데이터를 처리하려면 저장 공간도 문제지만 저장 프로세스, 분석이나 통계 도구도 문제다. 어쨌건 우리에겐 '왜 이런 일을 발전시키는지'가 더 중요하다. 그러려면 빅데이터에 가장 뛰어난 구글을 살펴보면 된다. 구글은 검색으로 보여준 대로 이미 데이터 분석과 처리, 인공지능에서 최강자다. 앞에서 설명한 내 손끝을 따라다니는 광고 배너도 구글의 광고플랫폼이 만들어낸다.

구글에는 '구글 엑스Google X'나 '달 사냥 공장Moonshot Project'으로 불리는 비밀 프로젝트들이 있다. 실제로 비밀이라기보다는 도저히 실현 불가능할 것 같은 프로젝트를 실제로 추진하는 그런 일을 한다. 구글 글라스Google Glass도 여기서 나왔다. 가장 긴 시간 실험을 계속하며 완성도가 올라가는 자율주행 자동차는 노출될 수밖에 없어서 누구나 아는 일이다. 많은 프로젝트 중에서 지금 완성하기 위해 심혈을 기울이는 것은 프로젝트 룬Project Loon[71]이다.

이름처럼 풍선을 띄우는 프로젝트다. 구글은 2013년 6월, 뉴질랜드에서 20km 상공에 헬륨 풍선 30여 개를 띄웠다. 풍선에는 태양열로 가동되는 비행장치, 고도조절장치, 컴퓨터는 물론 통신장비도 실었다. 지상 넓은 지역에서 와이파이Wi-Fi를 쓸 수 있도록 하기 위해서다. 구글은 이 프로젝트가 성공하면 아프리카와 같이 인터넷을 쓰기 어려운 지역에서 48억 명이 인터넷에 접속할 수 있다고 했다. 참고로 2020년에 지구 인구는 77억 명이 된다.

구글은 인터넷 사용료를 받기 위해 이런 일을 할까, 아니면 과학 기술에서 소외된 인류에 봉사하기 위해 이런 일을 할까? 둘 다 할 수 있는 일이지만, 둘 다 아니다. 실제 목적은 데이터를 쓰도록 하는 것이 아니라 데이터를 얻기 위해서다. 여러분 손에 든 스마트폰이 안드로이드Android 운영체제로 구동된다면 그조차도 구글의 것이다. 구글은 사람들이 가진 디지털 발자국을 원한다. 그것만 있으면 원하는 모든 것을 알 수 있고 모든 것을 가질 수 있다.

구글이 하는 일을 다시 생각해보자. 검색, 안드로이드 스마트폰 운영체제, 자율주행 자동차, 프로젝트 룬, 크롬Chrome 브라우저, 광고플랫폼, 인공지능, 자연어 인식과 번역, 이 모든 것이 데이터 수집과 처리에 연관된다. 우리는 아주 가끔 그리고 조금씩 구글이 하는 일을 보게 될 것이다. 마치 이세돌과 바둑을 두던 알파고가 얼마나 바둑을 잘 두게 되었는지 2017년 5월 어느 날 볼 수 있게 된 것처럼 말이다. 그러다가 2025년경이면 자율주행 자동차보다 훨씬 무서운 새로운 디지털 권력을 만나게 된다. 이 권력은 인공지능의 발전과 함께 점점 더 큰 권력을 갖게 될 것이다.

정부와 디지털 감시

구글과 마찬가지로 디지털 발자국으로 권력을 키우게 될 가능성이 큰 다른 집단은 정부다. 정부는 특정한 사람의 의지로 권력을 키우기보다는 여러 가지 이유가 복합적으로 작용하면서 권력을 키우게 될 것이다. 그 이유는 많지만 커지는 안보와 국방 문제, 정부의 효율성 추구, 기업의 독점 통제가 대표적인 것들이다. 하나가 더 있다면 '정부는 모든 것에 관여하기 때문에' 권력이 커진다.

첫째, 안보와 국방 문제는 굳이 설명할 이유가 없을 정도다. 모든 것이 데이터로 처리되고 통신으로 오가는 세상에서 자유만을 보장하거나 내버려둬서는 국가를 유지할 수 없다. 우리나라를 보더라도 은행이나 국방 전산망, 원자력발전소도 해킹에서 벗어나지 못한다. 최소한 테러가 사이버공간에서 모의 되고 실행되는 것을 막기 위해서라도 정부의 감시는 '일정 부분' 정당화된다. 이것은 개인의 안전과도 직결된다. 다만, 선을 넘으면 개인의 자유가 사라지면서 동시에 정부의 존재 이유도 사라진다.

둘째, 정부를 효율적으로 운영하려면 디지털 발자국에 관한 데이터가 있어야 한다. 실제로 정부부처의 운영 자체가 데이터의 운영이기도 하다. 도로공사에서 스마트 고속도로를 운영하려면 고속도로에 진입하고 나가는 모든 차의 운행정보가 수집되어야 한다. 하나라도 빠진다면 사고와 연결될 수도 있다. 민간과 마찬가지로 정부의 정책도 데이터와 통계를 따를 수밖에 없다. 효율적인 정부는 더 많은 데이터를 가진 정부라는 인정하고 싶지 않은 역설이 만들어진다.

셋째, 기업의 정보 독점을 통제하기 위해서다. 이 문제는 참으로 어려운 문제다. 누가 어떤 것을 가졌고 어떻게 쓰는지 규제하기 위해서 정부도 그게 무엇인지 알아야 한다는 말이다. 실제로 위키리크스 wikileaks나 스노든Edward Snowden의 폭로를 보면 정부와 민간 기업은 항상 공생관계였다. 그럴 수밖에 없는 이유는 모든 기술을 정부가 보유할 수는 없기 때문이다. 적절한 선에서 눈을 감아주고 그 기술과 정보를 활용하는 것이 지금까지 정부가 해온 일이다. 그래서 끊임없이 되물어야 한다. 정부는 어디까지 알고 있으며, 어디에서 그 정보가 나온 것인지를. 그리고 그들의 말을 의심해야 한다.

마지막은 정부가 모든 일에 관여해서 디지털 권력이 커진다. 이 문제는 카드사가 카드 사용명세만 알고 있거나, 통신사가 통화기록만 알고 있거나, 포털이 검색기록만 알고 있거나, 도로공사가 차량 운행 기록만 아는 수준과는 다르다. 정부는 곧 이런 모든 데이터를 통합해서 처리할 능력을 갖추게 될 것이다. 이때는 디지털 시민의 권리와 디지털 정부의 권력이 충돌하게 될 것이다.

그렇다면 정부 조직의 일자리는 어떻게 될까? 한국의 2017년 대선 토론에서도 청년실업과 맞물려 논란이 일었었다. 아마도 여기까지 읽은 독자라면 답이 그려졌을 것이다. 청년실업을 넘어 앞으로 민간의 일자리는 엄청난 속도로 줄어든다. 2030년까지 기존의 일자리 절반가량이 줄어든다는 조사결과도 있다. 왜 일자리가 줄어드는지 지금도 설명하고 있지 않은가? 여기서 정부는 예외일까? 전국 도로에 사물인터넷이 깔리고 자율주행 자동차가 달리는데 교통경찰은 더 많아져 수신호를 하고 있을까, 아니면 운전자도 없는 차를 세워 범칙금을 부과하고 있을까?

세금으로도 살펴보자. 일자리가 줄어든다는 말은 돈이 없어 소비가 사라진다는 말이다. 간단하게 말해 세금을 걸을 곳이 줄어든다. 정부 조직은 민간의 수요 부진과 기술 발전의 이중 압력을 받게 될 것이다. 세금이 덜 걷혀 공무원을 줄여야 할 판에 자동화로 할 일마저 사라진다. 동사무소에서 주민등록등본을 떼는 사람이 줄어든 것은 집이나 사무실에서도 출력할 수 있기 때문이다. 프린터가 없어서 동사무소에 가더라도 자동화기기로 출력하면 그만이다. 게다가 일자리를 잃은 국민이 공무원 수만 세고 있을지도 모를 일이다. 권력은 국민의 눈치를 보게 되어 있다.

앞으로 대략 20년, 2035년까지는 국가 간 전쟁이다. 줄어든 일자리를 자기 나라로 빼앗아 오는 전쟁이다. 몇 안 되는 일자리라도 확보하기 위해 자기 나라에 공장을 짓게 하는 전쟁이다. 그 자동화된 공장을 짓는 기술을 선점하는 전쟁이다. 그 공장에 들어갈 로봇을 만드는 회사가 되는 전쟁이다. 그 공장을 운영하는 운영 프로그램을 개발하는 회사가 되는 전쟁이다. 불행하게도 우리나라는 여기에 단 하나도 해당하지 않는다. 이것이 우리나라가 10년간 해온 일의 결과다.

일하는 사람이 사라져 로봇으로 물건을 만드는 기업가에게 세금을 물려야 할 때, 공장이 없는 나라는 그조차 거둘 곳이 없다는 사실을 반드시 기억해야 한다.

08

무너지는
계층사다리

.
.
.
.
.
.
.
.
.
.
.
.
.

앞으로 계속 일자리가 줄면 정부는
누구에게 세금을 걷을 것인가?
일자리가 준다는 것은 세금을 걷을 대상이
세금을 써야 할 대상으로 바뀐다는 말이다.

평등한 인간이 사는 세상에서 '계층'을 말하는 것이 한 인간으로서는 부끄러운 일이지만, 현실은 평등하지 않으니 말하지 않는 것은 더 부끄러운 일이다. 일자리와 관련하여 경제적 수준으로서의 계층 변화를 생각해보고 앞으로 10년 후, 20년 후 어떤 일이 생길지 고민해본다. 또한, 우리가 생각하는 '일'은 삶을 유지하는 수단이기도 하지만 인간으로 사는 삶의 의미나 꿈과 같은 것이 포함된 용어라는 점을 강조한다.

　대략 10년 단위로 출생아 수를 살펴보면, 1960년 79만 명, 1970년 100만 명, 1980년 86만 명, 1990년 65만 명, 2000년 63만 명, 2010년 47만 명, 2016년에 40만 명이 태어났다. 출생아가 100만 명이 넘은 시기는 1969년, 1970년, 1971년의 3년으로 가장 출생아가 많았던 시기는 1971년에 102만 명이었다. 출생아가 계속 줄다가 약 10만 명까지 다시 늘던 시기가 있었는데 1988년부터 1992년까지다. 올림픽 개최로 선진국이 멀지 않다는 희망과 민주화에 대한 성취감이 작용하던 시기였다.

　40대인 1970년대 출생아와 20년 후에 출생해 지금 청년이 된 1990년대 출생아의 가장 큰 차이는 무엇일까? 또, 20년이 더 지난 2010년대에 출생한 아이들은 어떤 미래를 맞을까? 출생아 수로 보면 100만 명,

65만 명, 47만 명이 태어났다. 2020년대와 2030년대로 가보자. 2020년대에는 이들의 나이가 50대, 30대, 10대이고, 2030년대에는 60대, 40대, 20대가 된다.

2020년대에 들어서자마자 완전 공장자동화 실험이 끝난 센서, 인공지능, 로봇, 사물인터넷이 본격적으로 공장자동화를 이끌고 자율주행 자동차가 현실이 되기 시작한다. 3D 프린터는 전면에 등장해 산업을 해체해 다른 모습으로 만들기 시작한다. 한쪽은 자동화된 공장에서 여러 제품을 주문량에 맞춰 만들며 생산성을 극한으로 끌어올린다. 다른 한쪽에서는 주문만 하면 원하는 것을 저렴하게 만들어주는 3D 프린터가 점점 많아지고 정밀해지고 다양해진다. 계속 생산비와 물류비가 획기적으로 줄어든다.

2030년대까지는 기존의 일자리 50%가 사라지는 고통의 기간이다. 물론 적지만 새로운 일도 생긴다. 로봇으로 자동화한 공장은 첨단 제조 공정과 높은 생산성으로 자동화하지 못한 공장을 압도한다. 일부는 완전 자동화된 공장을 바로 짓고, 일부는 공정별로 자동화율을 조정하며 공장을 몇 차례 바꾼다. 지금까지 전 세계가 나서서 자기 나라에 공장을 짓도록 하는 이유라고 계속 설명해왔다. 사라지는 일자리를 그나마 유지할 공장이 국내에 있어야 하고, 나중에 경쟁에서 이긴 자본가에게 어떤 형태로든 세금을 거둬야 국가를 운영할 수 있기 때문이다.

물류도 마찬가지다. 물류자동화를 이끄는 기업은 화석 연료가 아닌 2차전지를 사용하는 운송장비를 사용한다. 공장 안이든 밖이든 자동화된 물류시스템은 사람에 의존하는 물류시스템을 압도한다. 사람이 사라지고 연료비가 줄어든 물류시스템은 비용과 시간을 획기적으로 줄인다. 같은 품목을 3D 프린터로 만들어주는 회사들은 전 세계에 설치된 프린팅 공장에서 물류비를 거의 제로에 가깝게 만들면서 가격 경쟁에 가세한다.

더 놀라운 것은 거의 모든 제품을 복제한 해적판이 등장한다는 점이다. 해적판은 두 종류다. 하나는 지금처럼 누군가 만든 제품을 3D 스캔하거나 분해해 만든 도면을 활용한 것이고, 다른 하나는 기업에서 자발적으로 공개한 도면을 그대로 활용하거나 변화시킨 것이다. 앞으로는 후자가 더 보편적인 소비 형태가 되는데, 아주 적은 디자인 사용료만 내거나 무료로 활용할 수 있다. 생산업체는 소비자가 원하는 일부를 바꿔 개성을 반영한다. 원한다면 연구개발비가 거의 들지 않은, 3D 프린터로 복제한 제품을 구할 수 있게 된다.

기업은 세 가지 제품과 경쟁한다. 우선 첨단 기술과 품질 경쟁력을 갖춘 자동화된 공장에서 만든 제품끼리 경쟁한다. 그다음은 품질과 가격경쟁에서 살아남은 제품과 3D 프린터로 만든 제품이 다시 경쟁한다. 문제는 자동화된 공장에서 만든 제품은 3D 프린터로 만든 제품처럼 제품에 개성을 반영하기 어렵다는 데 있다. 자동화된 공장에서 생산한 제품이 이기는 방법은 완전자동화를 통해 사람을 생산에서 더 철저하게 배제해 가격을 계속 낮추고 품질을 올리는 것이다. 마지막은 자신들이 공개한 이전 버전의 제품 설계도나, 개인 혹은 커뮤니티와 같은 비공식 집단이 만든 설계도를 활용해 3D 프린터로 생산한 제품과 경쟁한다.

물론 이런 경쟁이 차례대로 발생한다는 말은 아니다. 모두가 첨단 제품이나 최신 제품을 원하지도 않으며, 지금처럼 비쌀수록 고장과 같은 문제에 대응하는 것도 고려된다. 제품에 개성을 반영하는 문제는 점점 더 크게 부각할 것이다. 하지만 이 모든 경쟁은 반드시 두 가지 결과를 만든다. 자동화하면서 일자리가 사라진다는 것과 인류가 지금까지 만날 수 없었던 엄청난 가격하락을 경험하게 된다는 것이다. 진짜 문제는 이 과정에서 생긴다. 이 과정에서 일자리를 잃은 사람은 싸더라도 제품을 살 돈이 없다. 이때 국가 정책의 중요성은 지금과 비교할 수가 없다.

2020년대에 50대가 된 1970년대생들은 이미 퇴직하고 자영업에 종사하거나, 퇴직을 맞는다. 우리도 여기에 해당한다. 임금피크제나 정년연장으로 조금 더 정년이 남은 사람도 있겠지만, 제도가 따라주고 기업이 용인하고 무엇보다 기업이 망하지 않은 상태여야 한다. 이들의 자녀는 20대가 대부분이다. 일부는 일자리를 얻었겠지만, 대부분은 지금보다 훨씬 심각한 구직난에 시달릴 것이다. 문제는 그나마 가정경제의 버팀목이던 1970년대생 부모 대부분이 어떤 방법으로도 더는 버틸 수 없는 은퇴 시기라는 점이다.

이들은 자녀 교육에 모든 것을 걸고 자신은 직장에서, 자녀는 학교에서 계층사다리를 올라가기 위해 노력했던 사람들이다. 하지만, 계층상승은 거의 불가능하다. 계속 설명한 대로 올라갈 곳 자체가 없다. 대기업은 사무직과 생산직을 가리지 않고 일자리를 줄이고, 의사나 변호사와 같은 전문직 일자리도 준다. 교사나 일반직 공무원도 예외가 아니다. 공무원은 오히려 정년보장이 문제가 된다. 공무원 세계도 할 일이 사라지긴 마찬가지기 때문이다. 그래서 공무원 세계도 생산성을 높여야지 채용만 늘려 실업대책을 마련한다면 더 큰 문제가 누적될 것이다.

국가 재정은 갑자기 심각해진다. 100만 명씩 태어나던 세대가 은

퇴해서 연금 생활자가 된다는 것은 원론적으로는 자신들이 적립한 연금을 사용하는 시기가 되는 것이다. 하지만 계속되는 고령화는 연금, 의료비 등을 계속 늘린다. 이들 자녀세대가 일찍 결혼했다면 아이를 낳아야 할 텐데, 현실은 결혼하더라도 절대 아이를 낳아서는 안 된다는 교훈을 고착시킨다. 1970년대 출생자의 자녀보다 10년 먼저 태어난 1990년대 출생자들이 걸어온 길도 마찬가지다. 2020년대 초까지는 일자리가 줄어드는 속도가 완만하지만, 이후로는 급격해진다.

2030년대가 되면 이들이 60대, 40대, 20대가 된다. 40대는 경제의 주축이다. 가장 노련하고 가장 많이 돈을 버는 나이다. 안정적인 경제생활은 소비를 떠받친다. 그런데 1990년대생 40대에겐 돈이 없다. 심지어 절반 가까이가 직장이 없다. 40대가 되어서도 결혼이 엄두가 나지 않는 사람이 많다. 그래도 결혼할 수는 있지만, 출산은 극소수에나 행복에 이르는 길이다. 나머지에는 불행을 자초하는 일이고, 인간으로 태어나는 것이 얼마나 고통스러운지 다시 깨닫게 되는 일이다.

20대가 된 2010년대 출생자들은 어떨까? 실제로 이들이 느끼는 압박은 최고조에 달한다. 하지만 2030년대 후반이 되면서 일자리 문제에 가능성이 조금씩 보이기 시작한다. 이는 우리의 긍정적 가정임을 밝힌다. 지금까지 일방적으로 로봇이 대체하던 인간의 일자리에 로봇과 인간의 경계가 만들어진다. 인간만이 하거나 인간이 중심이 된 새로운 일자리도 생긴다. 산업을 바꾼 새로운 생산체제는 계속 생산성을 높이고 가격을 계속 낮춰 소비를 키운다. 2020년을 정점으로 계속 줄어드는 G20의 인구도 인간이 하는 일자리의 필요성을 다시 부각하기 시작한다.

2017년 4월, 현대경제연구원[72]은 '계층상승 사다리에 대한 국민인식 설문조사' 보고서에서 이런 조사결과를 내놓았다. 응답자의 83.4%가 "개개인이 열심히 노력하더라도 계층상승 가능성이 작다."고 답했는데, 지난 2013년 75.2%, 2015년 81%였던 것과 비교해보면 계속 상승한 수치다. 주목할 것은 40대인 1970년대생 자영업자의 92.9%가 "열심히 노력해도 계층상승이 어렵다."고 한 대답이다. 이것은 계층사다리가 무너졌다는 의미다.

이미 2000년대 초부터 무너지던 계층사다리는 2020년대에는 사라진 용어가 된다. 이 말은 계층상승과 관련한 사회, 경제, 교육적 해법이 불가능하다는 말이다. 모든 원인은 미래를 따라가지 못한 교육에 있다. 그래서 국가도 개인도 목표를 미리 바꾸고 준비해야 한다. 국가는 교육의 목표였던 '이성적 능력'만을 평가해 '계층 구조'에 인간의 삶을 끼워 넣는 시대를 끝내고 인간의 미래를 가르쳐야 한다. 일자리가 사라지고 교육이 경제적 계층사다리를 오를 도구가 되지 못한다면 정부는 어떻게 해야 할까?

1%와 99%

일자리가 사라지는 현상을 간단하게 설명하면 어떻게 될까? 지금까지 자본가는 근로자를 고용해 직접 혹은 기계로 제품을 생산하고, 직접 혹은 기계로 제품을 나르고, 근로자는 받은 임금으로 제품을 소비했다. 그런데 자본을 가진 기업가가 근로자를 빠른 속도로 인공지능이나 로봇으로 대체하면서 근로자는 일자리를 잃는다. 근로자가 생산에 관여하는 비중이 2030년까지 현재보다 50% 줄어든다. 물론 새로운 일자리가 생기지만 줄어드는 일자리를 메울 수는 없다.

독일의 지멘스Siemens 공장으로 가보자. 인더스트리 4.0이 적용된 지멘스 공장은 제품디자인, 생산기획, 생산설계, 생산, 서비스의 5단계를 대부분 자동화했다. 자동화는 세 가지 변화를 만든다. 제품공급 시간을 줄이고, 유연성을 높이고, 효율을 높인다. 실제로 공장 안에는 기계가 제대로 제품을 생산하는지 살피고 주문에 따라 공정에 변화를 주는 직원이 전부다. 기계는 한 가지 제품만 생산하는 것이 아니다. 약 75%는 정해진 제품을 생산하지만, 20%는 60,000개나 되는 고객사의 요구대로 제품 생산을 유연하게 주문에 맞춘다.

독일은 설명한 대로 표준화된 자동화 공장의 모델을 만들어 공장을 짓는 데 앞장서려고 한다. 지금부터 짓는 자동화된 공장은 그 공장을 유지·관리하고 업그레이드하는 모든 일이 공장을 지은 회사의 일이 된다. 이 일은 한 회사가 나서서 할 수 있는 일이 아니다. 쿠카Kuka와 같은 로봇을 만드는 회사, 키엔스Keyence와 같은 센서 회사, 다이후쿠Daifuku와 같은 물류시스템 회사, IBM과 같은 인공지능 개발 회사가 합작해야 한다. 플랜트에 특화한 건설회사나 원자재를 공급하는 회사와의 협력도 필수다.

자동화된 공장에서 제품을 생산해 거둔 이익은 누구의 몫일까? 지금과 다르지 않다. 자본가의 몫이다. 다만, 기업에서 일함으로써 노동의 대가를 받고 그 돈으로 제품을 소비하던 근로자만 사라졌을 뿐이다. 그래서 자본가에게 더 자본이 집중된다. 물론 자본가 간의 경쟁도 더 치열해진다. 지금 정부가 놓친 부분이 여기부터다. 자본가는 지금까지 제품으로 경쟁했지만, 앞으로는 제품을 만들 도구로 경쟁한다. 자동화된 공장으로, 3D 프린터로, 인공지능으로, 센서로, 로봇으로 경쟁한다. 우린 하나도 없다.

국제구호단체인 영국의 옥스팜Oxfam[73]은 2014년에 상위 1% 자본가가 소유한 부가 2009년에 전 세계 부의 44%를, 2014년에 48%를 넘었다고 발표했다. 2017년 1월에는 '99%를 위한 경제보고서'에서 빌 게이츠를 비롯한 상위 8명의 부가 세계 하위 50%인 36억 명의 부와 맞먹는다고 했다. 세계경제포럼World Economic Forum의 전망과 비슷하다. 이제 50%가 아닌 90%, 99%를 향해 질주할 것이다.

정부는 사라지는 일자리에 대한 땜질 처방이나 빚을 내서 복지를 확충하기 이전에 산업경쟁력을 만들 방법부터 찾아야 한다. 실업률이 증가하는 것을 어떻게든 막아보겠다는 생각은 잘못된 생각이다. 잘못된 생각에서 좋은 처방을 기대할 수는 없다. 더 근본적인 방법을 만들어야 한다. 방법을 만들지 않으면 순식간에 세금을 거둘 곳이 사라진다. 앞으로 세금을 거둘 곳은 사람이 아니라 공장이다.

분배의 정의와 정치

심각하게 생각해볼 문제가 생겼다. 계속 일자리가 줄면 정부는 누구에게 세금을 걷을 것인가? 어떻게든 세금을 걷었다면 일자리를 잃은 사람들을 위해 어떻게 쓸 것인가? 일자리가 준다는 것은 세금을 걷을 대상이 세금을 써야 할 대상으로 바뀐다는 말이다. 지금까지 없던 청년실업 대책이 이를 잘 보여준다. 그런데 앞으로는 모든 계층에서 동시다발적으로 실업이 증가한다. 이것을 정부가 어디까지 견뎌낼 수 있을까? 일자리가 사라진 공장에서 정부는 어떤 방법으로 세금을 걸을 것인가?

　로봇에 세금을 부과해 자본가에게 청구하던, 매출에 따라 별도의 세금을 부과하던, 해결책은 만들어질 것이다. 하지만 세금이 줄어드는 것을 피할 방법은 없다. 자동화로 모든 제품의 가격이 내려가는 상황에서 기업 매출이 줄고 일자리마저 사라지면 세금을 늘릴 방법은 마땅치 않다. 2035년 중반 이후부터는 더 예측하기 어렵게 일자리 문제가 전개될 것이다. 로봇과 인간이 각각 하는 일과 인간이 로봇을 활용해 하는 일에 경계가 생기면 다행이지만, 전혀 그렇지 않을 수도 있다.

　상상하기도 싫고 그렇게 되기를 바라지 않지만, 2035년 이후 최악의 시나리오는 거의 모든 일을 로봇이 대체해가는 상황이다. 이렇게 되면 인간은 일하고 싶어도 일할 수 없다. 소득이 사라지는 것이다. 자본은 점점 극소수의 자본가가 독점한다. 여기에 제품의 가격이 빠르게 내려가지 않으면 문제가 심각해진다. 소득이 사라진 사람 일부는 다시 산업화 이전처럼 살거나, 그것도 할 수 없는 사람은 정부의 도움으로 살아야 한다. 정부는 소득이 사라진 국민이 어떻게 최소한의 삶을 유지하게 할지 고민해야 한다.

　미래학자이자 구글의 엔지니어링 책임자인 레이 커즈와일Ray Kurzweil은 미래에는 나노기술Nanotechnology이 발전해 물질이든 에너지든 무한정 생산할 수 있을 것으로 전망한다. 이 말은 거의 제품 가격이 제로에 수렴해 일하지 않는 인간이 되어 행복해질 날이 올 것이라는 말이다. 하지만 실제로는 GRIN 기술로 일컫는 유전공학Genetics, 로봇공학Robotics, 정보기술Information Technology, 나노기술Nanotechnology 중에서 나노기술의 발전이 가장 느리다. 레이 커즈와일의 말이 현실이 되려면 나노기술의 발전에 인공지능이 가세해야 한다.

나노기술이 발전해 자원을 무한으로 활용할 수 있다고 해도 시점이 문제다. 나노기술조차 자본가의 것이니 실제로는 자본가에게 나머지 99% 인간의 미래가 달렸다는 말과 같다. 나노기술이 모든 것을 해결하기 전까지는 자본가가 로봇으로 만든 제품 가격이 낮아진다고 해도 제로가 되지는 않을 것이다. 원재료비, 로봇 제작비, 공장이 들어선 토지 사용료, 세금, 자본가의 노력과 투자비에 대한 이익도 제품에 부과될 것이기 때문이다. 신재생에너지를 사용한다 해도 에너지 사용료도 있다.

문제는 서로 반대방향으로 움직이는 세금이다. 특정 시점에서부터 걷히는 세금은 줄고 복지비는 급증해 균형재정은 절대 불가능한 일이 될 것이다. 그리고 한 번 시작되면 걷잡을 수가 없다. 이런 시점을 파악하고 미리 대비하는 것이 정부의 일이다. 지금 각국이 벌이는 공장유치 전쟁이 그 서막이다. 공장을 확실하게 붙잡아두면 줄어든 일자리라도 같이 잡아둘 수 있고 일자리가 완전히 사라져도 세금을 물릴 수 있다. 공장을 붙잡지 못하면 일자리는 순식간에 증발한다.

지금, 우리는 미래를 따라잡기 어려울 정도로 경쟁에 뒤처졌다. 아마 현명한 독자들은 알아차렸을 것이다. 왜 미국에는 3D 프린터, 자율주행 자동차, 인공지능, 로봇, 가상현실 등 온갖 뉴스가 계속 나오는데 우리나라는 조용한지 생각해봐야 한다. 왜 중국은 로봇, 센서 등의 기술기업을 무차별적으로 사들였다는 뉴스가 계속 나오는지 생각해봐야 한다. 왜 독일은 자동화된 공장을 계속 지으면서 세계 최고의 기업과 협력해 공장을 짓는 기술을 축적하는지 생각해봐야 한다. 왜 일본은 겉보기에 우스꽝스러운 로봇을 금융과 서비스에 그토록 접목하려고 하는지, 그리고 센서나 물류와 같은 로봇 기초산업에 투자하는지 생각해봐야 한다. 사람에 대한 투자는 말할 것도 없다.

과거에 갇힌 교육시스템

감옥에 갇히면 볼 수 있는 게 별로 없다. 높은 담장이 담장 밖을 볼 수 없게 하고 창살이 창밖을 제대로 보지 못하게 한다. 우리 교육은 사육장에 가둬 키우는 꿩 사육을 닮았다. 가두는 사육장도 모자라 모든 꿩의 눈에 눈가리개를 하나씩 씌운다. 그래야 머리 위나 먼 곳을 보지 못하게 되어 날개를 푸덕거리며 싸우거나 먼저 자란 꿩의 알을 쪼지 않는다. 이 정도로 해서 온순해지지 않으면 발톱을 자르고 부리도 자른다. 이렇게 자란 꿩은 날개가 있어도 날 생각을 거의 하지 않는다. 않는 것이 아니라 하지 못한다.

사교육이 문제니, 주입식 교육이 문제니, 특수목적고가 문제니 하는 논쟁은 미래와 일자리의 틀에서는 크게 의미 없는 논쟁이다. 이렇게 자란 아이들을 선발하는 대학입시제도도 논쟁해봐야 별 의미가 없다. 입사서류에 출신학교를 적지 않는다고 소외된 대학 출신들이 크게 유리해지는 것도 아니다. 이런 것이 공정한 사회를 만드는 데는 도움이 되지만, 일자리 문제를 해결하지는 못한다. 일자리 관점에서 일자리가 한 자리라도 더 느는 것이 아니기 때문이다. 교육은 수술대가 아니라 해체해서 다시 융합해야 한다.

우리가 배우는 것은 다 과거다. 수학도 과학도 언어도 역사도 다 과거다. 현재를 살며 경험하고 배워도 배우고 나면 과거다. 이렇게 과거를 배우는 이유는 과거에서 배워 미래를 대비하고 미래에 활용하기 위해서다. 치욕스러운 역사를 배우는 이유는 미래에 다시는 그런 일을 만들지 않기 위해서다. 하지만 과거에서 끝날 뿐 미래를 가르치는 학교도 선생도 없다. 문제는 여기에 있다. 원래 교육의 목적은 미래를 만드는 일이다.

개인도 마찬가지다. 개인이 가진 창조성이나 개성을 키워 미래에 활용하도록 가르치는 학교도 선생도 없다. 밖에서 그 길을 찾는 개인은 길을 찾더라도 스스로 비용을 감당해야 한다. 때로는 그 길에서 배우려면 학교 교육을 포기해야 한다. 학교 교육을 포기하지 않으려면 적당한 선에서 타협해야 한다. 그래서 다양한 미래, 다양한 꿈, 다양한 선택을 포기하고 정해진 좁은 길에서 하나의 좁은 문을 선택해야 한다.

아이들을 학교에서 평가하는 잣대는 그대로 기업에서 평가하는 잣대가 된다. 아이들을 모두 그렇게 교육하고 나서 다른 평가 잣대를 적용하는 것도 우스운 일이다. 그렇게 해서 무엇을 얻을 수 있을까? 기업도 특별한 인재를 원한다. 하지만 창조적이고 개성 있게 교육하지 않은 아이들을 채용 방법을 바꾼다고 해도 변할 것은 없다. 일자리를 늘리려면 미래에 청년들이 반드시 갖추어야 할 우선순위에 따른 교육을 해야 한다. 무엇보다 과학기술과 접목한 창의성 교육은 절실하다. 그래야 기업은 창의적인 아이디어를 얻기 위해 청년을 채용하고, 청년은 창업에 뛰어든다.

지금 벌어지는 '혁명'은 '변화'가 아니다. 현생인류가 30,000년 전에 출현해 경험하고 배우고 기록해서 남긴 지식에 인간의 창의성이 융합되어 산업혁명으로 폭발했고, 불과 300년도 흐르기 전에 인류의 역사를 인류의 손으로 결정해야 하는 마지막 순간에 다다랐다. 앞으로 30년은 산업혁명의 끝자락이자 인류 역사의 끝자락이다. 전 세계가 일자리 경쟁에 이미 돌입했다. 우리는 줄어드는 일자리를 유지하고 새로운 일자리를 만드는 두 가지 게임에서 모두 이겨야 한다. 지금 이기는 방법은 앞으로 5년의 정책에, 30년을 모두 이기는 방법은 교육에 있다. 교육이 중요한 이유는 아이들이 그대로 국가의 미래가 되기 때문이다.

09

사라지는 휴먼,
휴머니즘

가장 위험한 일자리는 서비스, 에너지, 금융 분야다.

일자리가 사라지면 유사한 직종으로 이동할 수 있을까?

전혀 불가능하다.

인터넷은행에 계좌를 개설한 사람이 직원을 만날 일이 있을까? 시중은행도 마찬가지다. 인터넷뱅킹이나 모바일뱅킹을 하는 사람이라면 은행에 갈 일은 많지 않다. 인터넷으로 쇼핑하거나 텔레비전으로 홈쇼핑하는 비율이 늘었다는 말은 매장에서 사람을 만나 설명을 들으며 쇼핑하는 비중이 줄었다는 말이다. 매장이 커지는 것도 한몫한다. 대형할인점에서 물건을 살 때 물건 하나하나에 관해 묻지 않는다. 우리가 제대로 사람을 마주하게 되는 곳은 계산대에서다. 하지만 대화가 길어지면 문제가 생긴 경우가 대부분이다.

이미 서비스산업은 우리가 모르는 사이에 사람을 제거해 나갔다. 사람이 필요하더라도 되도록 얼굴을 보지 않고 음성으로만 서비스를 제공한다. 이런 경우조차 대부분 제품이나 서비스에 문제가 생긴 때다. 아무리 물건을 사고파는 일이라고는 하지만 인간적인 대화가 사라진 현실이 서글프다. 가장 인간적인 대화의 수준은 '언제까지 고쳐서 보내주겠다'는 것이 전부다.

서비스산업에도 제조업과 마찬가지로 로봇이 물밀 듯이 들어올 것이다. 호텔, 물류, 판매 등은 일차적으로 로봇이 점령할 곳이다. 특히 음성인식 기술이 지금보다 아주 조금만 더 발전하면 로봇에 언어마저 장벽이 되지 않는다. 하나가 된 세계에서 언어장벽이 사라진 로봇의 등장은 인간이 제공하는 서비스의 가치를 급속하게 하락시킬 것이다. 드론과 같은 배달 로봇이 등장하면 유사 직종을 순식간에 사라지게 할 것이다. 배달 로봇은 더 많은 물건을, 더 빠르게, 더 정확하게, 원하는 시간에 배달해준다. 그조차 하늘과 땅을 가리지 않는다.

가장 긴 시간 사람을 만나 함께하던 사무실과 공장에서 사람이 사라진다. 제품을 사기 위해 매장에 나가 사람을 만나는 일도 줄었지만, 산 물건마저 드론과 같은 로봇이 배달한다. 집에서도 마찬가지다. 경비하는 사람 대신 무인경비시스템이 사람을 맞는다. 실제로는 사람을 맞는 것이 아니라 사람을 확인하는 것이다. 자동화된 집에서 가족과 대화하고 도움을 받는 일도 줄었다. 가족이 마주 앉아서도 각자 스마트폰을 만지작거리는 것처럼, 가족보다 음성 비서가 훨씬 친근하다.

사람이 사라지면 같이 사라지는 것이 있다. 사람 냄새, 휴머니즘이다. 휴머니즘Humanism은 인간의 존엄성을 최고의 가치로 여긴다. 인도주의나 인본주의라고도 한다. 사람이 중심이라는 말이다. 그런데 사람이 사라지는 속도보다 더 빠르게 휴머니즘이 사라진다. 한번 생각해보자. 휴머니즘이 사라진 세계에 왜 인간은 존재할까? 인간다움이 사라지면 무엇이 인간다움을 대신할까? 인간다움을 대신할 것이 있기는 한가?

일자리에서만 사람이 사라지는 것이 아니라 실제로 인구도 줄어든다. 2017년 74억 명에 도달한 인구[74]는 2020년에는 77억 명에 이른다. 하지만, G20에서는 인구가 정체되거나 줄어든다. 반면에 저소득층에서 중산층으로 편입하는 인구는 계속 는다. 이는 자원 소비가 극한으로 치닫는 시기가 다가온다는 의미다. 환경오염은 계속되고 탄소배출량은 증가한다. 실제로 인구와 환경 파괴도 휴머니즘에 영향을 미친다. 인간도 자연의 한 부분이라는 관점에서 악화한 자연, 사회, 경제 환경은 인구의 감소를 부른다.

유전공학Genetics과 의학의 발달은 인간과 로봇의 경계마저 허문다. 사이보그Cyborg가 그들이다. 〈사이보그 시티즌Cyborg Citizen〉[75]에서 크리스 그레이Chris Gray는 사이보그를 '자연적인 요소와 인공적인 요소를 하나의 시스템 안에 결합한 자가조절 유기체Self-regulating Organism'로 정의한다. 인공 장기를 이식했거나 신경 보철을 한 사람, 예방접종을 하거나 향정신성 약품을 복용한 사람은 모두 사이보그다.

이제는 인간과 휴머니즘을 논하려면 우리 자신부터 돌아봐야 한다. 이미 우리 대부분은 사이보그다. 아이는 태어나자마자 예방접종으로 사이보그가 된다. 크리스 그레이는 '사이보그가 군이 부분적으로나마 꼭 인간일 필요는 없다'며 기술적 관점에서는 로봇조차도 인간과 같은 사이보그라고 주장한다. 나노기술이 소재산업과 융합하고 유전공학과 의학이 조금 더 발전하면 인간의 몸과 로봇의 몸조차 구분하기 어려워진다. 휴머니즘은 인간을 떠나고 있다. 휴머니즘은 인간을 그리워할 것이다.

사람과 로봇, 일의 경계

미국에는 자율주행 자동차가 우리나라보다 2년 정도 먼저 일반화한다. 약간의 시차는 생기겠지만, 미국은 2023년, 한국은 2025년이 될 것이다. 자율주행 기술은 우선 철로와 같은 노선을 움직이는 기관사나 운전자를 거의 사라지게 한다. 이미 이 시기에 무인택시는 선택할 수 있는 교통수단이 된다. 배터리를 사용하는 전기 트럭들이 고속도로를 달리는 모습을 보며 사람들은 일자리 공포에 사로잡힌다. 요란한 소리를 내며 철로 위를 질주하던 증기기관차가 산업화의 상징이라면, 소리 없이 고속도로를 줄지어 질주하는 자율주행 전기 트럭은 대량 실업의 상징이다.

　도로를 질주하는 전기 트럭들은 물류 회사가 아닌 트럭 제조사에서 보험을 든다. 사고를 거의 내지 않는 이 트럭의 보험료는 다른 트럭의 5%에 불과하다. 피할 수 없는 고장으로 인한 사고에 대한 대비책이다. 인공지능과 사물인터넷은 근본적으로 사고를 예방하지만, 사고 크기를 줄이고 사고가 발생해도 대응 속도가 빨라 손해가 적다. 사고가 줄자, 화재보험, 운송보험, 해상보험, 자동차보험 등 대부분 손해보험 분야가 타격을 받는다. 손해보험은 최대의 위기에 직면할 수도 있다. 2023년, 사람들은 일자리가 무섭게 로봇으로, 인공지능으로 대체되는 현장을 보기 시작한다.

　사람이 하는 일과 로봇이 하는 일의 경계는 무엇일까? 사이보그라는 관점으로 인간을 보면 일의 경계는 없다. 하지만 인간이 하는 모든 일과 일의 결과가 인간의 것이었고, 계속 새로운 일을 만들어왔으며, 그 일에 동물과 기계를 활용했다는 관점으로 바라보면 흐릿한 경계가 만들어진다. 지금까지 그랬던 것처럼, 우리는 미래에도 인간은 일을 통해 부를 창출해야 한다고 생각한다. 일은 단순한 경제적 수단이 아니라, 사람이 '사는 이유'이고 '행복'과 연결되어 있기 때문이다.

　절대 바라지 않는 일이지만, 2035년 이후 기계가 인간이 하는 거의 모든 일을 대체해가면 어떻게 될까? 어떤 사람들은 인간이 일하지 않고 사는 유토피아Utopia가 온다고 주장하지만, 이것은 모든 것이 파괴되고 억압받는 디스토피아Dystopia다. 앞서도 설명했지만, 결국 누군가는 모든 정보, 지식, 돈을 통해 권력을 장악한다. 특히 이 과정에는 많은 사람이 일자리를 잃는 고통이 따른다. 이때 국가의 역할과 시민의 저항과 감시가 중요해진다. 지켜야 할 것은 자유이고 인간으로 사는 삶이고 시민의 권리다. 디스토피아를 피하는 유일한 길이다.

사라진 일의 부활

2017년 한국의 은행을 생각해보자. 금융산업 자체가 과거와 크게 달라진 것은 없다. 인터넷뱅킹이나 모바일뱅킹이 확산한 것은 은행 고객에 관련된 일이었지, 은행이 일하는 방법은 그대로였다. 그런데 딱 한 가지 변화가 생겼다. 인터넷은행이 출범한 것이다. 시중은행은 점포를 엄청난 속도로 줄일 것이다. 혁신에 게으른 은행이 할 수 있는 일은 이것이 전부다. 한 가지 지적하자면, 이 경쟁이 겉보기에는 인터넷은행과 하는 것으로 보이지만, 자기들끼리 하는 경쟁이다. 절대 혁신이 아니다. 안타깝게도 피해는 이 과정에서 일자리를 잃는 사람들에게 집중될 것이다.

2023년이 시작되기도 전에 일자리를 잃은 사람들은 생존을 위해 다른 방법을 찾아야 한다는 사실을 깨닫는다. 처음에는 유사한 다른 일자리를 찾아보지만, 문제가 심각해지고 있음을 직감한다. 가장 먼저 문제의 심각성을 깨닫게 하는 것은 상상하지 못한 일이 주변에 등장한다는 것이다. '어떻게 이런 일이 가능할까?' 일부는 아는 일이지만, 눈으로 보고도 믿을 수 없는 사람이 아직 많다. 다시 한 번 문제의 심각성을 깨닫게 하는 일은 자신이 알아보는 모든 일자리가 가장 먼저 사라지고 있다는 사실이다.

드론 물류에 관한 법이 통과되었다는 소식과 함께 어디서 나타났는지 물건을 기계가 배달하기 시작한다. 더 빠르고 정확해진 물류에 일부는 환호하지만, 이것은 또 누군가 일자리를 잃었다는 소식이다. 미국은 인공 장기를 3D 프린터로 생산해 이식해도 합법적이며, 하염없이 기증자를 기다리던 사람들이 새 생명을 얻었다는 뉴스에 오싹한 기분마저 든다. 결정적인 충격은 집 앞 3D 프린터 공장에서 벌어진다. 자동차도, 자전거도, 심지어 옷도 원하는 대로 프린트해준다. '어떻게, 누가 이런 기계를 만들었을까?'

갑자기 인간이 아닌 생물이 사는 행성에 온 느낌이 든 순간, 할 수 있는 일이 없을지도 모른다는 무기력감이 엄습한다. 운송장비, 기계, 보험, 판매, 그 어디에도 출구가 보이지 않는다. 일부는 신속하게 생각을 바꾼다. 2010년대 이전부터 계속 증가하는 농촌으로의 귀향을 택한다. 어차피 은퇴하면 고향으로 갈 생각을 했던 사람들은 괜찮은 선택이라고 생각하며 고향 마을을 찾는다. 하지만 자동화되어가는 농촌에서 경쟁력을 갖추기가 쉽지 않겠다는 생각을 한다.

2030년을 넘어가자 농촌에서 재배하는 농산물 대부분은 2010년대에 그토록 싫어했던 유전자변형농산물Genetically Modified Organism[76]이다. 사람이 농사일에 관여하는 것은 별로 없다. 판로조차 정해져 있어서 구역 담당자처럼 생육을 관리만 하면 된다. 농촌의 모든 농가는 소속 회사가 정해져 있고, 제공한 토지와 관리면적에 따라 보수를 받는다. 재배되는 유전자변형농산물은 이미 안전성이 검증되었고, 일반 농산물을 재배해서는 이들처럼 소득을 올릴 수 없다.

놀라운 점은 그런데도 일부가 일반 농산물로 과거처럼 농사를 계속하고 있다는 사실이다. 유전자변형농산물이 일반화되면서 사라졌던 수요도 조금 늘었다. 작고 못생긴 이 농작물을 보려고 일부러 사람들이 찾아오기도 한다. 농촌에 잘 적응해 살면서 숲을 가꾸며 살던 사람들은 재미있는 삶을 산다. 숲을 찾는 사람이 요일을 가리지 않고 늘어난 것이다. 우주여행도 마음만 먹으면 하는 세상에 시골 마을 맑은 물을 찾아 걸으며 여행하는 사람도 늘었다.

정말 신기한 일은 병원에서 생겼다. 의사, 간호사, 간병인을 밀어내고 들어차던 로봇에 제동이 걸렸다. 사람을 불러달라는 환자가 계속 느는 것이다. 그래도 목욕과 같은 힘든 일은 로봇이 하지만, 사람이 하는 일 대부분이 복원되어 원하기만 하면 사람 의사, 간호사, 간병인을 곁에 둘 수 있다. 이 일은 대부분 이 일을 하다가 자리를 떠났던 사람들의 일이다. 학교도 선생님이 가르치는 과목이 다시 늘었다. 수학, IT, 과학기술, 우주, 지리와 같은 과목은 계속 로봇이 담당하지만, 부모들의 요구로 교사의 자리가 생겼다. 역사, 윤리, 사회, 예술, 체육과 같은 과목이다.

상상력을 동원해 2030년 너머까지 가봤다. 이렇게 되기 쉽지 않다고 생각할 수도 있지만, 이 일은 본래 인간과 휴머니즘에 관련된 일이다. 인간과 휴머니즘이 살아있다면 반드시 회복될 일이다. 나머지는 과학기술이 만들고 융합하고 바꾸면서 가는 일이다. 과학기술이 만드는 일은 과거에 존재하던 일이 아니라 새로운 일이다. 새로운 일이 어렵다면 크게 이 두 가지 길에서 미래를 찾아야 한다.

줄어든 일, 연결된 일자리

일이 해체되는 대표적인 징후 9가지를 살펴봤다. 사물인터넷으로 연결되는 초연결 사회, 각 분야에 등장해 인간을 넘어 점점 하나가 되어가는 인공지능, 무엇이든 만들어주는 3D 프린터, 물리 세계와 구분할 수 없는 가상세계, 탄소의 역사를 바꾸는 무한한 신재생에너지, 무한경쟁과 커지는 고객의 힘, 국가보다 커지는 디지털 권력, 끊어지고 허물어지는 계층사다리, 사라지는 사람과 휴머니즘, 이 9가지 모두가 극한으로 힘을 키우고 있다.

우리가 눈으로 목격하는 '해체'는 '일과 일자리'가 될 것이다. 하지만 실제로 이것이 해체하는 것은 산업혁명이 지금까지 만든 '산업'이다. 아주 짧은 기간에 이루어지는 산업의 해체는 상상하기 어려운 혼란과 고통을 만든다. 하지만 해체가 종말은 아니다. 해체는 새로운 산업, 새로운 일을 '융합'한다. 그래서 미래의 일은 현재의 관점에서 보면 제대로 보이지 않는다.

해체의 징후 중에서 한 가지라도 섬뜩하게 느껴진다면 다른 징후들도 면밀하게 살펴봐야 한다. 나와, 내 일과 전혀 상관이 없는 일이라고 느껴진다면 더 세밀하게 공부해야 한다. 해체는 우리가 감지할 수 있는 방식으로 이루어지지 않기 때문이다. 무엇보다 어떻게 미래를 준비할지도 생각해야 한다. 그리고 행동해야 한다. 이미 시작된 해체는 가속도가 붙기 시작했다. 가속도가 어디까지 붙을 것이며, 어디까지 해체할 것인지 아는 사람은 아무도 없다. 확실한 것은 해체하는 사람과 기업도 해체의 대상이라는 것이다.

강조하고 싶은 것은 2030년까지 절반이 기존의 일자리를 잃는다는 경고는 '무조건 현실'이 된다. 그 과정에서 정규직이나 비정규직과 같은 것은 부차적인 문제로 전락한다. 자동차산업, 철강산업, 해운업과 같은 거대한 산업이 통째로 사라진다면 믿겠는가? 실제로 2017년 한진해운에 소속된 직원들은 배에서 내리지도 못하고 회사의 마지막을 맞아야 했다. 현대상선은 거듭된 구조조정이라도 거치며 버텼지만, 한진해운은 모든 것이 순식간에 끝났다. 자본가의 문제를 논하기 이전에 이것이 현실이다.

산업혁명이 만든 일자리는 뜻밖에 단순하다. 하나밖에는 할 수 없는 근로자를 만든 것이 지금까지의 일자리다. 용접만, 운전만, 영업만, 운전만 했다. 현장에 있는 사람은 잘 안다. 택시를 운전하는 것과 화물차나 중장비를 운전하는 것은 너무나 다른 것이며, 건설현장의 용접은 조선소의 용접과는 거의 관계가 없으며, 자동차를 파는 일과 휴대전화를 파는 일과 보험을 파는 일은 다른 세상의 일이라는 사실 말이다. 기획, 인사, 회계, 재무는 같은 사무직의 일인가? 이것 또한 마찬가지다.

일자리가 사라진 이후의 일자리는 어떤 모습일까? 일자리를 잃은 사람은 처음에 같은 직종으로 이동하려고 할 것이다. 세계경제포럼World Economic Forum이 가장 위험한 산업 직군으로 선정한 3가지 분야를 살펴보자. 의사나 간호사와 같은 전문직이 일하는 의료서비스 분야, 석탄과 석유와 같은 에너지 분야, 은행이나 보험과 같은 금융서비스 분야가 상위 3분야다. 신재생에너지인 태양광 발전으로 석유 사용이 계속 줄어든다면 같은 석유 관련 직종으로 이동할 수 있을까? 거의 불가능하다.

자기 일자리를 없앤 분야로 이동하는 것은 어떨까? 원유에 관련된 에너지 분야에서 일하다가 태양광 에너지 분야로 옮길 수 있는지 살펴보자. 원유 시추, 원유 수입, 정유, 석유 수송, 주유소 경영까지, 태양광 발전과 아무 관련이 없다. 태양광을 땅속에서 캐는 것도 아니고 공장에서 정제하는 과정도 없고 주유소처럼 팔지도 않는다. 이동은 전혀 불가능하다. 연관분야로 가는 길도 사정은 마찬가지다.

일자리는 보편적인 일자리와 특수한 일자리로 나뉠 것이다. '보편'이나 '특수'와 같은 이름은 크게 중요하지 않다. 후자인 특수한 일자리는 자신들이 만든 일자리다. 새로운 산업에서 만들어진 일자리가 여기에 해당한다. 새로운 미래와 변화를 읽고 준비한 사람들의 몫이다. 기업가도 있고 전문가도 있다. 자영업을 하는 사람도 있다. 새로운 시대에 맞는, 기존의 산업에 새로운 기술을 접목해 새롭게 일하는 사람들이다. 나는 이들을 현명하고 용기 있는 사람들이라고 생각한다.

다른 일자리는 보편적인 일자리다. 보편적인 일자리는 '연결'로만 일을 얻을 수 있다. 연결로 얻는 것이 '직업'은 아니다. 지금으로는 기간제 일자리나 시간제 일자리에 해당한다. 어떤 산업이든 공통으로 필요한 전문적인 지식과 기술이 있는 사람도 포함한다. 해체된 산업에서 일했던 많은 사람이 보편적 일자리를 찾을 것이다. 이들의 '일'이 필요한 기업과 개인은 마치 기간제나 시간제 일자리처럼 연결된 방법으로 일을 나눌 것이다. 시간이 갈수록 시간과 일이 분화하고 점점 세밀한 작업을 요구할 것이다. 그러다가 로봇에 자리를 내주어야 할 것이다.

2023년, 2025년, 2035년에 독자들은 어떤 일자리를 원하는가?

PART III

일을 융합하는
9가지 혁신

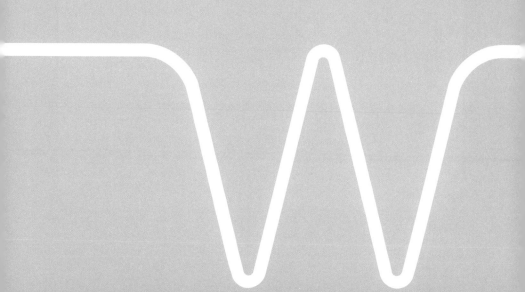

01

유통이
융합하는 세계

온라인이 유통을 집어삼켰지만, 이제 온라인보다 한 단계 더 진화한
가상세계에서 경험과 융합된 유통을 만나게 된다.
제품에 경험을 어떻게 융합하느냐가
제품과 기업의 미래이자 유통의 미래다.

세상을 바꾸는 1,000개의 아이디어

1988년, 월스트리트의 투자은행 뱅커스 트러스트Bankers Trust에 26살의 최연소 부사장이 탄생했다. 1994년, 그는 인터넷 사용자가 1년 사이에 수천 배 폭증했다는 보고서를 보자마자 온라인 사업에 뛰어들기로 하고 사직서를 냈다. 사장이 나서서 말렸다. "그런 일은 아직 성공하지 못한 사람이나 할 일이지 않은가?" 하지만 그는 "80세가 되었을 때 후회하지 않을 선택을 하겠다."며 시애틀 외곽 창고에서 창업했다. 그가 쿠바계 미국인인 아마존Amazon의 창업자 제프 베저스Jeff Bezos다.

1995년, 온라인 서점으로 출발한 아마존은 설립 2개월 만에 일주일에 2만 달러에 달하는 책을 팔았다. 그로부터 20년이 흐른 2015년에는 세계 최대 유통업체였던 월마트Walmart를 제치고 매출 1,000억 달러가 넘는 세계 최대 유통업체가 되었다. 2020년이 되면 매출이 2,000억 달러에 가까워질 것이다. 이런 매출 증가세는 오프라인으로 가능한 일이 아니다. 아마존은 이제 전자제품과 일반 소매 제품 비중이 가장 크다.

아마존은 어떻게 오프라인 업체나 다른 온라인 업체를 압도할까?

그리고 어떻게 온라인 유통업을 고객의 마음과 융합해갈까? 첫째는 고객의 행동과 마음을 읽어내는 '아마존의 추천시스템'을 통해서다. 아마존은 매출의 35% 이상이 추천시스템에서 만들어진다. 특정 제품에 특화된 유통업체가 아닌 아마존이 어떻게 고객의 마음을 읽어내는지 의아할 정도다. 이것은 고객의 마음을 읽어내는 것이 아니라 얻는 것이다.

둘째는 '풀필먼트Fulfillment by Amazon' 서비스로 불리는 혁신적인 물류시스템을 활용한다. 오프라인 제품을 생산하는 대부분 업체는 온라인으로 풀필먼트 서비스를 통해 아마존과 거래하길 원한다. 제삼자가 아마존과 거래를 계약하고 풀필먼트 센터에 입점하면 아마존은 판매, 포장, 배송을 위탁받아 처리한다. 풀필먼트 센터는 전 세계에 170개 이상 구축된 상태다. 풀필먼트 서비스가 중요한 이유는 일일 배송 서비스인 '아마존 프라임Amazon Prime'이 여기서 이루어지기 때문이다.

셋째는 '아마존 클라우드Amazon Web Service'와 같은 혁신 생태계를 계속 확충하기 때문이다. 아마존 클라우드는 블랙프라이데이Black Friday처럼 짧은 시기에 집중되는 대규모 데이터를 모으고 분산해 처리하지만, 데이터가 줄어드는 평상시에는 클라우드를 중소기업 등에서 활용하도록 하는 서비스다. 유통에 클라우드 서비스가 중요한 이유는 데이터를 기반으로 유통 생태계를 구축하기 때문이다. 특히, 드론Drone 배송과 같은 서비스가 보편화하면 클라우드는 가장 큰 경쟁력이 된다. 넷플릭스Netflix[77]도 아마존 클라우드를 이용한다.

아마존의 인공지능 비서 알렉사Alexa나 에코 쇼Echo Show는 집안의 각종 전자제품을 연결해 작동시키고 음악, 메일, 화상통화, 검색, 쇼핑, 일정관리, 음악 감상을 도와준다. LG전자는 2017년에 자신들의 모든 가전제품에 알렉사를 탑재한다고 했다. 아마존은 유통이 무엇을 융합하는지 잘 보여준다. 적어도 아마존에 유통의 경계는 파괴되고 없다. 끝없는 융합이 계속될 뿐이다. 아마존과 경쟁이 어려운 이유다.

우리나라라면 온라인 서점이 유통회사로 변신하고, 전자책을 보는 킨들Kindle이나 인공지능 비서 알렉사와 같은 전자제품을 만들고, 클라우드 서비스에 진출하고, 검색과 빅데이터를 분석하는 인공지능 프로그램을 개발하고, 배송을 위해 드론을 직접 개발하고, 온라인과 오프라인을 가리지 않고 50여 개가 넘는 기업을 인수·합병한다면 무슨 일이 벌어질까? 아마 사업자등록증을 내고 변경하는 일부터 '업태와 종목'이 맞지 않는다며 회계법인이나 세무공무원과 상담하느라 진땀을 흘릴 것이다. 일자리는 계속 만들어지는 것이지 과거의 일자리 몇 가지로 규정되는 것이 아니다.

제프 베저스는 혁신을 이렇게 말한다. "혁신이란 1,000개의 작은 아이디어가 융합해 세상을 바꾸는 것이다." 일자리는 세상이 바뀌면서 사라지는 것이기도 하지만, 이렇게 새로 융합되어 만들어지는 것이기도 하다. 사라지는 일자리를 경계하는 것보다 새로운 일자리로 옮겨가는 것이 현명하다. 그리고 세상을 나눈 경계가 사라져야 일자리에도 경계가 사라진다.

유통을 융합하는 유통 기계들

유통은 가장 먼저 일자리가 줄어들 분야다. 유통은 구조가 잘 세분되었고 단순하며 사람보다 기계가 더 정확하게 할 수 있다. 다만,

제품을 실제로 보고 만져보고 입어보고 작동해보고 구매하기를 원하는 사람들이 존재한다. 유통이 어떻게 이루어지는지 살펴보자. 유통을 들여다보면 생산된 제품을 물류를 통해 창고에 모으고, 분류하고, 적재하고, 주문을 받고, 결제하고, 해당 제품을 창고에서 꺼내고, 포장하고, 배송하는 구조다. 오프라인으로 사는 경우는 조금 다르다.

창고로 제품을 이동시키는 물류는 대형 트럭으로 주로 이루어지는데, 자율주행 트럭이 등장하면 운송과 관련된 물류 일자리는 극히 일부만 남고 사라진다. 창고는 대부분 자동화되었다. 사람이 있지만, 발생한 문제를 파악하거나 시스템을 구동하거나 대형 제품을 기계로 운반하는 사람이다. 주문은 자동화된 시스템으로 결제까지 완료된다. 이 과정에서 발생하는 사무직 일자리인 회계처리도 대부분 자동화된 셈이다. 현재는 포장하는 과정만 반자동이다.

아마존은 배송을 차별화해 경쟁력으로 만들었다. 우리나라도 마찬가지지만, 이베이eBay[78]와 같은 대형 쇼핑몰은 온라인에 진열한 물건을 파는 과정만 대행하고 제품 판매자가 직접 소비자에게 제품을 포장해 배송하고 반품을 처리한다. 물론 배송은 대부분 배송업체에서 한다. 반면에 아마존 프라임을 활용하면 자신들이 직접 다음날까지 무료로 신속하게 배송해준다. 신선식품을 구매하고 아마존 프레시Amazon Fresh를 이용하면 당일에 배송해준다. 아마존 프라임 에어Amazon Prime Air가 띄우는 드론은 반경 16km를 30분 이내에 책임질 것이다.

포장된 제품은 규격이 모두 다르다. 배송지도 제각각이다. 그렇다면 계속 쏟아지는 주문에 따라 포장된 제품을 어떻게 분류할까? 거점 집하장에 모인 포장된 제품은 자동분류기에 들어간다. 포장지에 부착된 바코드 등으로 배송지가 식별되면 지역별로 자동으로 분류되어 지역 집하장으로 보내져 소비자에게 배송된다. 이런 시스템은 우편집중국에서 우편번호를 인식해 우편물을 분류하는 것과 마찬가지다.

유통에 사람이 필요한 일자리는 거의 사라져 가고 있다. 남은 것은 물건을 나르는 일부 일, 시스템을 운영하는 일, 에러를 확인하고 조치하는 일 정도다. 그중에서 물건을 나르는 모든 일은 곧 기계의 몫이 된다. 트럭운전에서 드론 배송까지 모두 기계가 맡는다. 시스템을 운영하는 일도 인공지능이 능력을 키우는 만큼 줄어든다. 에러를 확인하고 불만에 대응하는 일은 지금도 대부분이 기계의 몫이다.

유통은 이제 인공지능과 같은 프로그램과 배달하는 기계가 주변 산업을 어떤 방식으로 융합하는가의 게임이 될 것이다. '대형 할인점에 가서 사는 것보다 더 빠르고 정확하고 저렴하게 배달하는 것'은 앞으로는 전통적 유통의 개념으로 정의될 것이다. 사람은 어떤 서비스를 유통에 융합할 것인가를 결정하고, 결정된 그 일에 투입될 기계나 프로그램을 개발하는 일을 할 것이다. 배송에 드론이나 무인 배달 차를 도입하고, 알렉사를 개발해 말 한마디로 쇼핑해주고 비서를 대신해주는 것처럼 말이다. 주문과 배송 상황은 앞으로는 알렉사에 물으면 된다.

가상세계에 입점하는 기업들

유통은 오프라인을 중심으로 대규모 매장을 운영하는 코스트코Costco Wholesale[79]와 같은 기업, 온라인에서 출발해 유통의 효율과 오프라인 고객 경험에 집중하는 아마존과 같은 기업, 페이스북처럼 스토리를 담은 생태계를 새로 만들면서 가상의 고객 경험에 유통을 접목하려는 기업으로 나뉠 것이다. 일본의 돈키호테 홀딩스Don Quijote Holdings 처럼 제품을 저렴하게 대량매입해 독특한 시장을 만들어가는 기업도 있다.

이런 유통기업 중에서 눈여겨봐야 할 곳은 페이스북과 같은 기업들이다. 온라인 초기에는 그저 오프라인 제품을 온라인으로 파는 가상 매장이 전부였다. 그러다가 주목받는 두 가지 형태의 온라인 매장이 등장했다. 하나는 이베이처럼 다양한 제품을 편리하게 등록하고 비교하고 결제하는 방식을 활용해 판매자 중심으로 진화한 곳이고, 다른 하나는 고객의 구매 성향을 분석하고 제품을 추천하고 신속한 물류와 배송체계를 갖춰 고객 중심으로 진화한 아마존과 같은 곳이다. 두 부류가 혼재하지만, 후자가 승자다. 이유는 간단하다. 아마존에서는 다른 곳에서는 도저히 불가능한 고객 경험Customer Experience을 제공하기 때문이다.

아마존은 고객 경험을 '추천'을 통해서 보여줬다. 아마존에서 추천받는 제품들은 고객의 속마음을 다 아는 것처럼 신기하다. 오프라인으로는 아마존 프라임, 아마존 프레시를 통해 보여줬다. 이제 드론 배송과 같은 경험도 보여줄 것이다. 하지만 아마존보다 먼저, 가상 공간에서 물리 세계처럼 경험할 방법을 보여준 것은 페이스북 스페이스Spaces다. 가상 경험이 고객 경험에 중요한 이유는 배송용 드론을 직접 개발해야 하는 것과 같은 제약 없이 발전할 수 있기 때문이다.

페이스북의 놀이공원에는 음식점부터 스포츠용품과 인형에 이르기까지 다양한 가상 점포들이 입점할 수 있다. 아바타가 가상 제품을 먼저 만져보고 입어보고 실제 제품을 주문할 수도 있을 것이다. 학교에서는 각종 학습교재와 캐릭터 제품 등을 체험할 수 있을 것이다. 나아가 방송국을 체험하러 가서는 공연을 본 후 좋아하는 가수의 음반이나 음원을 사고, 연예인 팬클럽에 가입할 수도 있을 것이다. 물론 이것은 가상광고를 통해 이루어진다. 이렇게 실제로 가상세계의 경험에는 한계가 없다. 이제 유통은 온라인 홈페이지나 모바일 홈페이지에서 편리함을 추구하는 수준이 아니다.

유통은 첨단 기술이고 경험이 되었다. 지금도 페이스북에서 광고를 통해 제품을 직접 구매할 수 있지만, 페이스북이 하는 일은 광고다. 하지만 가상세계에 접목한 광고는 경험이고 실제 유통이 된다. 고객 경험은 고객 충성도를 높인다. 이제부터는 지금까지의 온라인보다 한 단계 더 진화한 가상세계에서 경험과 융합된 제품을 만나게 된다. 제품에 경험을 어떻게 융합하느냐가 제품과 기업의 미래이자 유통의 미래다.

02

77억과
미디어의 미래

개인 미디어가 성장하는 이유는 간단하다.
미디어를 소비하는 소비자를 소비자가 가장 잘 알기 때문이다.
이제 미디어는 2020년에 77억 개를 향해 간다.
개인이 미디어고 콘텐츠다.

칫솔과 경쟁하는 미디어

전 세계인이 사용하는 칫솔 수와 휴대전화 중에서 어떤 것이 더 많을까? 레고로 만든 우주선을 지구궤도에 올려 스타가 된 벤처사업가 스티브 사마티노Steve Sammartino는 〈위대한 해체Great Fragmentation〉[80]에서 "전 세계에서 사용되는 칫솔의 수보다 휴대전화 가입자가 더 많다."고 했다. 실제로 전 세계에서 사용되는 칫솔 수는 대략 42억 개다. 하지만, 세계이동통신사업자협회GSMA는 2017년 발간한 〈모바일 경제Mobile Economy〉[81]에서 2017년 전 세계 휴대전화 가입자 수가 50억을 넘는다고 전망했다.

2017년 74억 명에 도달하는 인구를 기준으로 보면 67.6%가 휴대전화를 사용한다는 말과 같다. 휴대전화 보급률이 세계 최하위 수준인 북한도 2016년 4분기를 기준으로 370만 대가 보급된 것으로 세계이동통신사업자협회가 집계한 것을 보면 충분히 이해할 수 있는 수치다. 2020년, 인구가 77억 명에 도달할 때 인구의 70% 정도만 보급되어도 약 54억 대가 보급되는 셈이다.

과거의 휴대전화와 달리 현재의 휴대전화는 그 자체로 미디어다.

휴대전화는 미디어를 보는 도구이고, 모든 미디어를 연결하는 도구이고, 미디어 콘텐츠를 제작하는 도구이다. 휴대전화만 있으면 실시간 방송을 송출하는 것은 아주 간단한 일이다. 원한다면 방송을 송출할 미디어도 원하는 대로 선택할 수 있다. 페이스북을 선택할 수도, 유튜브YouTube를 선택할 수도, SNS를 미디어로 선택해 친구들끼리 시청할 수도 있다.

실제로 미디어의 수는 2015년을 기준으로 60억 개를 넘었다. 60억 개의 미디어 중에서 가장 폐쇄적이고, 일방적이고, 보는 사람을 고려하지 않는 미디어는 과거부터 존재하던 대중 미디어다. 대중 미디어는 신문, 잡지, 라디오, 텔레비전이다. 대중 미디어는 주로 대기업의 광고에 의존하여 생존한다. 그런데 미디어의 고객은 광고가 싫다. 미디어가 자랑하듯 광고를 내보내는 순간, 깨달아야 할 것이 있다. 이미 채널은 광고가 시작되기도 전에 옆으로 넘어갔다는 사실이다. '본방사수本放死守'를 외치는 콘텐츠도 선거 개표 방송 정도는 되어야 고려할 대상이다.

이제 미디어는 미디어끼리 융합하는 수준을 넘어섰다. 유튜브에서 필요한 방송만 골라 볼 수도 있고, SNS는 같이 보기를 원하는 사람만 모여 보는 미디어가 되기도 한다. 심지어 같이 만들면서 보기도 한다. '쌍방향'을 가장 강력한 무기로 성장한 새로운 미디어는 만드는 쪽, 내보내는 쪽, 보는 쪽을 구분하지 않는다. 새로운 미디어는 미디어가 유리창처럼 서로를 보는 도구여야 한다는 것을 이미 증명했다. 고객은 자신들이 참여할 수 없는 미디어는 원하는 것만, 원하는 시간에, 원하는 방법으로 찾는다.

대중 미디어는 '대중'이라는 가상의 관객을 미리 설정하고 콘텐츠를 만들어 내보내지만, 새로운 미디어는 '주제'를 중심으로 관심이 같은 사람끼리 콘텐츠를 소비한다. 심지어 같이 소비할 사람도 모은다. 대중 미디어가 이길 수 없는 이유다. 칫솔보다 많은 미디어가 존재한다는 사실은 미디어가 칫솔만큼 흔한 존재라서 잘못하면 일회용 칫솔이 될 수도 있다는 의미다.

데이터가 바꾸는 미디어 세상

데이터 중심 콘텐츠의 미래를 만드는 뛰어난 회사는 많다. 영화와 드라마를 보는 방법을 바꾼 넷플릭스Netflix, 2,500만 개 이상의 음원으로 데이터 중심 음악 시장을 선도하는 스포티파이Spotify[82], 사양 산업이 되어버릴 것 같던 잡지를 혁신한 출판사 퓨처Future, 스탠퍼드Stanford와 듀크Duke를 비롯한 세계 최고의 대학 강의를 공짜로 만들어버린 무크Massive Open Online Course의 선두주자 코세라Coursera[83]가 그들이다.

이들의 공통점은 콘텐츠를 데이터로 바꿔 미디어가 되었다는 점이다. 넷플릭스는 DVD를 대여하던 사업을 스트리밍 사업으로 바꿔 새로운 미디어 세상의 선두주자가 되었다. 매년 거의 10배씩 성장한 스포티파이는 음원을 CD가 아닌 데이터 스트리밍으로 바꿔 성공했다. 스포티파이는 불법다운로드에 시달리던 음반 회사들을 설득해 스트리밍 서비스에 합류시킨 혁신적인 기업이다.

잡지를 혁신한 퓨처를 아는 사람은 많지 않다. 하지만 애플의 모바일 기기를 사용하는 사람이라면 뉴스스탠드Newstand 매거진을 모르는 사람은 거의 없다. 퓨처는 매거진 스토어의 디자인은 물론 콘텐츠 대부분을 만들면서 모바일 기기 사용자들이 잡지를 구독할 혁신적 방법을 만든다. 또한, 광고에 주로 의존하던 잡지들이 잃어버린 '콘텐츠로 경쟁하는 생태계'를 복원해 다시 광고주를 연결한다.

최고의 혁신은 코세라가 만들었다. 코세라는 전 세계에서 100개 이상의 대학과 제휴를 맺어 온라인으로 강의를 제공한다. 대학 강의실에서 수업을 들을 수 있는 사람은 극소수에 불과하다. 하지만 코세라와 같은 온라인 강의 플랫폼에 콘텐츠가 올라가면 수많은 사람의 삶을 바꾸는 촉매제가 될 수 있다. 이들은 지식의 접근성을 바꿔 사회를 바꾸고 있으며, 지식의 차별 없는 공유로 평등한 세상을 만든다.

비영리단체인 코세라는 어떻게 운영될까? 이들은 파트너로 참여하는 대학에서 제공하는 수료증서를 학습 수료자에게 저렴한 비용으로 발급한다. 좋은 강의를 다양하게 제공하기 어려운 전문대학과 같은 학교들은 콘텐츠를 빌려서 학생들에게 제공한다. 4년제 대학은 코세라의 강좌를 예비강좌로 도입하여 학문의 폭을 넓히고 콘텐츠의 다양성을 확보한다. 이제 자동차와 숙박시설뿐만 아니라 콘텐츠의 세계에도 공유 경제가 도입되고 있다.

블로그도 강력한 미디어가 될 수 있다는 사실을 허핑턴 포스트The Huffington Post[84]는 증명한다. 2005년 자유 블로그 뉴스로 설립된 허핑턴 포스트는 엔터테인먼트에서 정치, 비즈니스 등으로 범위를 계속 확대해 전 세계 4만 명의 블로거와 기자들이 집필한다. 인터넷으로만 서비스하는 신문, 잡지도 계속 늘어간다. 특히 스포츠, 연예, 기술이나 비즈니스 등 핵심 분야에만 집중하는 새로운 미디어들은 높은 전문성과 신뢰도를 구축하면서 기존의 거대 미디어를 조각조각 부수면서 새로운 일자리를 만들고 있다.

넷플릭스나 스포티파이와 같은 콘텐츠 회사들은 불법다운로드로 파괴되던 산업에 기술을 결합해 새로운 희망을 싹틔우고 일자리를 만들었다. 물론 DVD나 CD 제작과 같은 매체제작산업에서는 일자리가 급속하게 줄었다. 하지만 스트리밍 서비스가 만들어지지 않았더라도 DVD나 CD는 USB와 같은 저장장치에 자리를 내주었을 것이다. 그뿐만 아니라 콘텐츠는 계속 불법으로 이용되었을 것이다.

퓨처와 코세라는 다른 방법으로 일자리를 만들었다. 퓨처는 종이로 만든 잡지가 사양산업이 되어가던 것을 온라인으로 완벽하게 살려냈다. 특히 영상기술과 융합한 잡지는 전통적인 활자와 이미지 중심의 콘텐츠가 어떻게 미디어가 될 수 있는지 가능성을 보여줬다. 코세라는 직접적인 일자리 창출보다는 교육 기회를 획기적으로 확대해 역량 개발을 할 수 있도록 함으로써 질 좋은 일자리 확대에 이바지했다.

77억의 77억을 위한 미디어

거대 미디어는 작은 미디어에 의해 최대 위기에 직면했다. 2006년 조나 페레티Jonah Peretti가 설립한 버즈피드Buzzfeed[85]는 '가장 뜨거운 뉴스를 다루는 가장 뜨거운 미디어'로 불린다. '반드시 먹어봐야 할 7가지 음식'이라는 타이틀이 붙은 콘텐츠가 등장했다면 한번 봐야겠다는 생각이 들지 않는가? 버즈피드는 자신들의 콘텐츠에 상상력 넘치는 스토리를 입혀 훌륭한 콘텐츠로 다시 탄생시킨다. 이렇게 만들어진 콘텐츠는 유튜브와 같은 다양한 채널로 내보내는데, CNN조차 버즈피드와 제휴해 씨엔엔버즈피드CNNBuzzfeed[86]를 운영할 정도다.

다중채널 네트워크로 불리는 MCNMulti Channel Network은 1인 창작자들을 모아 창작을 지원하고 채널을 운영해준다. 2011년 유튜브에서 프로그램을 만들었던 조지 스트롬폴로스Geroge Strompolos는 풀스크린Fullscreen[87]이라는 MCN 기업을 창립했다. 풀스크린이 제공하는 게임과 음악 등의 엔터테인먼트 프로그램은 청소년을 주 고객으로 한다. 놀랍게도 구독자는 전 세계에서 6억 명 이상이다.

풀스크린보다 조금 더 나이가 있는 청년층에 특화한 어섬니스 TVAwesomeness TV[88]도 있다. 2012년 브라이언 로빈스Brian Robbins와 조 다볼라Joe Davola가 설립한 이 채널은 설립된 지 1년 만에 드림웍스 애니메이션이 인수해 계속 사업을 확장하고 있다. 10만 개에 가까운 채널을 운영하는 어섬니스 TV는 가장 온라인 소비에 자유롭고 친숙한 청년세대를 고객으로 삼고 있다.

미디어가 가장 먼저 알아야 할 것은 콘텐츠가 더는 미디어의 전유물이 아니라는 사실이다. 20년 전, 사용자제작콘텐츠User Created Contents라는 용어가 등장했다는 의미는 개인 미디어가 그 숫자와 영향력을 상상하기 어려운 속도로 키울 것이라는 뜻이었다. 개인 미디어가 성장하는 이유는 간단하다. 미디어를 소비하는 소비자의 마음은 소비자가 가장 잘 알기 때문이다. 이제 미디어는 2020년 77억 개를 향해 간다. 우리가 미디어이고 콘텐츠 생산자다.

03

영원한
비너스의 탄생

헬스케어산업의 발전은 인간의 건강과
수명 연장을 이루어내면서 동시에 산업을 키운다.
또한, 아직 혜택을 제대로 받지 못하는
인구 대부분이 잠재 수요자다.

내 몸의 기원에서 암 정복까지

2017년 4월, 미국 식품의약청Food and Drug Administration은 유전자 및 혈통 정보를 제공하는 23앤미23andME가 10가지 유전병에 관한 정보를 개인 소비자에게 제공해도 좋다고 허가했다. 23앤미는 '유전인자 보유 내역'을 통해 특정한 유전적 질병 위험에 노출되었는지에 관한 정보를 제공한다. 이 질병은 파킨슨병Parkinson's disease, 후발성알츠하이머병Late-onset Alzheimer's disease, 비열대성 스프루Celiac disease, 유전성 혈액색소침착증Hereditary hemochromatosis과 같은 것이다.

인간을 괴롭히는 질병은 많다. 특히 수명을 단축할 정도로 심각하고 광범위한 질병은 인간의 가장 큰 적이다. 하지만 질병은 인간에 의해 극복되고 수명이 연장된다. 인간의 수명 연장은 의약품과 관련한 시장을 키운다. 전 세계 의약품 시장은 제약사와 바이오기업의 매출을 추정하면 산출할 수 있는데, 2016년 말을 기준으로 1조 달러 이상인 것으로 추정된다. 전 세계 제약사 중 1위인 존슨앤드존슨Johnson & Johnson[89]은 2017년 현재 시가총액이 300조 원을 훨씬 넘는다.

헬스케어산업에서 가장 중요한 위치를 차지하는 글로벌 제약사와 바이오기업을 구분해보자. 글로벌 제약사는 특허로 보호받는 약물을 다수 보유해 시장을 선도하고 있는데, 대략 미국과 유럽 지역의 15개 제약사가 그들이다. 바이오기업은 미국 나스닥에 상장된 150개 이상의 신생기업이 주를 이루며, 글로벌 제약사가 정복하지 못한 분야에 도전하고 있다. 글로벌 제약사와 바이오기업은 경쟁하지만, 협력과 인수합병을 통해 시너지를 낸다.

글로벌 제약사들은 어떻게 100조 원에서 300조 원이나 되는 덩치로 커졌을까? 이는 크게 두 가지 이유에서다. 첫째는 의약품 시장규모가 크고, 계속 성장한다는 데 있다. 더구나 이 분야는 경쟁자가 갑자기 나타나기 어렵다. 긴 시간 연구개발을 통해 신약 물질을 개발하고 긴 시간 임상을 거쳐 당국의 승인을 받아야 하고, 무엇보다 긴 시간 특허로 보호된다. 그만큼 투자가 따라야 한다는 점도 후발주자의 등장을 어렵게 한다. 그래서 이 분야는 글로벌 제약사와 경쟁할 일자리를 만들기 쉽지 않다.

두 번째는 인수합병이 계속된다는 점이다. 의약품은 긴 시간 연구를 통해 신약을 개발하면 특허로 보호받지만, 최대 25년의 의약품 특허 존속기간이 지나면 특허기술을 공개해야 한다. 특허가 만료되면 이 기술을 복제해 오리지널Original 의약품과 같다는 동등성 시험을 통과한 복제약Generic이 다른 제약사에서 등장한다. 우리가 싼값에 복용하는 약 대부분이 복제약이다. 특허가 만료되면 글로벌 제약사의 해당 의약품 매출이 정체할 수밖에 없어서 외부에서도 신약 물질이나 기술을 가진 후보를 항상 찾는다. 이것이 인수합병으로 덩치가 커지는 이유다.

영국의 의약품 시장조사 기관인 이밸류에이트파마Evaluatepharma[90]는 2022년에 암, 당뇨, 류머티스, 바이러스, 백신, 기관지, 감각계의 순으로 시장이 형성될 것으로 전망했다. 그중 가장 큰 시장인 항암제는 1세대 세포독성 항암제인 화학항암제, 2세대 표적항암제를 지나 3세대 면역항암제로 진화하고 있다. 3세대 항암제에는 환자의 면역세포를 추출하여 암세포를 사멸시키도록 유전적으로 변형하는 치료제CAR-T도 있다. 현재 이 치료제는 임상 3상이 진행 중인데, 바이오기업인 카이트 파마Kite [91]와 주노 테라퓨틱스Juno [92]가 있고, 글로벌 제약사로는 노바티스Novartis [93]가 있다.

폐암 분야에서는 머크Merk [94]의 면역항암제 키트루다Keytruda가 치료제로 허가받아 효과를 입증했다. 화이자Pfizer [95]는 입랜스Ibrance로 유방암을 치료하고 있으며, 노바티스의 리보시클립Ribociclib은 당국의 최종 허가를 기다리고 있다. 일라이 릴리Eli Lilly의 아베마시클립Abemaciclib은 유방암과 폐암을 대상으로 임상이 진행 중이다. 이렇게 암이 정복될 날이 다가오고 있다.

당뇨병도 오랫동안 광범위하게 분포해 인간을 괴롭혀온 질병이다. 당뇨병은 시간이 흐르면 다른 질병을 유발해서 삶의 질을 떨어트린다. 당뇨병 치료제는 노보노디스크Novonordisk [96], 머크, 사노피Sanofi [97], 일라이 릴리가 주도한다. 일라이 릴리는 당뇨병 강자답게 여러 가지 신약을 준비 중이다. 글로벌 제약사들은 각자 전문적인 의약품 주도 분야 외에도 자가면역질환, 심혈관질환, 백신, 신경계 질환 등 다양한 인간 질병의 치료와 예방에 도전해 가능성을 보여주고 있다.

한쪽에서 의약품 개발에 획기적인 진전을 이루고 있을 때, 의료장비 분야도 IT 기술과 융합해 발전해가고 있다. 전 세계 내시경 시장을 대부분 장악한 올림푸스Olympus [98]는 수술 기구 썬더비트Thunderbeat를 개발했다. 썬더비트는 초음파를 활용해 수술부위를 절개하는 동시에 고

주파를 활용해 혈관을 봉합하고 지혈하는 장비다. 두 가지 기능을 하나로 합친 이 장비가 획기적인 이유는 수술시간이 대폭 줄어들면서 수술 후유증도 같이 줄어드는 데 있다.

인간의 건강한 삶을 증진하는 제약과 바이오, 의료장비 분야는 선진국에서 시장을 주도하고 있고 시장과 자본, 기술이 열세인 후발주자들이 경쟁하기 쉽지 않은 분야다. 새로운 시장으로는 중국이 경제발전에 따라 급부상하고 있지만, 경쟁이 치열하다. 그래서 중국 정부는 자국 제약산업을 육성하고 보호하기 위해 다양한 지원을 확대하고 있는데, 현재는 복제약과 관련된 시장을 확보하는 데 중점을 두고 있다. 세계 50위권 제약사가 하나도 없는 중국으로서는 자국 제약사가 성장해 신약개발에 나설 시간을 벌어주어야 하기 때문이다.

나노 의사와 연결된 의사

치료제를 개발하는 글로벌 제약사나 바이오기업과는 달리 새로운 분야를 개척해 건강한 삶을 이루려는 시도도 많다. 그중에서 가장 빠르게 우리 곁에 다가설 것으로 기대되는 분야는 나노 로봇과 연결된 의료시스템이다. 이 둘은 대부분 치료의 전 단계인 예방에 중점을 두고 치료나 수술을 융합한다. 나노 로봇과 IBM의 왓슨Watson으로 대표되는 연결된 의료시스템은 로봇이나 IT처럼 다른 산업이 의료와 융합해 만들어졌다. 다음 단계는 보험이나 제조와 같은 또 다른 산업과 결합해 시장을 창출하는 일이다.

나노 로봇은 정맥주사와 같은 방법으로 혈관에 주입해 실시간으로 건강상태를 확인하거나 특정 약물을 실어날라 치료하고 수술을 시행하기도 한다. 나노 로봇을 활용하면 무엇보다 외과적 수술이 없어 부작용이 적고, 치료 효과를 극대화할 수 있어 앞으로 질병의 치료와 예방에 크게 이바지할 것이다. 특히 암을 표적으로 하는 치료와 수술용 나노 로봇은 각국이 치열하게 개발 중인데, 우리나라도 구체적인 성과를 내고 있다.

미래창조과학부[99]는 2016년 11월, 수술 없이 종양을 제거하는 수술용 스마트 나노 로봇을 성균관대학교 박재형 교수팀과 개발했다고 발표했다. 이 스마트 나노 로봇은 금과 티타늄을 기반으로 제작되어 정맥주사로 혈관에 삽입되고 초음파로 제어되는데, 혈관에 들어가자마자 암세포를 찾아가 치료를 시작한다. 스마트 나노 로봇은 앞으로는 유방암, 신장암, 간암 등의 치료에도 이바지할 것으로 기대하고 있다.

제약사들은 직접 IT 기업과 제휴해 앞다투어 새로운 의료분야를 개척하고 있다. 대표적인 IT 기업들은 의료분야 진출에 적극적이다. 구글, 마이크로소프트, IBM 등은 이미 상당한 성과를 내고 있다. 구글의 달사냥공장으로 불리는 구글엑스Google X의 부서였던 베릴리Verily[100]는 글락소 스미스클라인GSK[101]과 공동으로 갈바니 바이오일렉트로닉스Galvani Bioelectronics[102]를 설립했다. 갈바니는 초소형 생체전자기기 형태의 의약품을 개발하는데, 이 기기는 신체에서 발생하는 비정상적 생체 신호를 감지해 제어하고 약물을 투입해 만성질환을 해결하는 것을 목표로 한다.

스마트밴드 형태의 의료기기는 점점 소형화하고 의약품과 연계되어 몸 안으로 들어간다. 몸 안으로 들어간 초소형 의료기기는 실시간으로 신체를 점검하고, 필요하면 약물을 투입하거나 생체신호를 조절해가며 건강을 유지한다. 이 기기들은 다시 스마트폰이나 사물인터넷에 연결되어 병원과 주치의에게 연결된다. 우리가 주목할 부분은 건강에 관련된 이 정보들이 모두 데이터로 쌓여 새로운 의약품과 기기를 개발하는 데 활용된다는 점이다.

헬스케어산업은 보험산업과는 뗄 수 없는 관계다. 건강보험도 점점 영향력을 키우겠지만, 여기에 제조업이 가세하면 상황이 변한다. 예를 들어, 보험사와 스마트밴드 제조사가 협업으로 스마트밴드를 만든다. 운동량을 측정하고 자동으로 혈당을 측정해 보험사에 통보되는 이 스마트밴드를 착용하면 보험료를 할인해준다. 신체적 위험을 진단해 미리 보험가입자에게 통보해주면 위험을 줄일 수 있어 보험료 지급도 줄어든다. 헬스케어산업은 어디까지 경계를 넓힐지 알 수 없다.

지구에서 가장 거대한 산업

의료분야에는 최첨단 바이오기술을 활용하는 사례도 많다. 오가노보Organovo는 3D 바이오 프린터로 자가 세포를 활용해 장기를 프린트한다. 프린터로 생산하는 장기는 심장, 신장, 간과 같은 정밀한 장기들로, 장기이식 문제를 해결할 대안이다. 또한, 위험성이 큰 신약의 인체실험을 인공 장기로 먼저 수행하면 직접 인체에 실험할 때 발생하는 위험이 사라진다. 2016년에 3세대 항암제를 개발하던 주노 테라퓨틱스는 신약 임상을 수행하던 중 사망사고가 발생했다.

세컨드사이트Second Sight[103]는 인공 망막을 개발했다. 100만 명이나 되는 시각장애인이 새로운 눈을 가질 수 있게 된 것이다. 아르고스_{Argus}로 이름을 붙인 이 시스템은 인공 망막과 안경으로 구성된다. 인공 망막을 수술받은 환자는 특수 카메라가 장착된 안경을 쓴다. 무선으로 망막에 전송된 신호는 전기반응으로 바뀌어 뇌가 이미지로 인식한다. 세컨드사이트는 5년간 30명의 시각장애인에게 이식하여 실험한 결과, 이전과는 완전히 다른 새로운 삶을 살게 되는 변화가 생겼다고 발표했다.

헬스케어산업은 산업을 구분하기 어려워질 정도로 융합된다. 치료 중심의 병원과 제약산업에 바이오기술과 IT가 가세한 지 오래다. 바이오기술은 유전병에서부터 인공 장기에 이르는 분야까지 기술력을 키우고 있고, IT는 질병의 예방과 진단, 치료에 이르기까지 획기적인 진전을 이루어내고 있다. 헬스케어산업의 발전은 인간의 건강과 수명 연장을 이루어내면서 동시에 산업을 키운다. 또한, 아직 혜택을 제대로 받지 못하는 인구 대부분이 잠재 수요처다. 그래서 경쟁은 더 치열하다.

가장 큰 글로벌 제약사를 보유한 미국과 유럽은 내부시장도 크지만, 중국처럼 경제력을 바탕으로 한 새로운 시장을 개척하기 위해 노력한다. 특히 미국은 의약품 허가 기간을 단축하는 규제 완화를 통해 제약사의 경쟁력을 끌어올린다. 또한, 아이디어가 빚어낸 새로운 기술이 사장되지 않도록 제도적으로 지원한다. 사례로 든 23앤미는 아이디어와 유일한 기술을 가진 기업에 대한 제도적 지원을 가장 잘 보여준다. 어차피 제도는 새로운 기술을 앞설 수 없다. 앞설 수 없다면 가장 신속하게 따라가야 한다.

그렇다고 모든 문제가 쉽게 해결되는 것은 아니다. 오가노보가 생산하는 인공 장기는 제도보다는 윤리적인 문제로 해결책이 쉽게 나오지 않는다. 허용한다면 인공 장기 이식을 어디까지 허용해야 하는지도 논란이다. 인공 간은 허용되고 인공신장은 허용되지 않는다면 그것도 문제다. 인공 장기를 환자에게만 허용해야 하는지도 논란이다. 지금도 장기기증자를 손꼽아 기다리는 사람이 수없이 많지만, 간단하게 결론을 내릴 일은 아니다. 미국은 대신 신약의 독성실험과 같은 분야로 길을 열어줘 계속 기술을 축적할 수 있도록 하고 있다.

헬스케어산업에서 우리 기업이 세계적 기업과 직접 경쟁하기는 쉽지 않다. 오히려 새롭게 떠오르는 시장을 주목하고 새로운 방식으로 경쟁하고 일자리를 만들어야 한다. 부유층을 대상으로 하는 의료관광과 반대로, 해외로 진출해 저렴한 비용으로 원격진료 시장을 개척하는 것도 방법이다. 제약사와 협업으로 시장을 더욱 키울 수도 있다. 바이오기술과 IT를 결합한 분야도 가능성을 검토해야 한다. 가장 거대한 산업은 점점 가장 위대한 산업이 되어가고 있다.

04

착한 금융의
저주

일본은 제조에 강점을 가졌는데도
금융을 혁신하는 데 모든 것을 걸었다.
변화가 크다는 것은 금융으로 돈을 벌 기회가 많다는 말이다.
돈은 돈에서 나오지만, 기회에서도 나온다.

골드스미스에서 인터넷은행으로

은행의 역사는 곧 상업의 역사다. 기원전 바빌로니아 함무라비법전에는 재산의 기탁, 운용, 이자에 관한 규정도 나온다. 하지만, 근세 은행의 출발점은 17세기 영국에서 상업 거래가 활발해진 후 출현한 골드스미스Goldsmith라는 귀금속 보관업을 하는 금장金匠이다. 금장은 말 그대로 '금으로 세공하는 일'로 금공金工을 뜻한다. 상인들은 저축하듯 금장에 귀금속을 맡기고 골드스미스 노트Goldsmith's note[104]라는 예탁증서를 받았다.

물론 골드스미스 노트는 예탁증서의 기능만 한 것이 아니라 점차 실물처럼 거래되었다. 금장에 가서 다시 귀금속을 찾아 거래하는 것보다 신뢰도만 있다면 예탁증서만으로도 가치가 충분했기 때문이다. 지금으로 보면 골드스미스 노트는 약속어음과 마찬가지였다. 금장은 어땠을까? 귀금속이 계속 들어오고 나가더라도 움직이는 귀금속은 겨우 예탁 물량의 10%에 불과했다. 사실 현대 은행의 지급준비율 10%도 여기서 유래했다. 금장은 직접 받은 귀금속을 근거로 나머지 90%에 해당하는 골드스미스 노트를 직접 유통하기 시작했다. 이렇게 금장은 지금의 은행처럼 신용을 창조했다.

그런데 지금 본질에서 현대 은행이 과거보다 나아진 것은 무엇인가? 귀금속을 예탁하거나 찾기 위해 긴 줄을 서는 것 대신, 번호표를 뽑고 무작정 기다리는 일이 변한 것일까? 과거에 상업에 종사하는 고객이 일하던 낮에 영업한 것 대신, 대부분이 직장에서 일하는 4시면 문을 닫는 일이 변한 것일까? 귀금속 예탁 수수료를 받으면서도 골드스미스 노트를 유통해 이자를 받는 것 대신, 해외투자 상품을 팔면서 펀드수수료를 챙기고 환전상 노릇까지 하는 것이 변한 것일까? 돈 많은 상인이나 다른 금장에만 골드스미스 노트를 유통하는 것 대신, 부자나 대기업에만 낮은 금리로 돈을 빌려주는 것이 변한 것일까?

인터넷은행이 생기자마자 대한민국 은행이 소용돌이에 휘말린 것은 도대체 무엇을 잘못해서 벌어지는 일일까? 고객들의 절제된 소비와 자산 증식, 신생기업의 투자 지원, 가계 생활 지원이 은행의 본질인데 은행은 반대로 하고 있다. 은행은 2017년 파이낸셜뉴스가 주관한 서울 국제금융포럼에서 기조강연을 한 브렛 킹Brett King 박사의 조언을 귀담아들어야 한다. "지난 수백 년 동안 하나도 변하지 않은 은행이 큰 변화에 직면하게 될 것이며, 은행은 어떻게 바꿀 것인지 생각할 일이 아니라, 완전히 무에서 유를 창조해야 한다." 대한민국 은행들은 겨우 '지점'을 벗어난 인터넷은행이 출연하자 야단법석이지만 실제로는 변화에 적응하지 못한, 변화를 거부한 대가를 근로자들에게 모두 떠넘길 것이다.

우리도 진지하게 생각해보자. 아프리카에서는 가난한 사람들을 위해 어떤 금융을 선보이고 있을까? 케냐 나이로비에 본사를 둔 사파리콤Safaricom[105]은 영국의 보다폰Vodafone[106]이 지분 40%를 가진 케냐의 통신사다. 이들이 선보인 엠페사M-Pesa는 신분증만 있으면 간단하게 입금과 송금은 물론 출금도 가능한 모바일 거래시스템이다. 엠페사를 이용하는 사람은 문자 메시지로 송금하고 가까운 은행이나 우체국은 물론 사파리콤 매장에서도 돈을 찾을 수 있다. 게다가 수수료도 저렴하다.

혹시 이것이 은행의 일이 아니고 통신사의 일이라고 생각되지는 않는가? 그런 생각이 들면 은행은 이제 할 일이 없다. 사파리콤은 여기서 더 나아가 휴대전화로 소액대출을 해주는 서비스도 한다. 수수료는 은행이 생각할 수 없는 수준으로 저렴하다. 휴대전화로 저축상품에 가입해 이자도 받을 수 있다. 엠페사가 아프리카 케냐의 오지마을을 위한 금융서비스라는 생각도 잘못되었다. 엠페사의 가입자는 3억 명 이상이다.

금융金融은 '금전을 유통하는 일'이라고 사전에서 정의하고 있다. 한자 의미로 융融은 '녹이다', '융합하다', '통하다', '따뜻하다'의 의미도 가졌다. 금융은 융합融合처럼 녹여 다른 것이 되는 일이기도 하며, 이를 통해 유무선으로 마음이 통하고 따뜻함도 전해야 한다는 말이다. 차가운 금융이 끝나는 시기가 오고 있다. 차가운 금융이 살아남는다고 해도 그것은 전산망이나 인공지능과 같은 차가운 기계의 일이지 사람의 일은 아니다.

금융도 융합의 회오리에서 벗어날 수는 없다. 그래서 이름이 금융인 것이다. 만들어진 일자리를 유지하고 더 나은 일자리를 만드는 일은 고객 편에 서는 것뿐이다. 해체되는 산업에 돈을 빌려주고 같이 해체되지 않아야 일자리가 유지된다. 기억할 것은, 지점을 없애서 경쟁력을 키우겠다는 은행들이 얼마 전까지는 가장 좋은 자리에 은행 간판을 걸려고 경쟁했다는 사실이다.

약자를 위한 진짜 은행들

개발도상국에서는 경제가 꿈틀거리는 것을 보면서 청년이나 장년이나 할 것 없이 사업가로서의 꿈을 키운다. 문제는 아이디어만 있을 뿐 자금이 부족하다. 자금만이 아니다. 개발도상국은 제도적으로도 새로운 일에 도전하기 어렵고 지리적으로도 불리하다. 이들이 기댈 곳은 누군가 자신들을 믿고 투자해줄 사람들이다.

지디샤Zidisha[107]는 아프리카를 비롯한 개발도상국 사업가들에게 소액대출을 해준다. 지디샤는 비영리 기구로 은행이 아니다. 이들은 자금이 필요한 기업가와 투자자를 직접 연결한다. 지디샤가 운영되는 형태는 다음과 같다. 케냐의 사업가 조세핀Josephine이 염소를 키우는 사업을 하려고 한다. 염소 10마리 구매에 필요한 초기자금 300달러가 필요하다고 지디샤 홈페이지에 설명하면서 간단한 자신의 신용조회 기록을 올린다. 조세핀은 지급할 이자율을 제시하고, 자금 대출자들은 서로 희망하는 이자율을 제시해 가장 낮은 이자율로 돈을 빌린다.

조세핀은 염소를 키우기 시작하면서 이웃을 근로자로 고용하고, 사업을 성공적으로 유지해 대출금을 갚는다. 이번에는 닭을 키우기 위한 새로운 자금도 조달한다. 조세핀의 아이들은 생활고를 해결하기 위해 일하는 대신 학교에 가게 된다. 학교에서 축산에 관한 전문적인 지식을 배우며 배고프지 않은 미래를 꿈꾼다. 또한, 자신들이 도움을 받았던 것처럼 도움을 줄 날을 간절하게 바란다.

세네갈에서 시작한 지디샤는 케냐에서 가장 빠르게 성공했는데, 그 이유는 의외다. 케냐에 더 많은 사람이 투자를 결정한 것도 아니고,

케냐에 어려운 사람이 더 많았던 것도 아니다. 지디샤의 결정적 성공 요인은 앞서 설명한 사파리콤의 엠페사다. 돈을 받고 갚을 수 있는 체제가 갖춰졌기 때문이다. 지디샤에는 지점도 대출 상담 직원도 없다. 대출자를 연결해 직접 금융을 해결한다.

지디샤에서 일하는 사람은 대부분 자원봉사자다. 소통이 어려운 부분을 해결해주는 게 주요 업무다. 그래서 지디샤에서는 연 8% 수준의 금리로 자금을 조달할 수 있다. 그것도 인터넷만 연결할 수 있다면 전 세계 어디서나 자금을 조달할 수 있다. 여기서 정부나 은행이 주목할 것은 인터넷이나 금리가 아니다. 이들은 금융이 버린 일을 하고 금융이 버린 사람을 돕는다. 착한 금융은 다른 착한 금융을 만나 아시아와 남미로 덩치를 키우고 있다.

인도네시아에는 국립연금저축은행Bank Tabungan Pensiunan Nasional[108]이 소액대출과 연금 대출로 고객과 밀착한다. 폴란드의 알리오 싱크Alior Sync[109]는 청년층에게 게임을 접목한 금융서비스를 제공해 밀착한다. 오프라인 은행들도 고객과 밀착하기 위해 최선을 다한다. 미국의 은행들은 집을 사고팔고 돈을 빌리는 것과 같은 금융에 관련한 모든 일을 한 번에 처리해주기도 한다.

남미에 가면 브라질에 이타우 유니방코Itau Unibanco[110]가 있다. 이들이 하는 일이 무엇인지 확인하면 은행의 미래를 확인할 수 있다. 이타우 유니방코는 '고객에게 신용대출을 해주고, 훌륭한 아이디어가 있는 사업에 투자하고, 다른 은행이 하지 못하는 분야에 보험을 제공함으로써 고객의 삶을 개선하고 기업의 성장을 돕는 것'을 사명으로 한다.

은행의 미래, 크라우드펀딩

은행이 역할을 제대로 했다면 아마도 크라우드펀딩은 탄생하지 않았을지도 모른다. 크라우드펀딩은 고객, 투자자, 사업가, 아이디어의 융합이다. 신생기업처럼 투자가 절실한 기업이 하는 일에는 은행이 있어야 하는데, 그런 일을 하는 은행이 없다. 크라우드펀딩이 하는 일은 이타우 유니방코의 사명과 거의 같다. 다만 그 일을 은행이 하는 것이 아니라, 은행의 고객이나 개인 투자자가 한다. 그래서 크라우드펀딩을 개인에 내준 은행에 미래가 사라진 것이다.

왜 은행이 해야 할 일을 개인이 하게 되었을까? 실제로 은행이 하는 가장 중요한 일은 개인이나 기업과 같은 예금자들의 돈을 모아서 돈이 필요한 개인이나 기업에 대출해주는 일이다. 돈을 맡긴 예금자들은 은행이 돈을 빌려주는 일을 대신하고 있으니 조금 이자를 받는 것을 용인하고 '제대로' 투자해주길 바라는 것이다. 그런데 엉뚱하게도 은행은 그 돈을 돈 많은 사람이나 대기업에만 빌려주는 것이다.

문제는 두 가지다. 하나는 훨씬 큰 수익이 나는 '훌륭한 아이디어를 가진 신생기업'에 투자하지 않는다는 점이다. 물론 위험도 따르지만, 은행에 돈을 맡길 때는 저런 일을 해서 신생기업이 계속 성장하고, 일자리가 계속 만들어지고, 개인은 거기서 일해서 받은 돈을 다시 은행에 저축해 가계를 키우기를 바라는 것이다. 다른 하나는 맡긴 돈을 대기업에만 빌려주는 것이다. 대기업이 안정적일 것 같지만, 대기업이 한 번 부실해지면 헤어날 수도 없고 계속 더 큰돈을 빌려주는 악순환에 빠져 같이 부실해진다.

예금자와 돈이 필요한 신생기업은 은행이 제대로 역할을 하지 않는 것을 알게 되었다. IMF 구제금융 사태와 세계적인 금융위기, 신용카드 부실사태, 저축은행 사태를 겪으면서 은행이 안전하지 않다는 것도 알게 되었다. 개인들의 합리적인 소비나 저축을 통한 가계 소득 증대는커녕 기회가 올 때마다 무분별한 소비만 부추긴 것이 은행이라는 것도 알게 되었다. 물론 피해는 그들에게 돈을 맡긴 고객, 그들의 직원, 그들에게 돈을 빌린 대출자들이 입었다. 그러니 은행을 빼고 직접 예금자와 돈이 필요한 개인, 기업이 만난 것이다.

크라우드펀딩은 크게 두 가지 형태로 이루어진다. 하나는 아이디어가 훌륭한 제품을 돈을 먼저 주고 구매하는 형태다. 물론 제품은 개발이 이루어진 후 받는다. 드론이나 체인 없는 자전거와 같은 제품이 제안되었다면, 그에 관심이 있는 개인들이 아이디어에 투자해준다. 놀라운 점은 미리 돈을 주고 사는 것에는 위험만 있고 이익이 없다는 것이다. 이자가 생기는 것도 아니니 제품을 받아도 이익은 없는 것이다. 하지만 이들은 기꺼이 투자한다. 이 제품에는 그들의 작은 꿈이 담겼으니 말이다.

크라우드펀딩의 다른 한 형태는 지분에 투자하거나, 상환할 때까지 이자를 받고 대출하는 형태다. 물론 이 외에도 크라우드펀딩의 형태는 다양하다. 중요한 것은 개인이 은행이 되어가고 있다는 점이다. 은행이 가장 중요한 일을 젖혀두고 더 큰 거래, 더 큰 기업과의 거래에 한눈파는 사이에 개인은 더 나은 가치, 더 나은 투자처를 발굴하고 있다. 은행이 가장 놀랄 일은 크라우드펀딩으로 만들어진 신생기업 중에서 '은행을 혁신하는 아이디어로 탄생한 신생기업'이 은행을 부수는 일이다.

크라우드펀딩은 일자리 창출의 관점에서는 가장 놀라운 혁신이다. 크라우드펀딩으로 성공한 신생기업이 많아진다는 것과 정부나 은행이 창업을 지원하는 것은 차원이 다르다. 크라우드펀딩으로 성공한 기업이 많아지면 그 기업에 투자한 개인도 성공한다. 기업에 일자리가 만들어지는 것은 물론, 투자한 개인의 소비도 는다. 연결과 협업, 아이디어의 융합으로 만든 은행인 크라우드펀딩은 은행의 미래다.

어떤 독자는 우리가 금융에만 혹평한다고 할 것이다. 사실 그렇다. 이유는 간단하다. 하나는 앞으로 30년간 벌어질 산업혁명의 마지막 경쟁에서 살아남으려면 금융이 제 역할을 해야 하기 때문이다. 그것이 또한 금융이 살아남는 길이다. 일본은 제조에 강점을 가졌는데도 금융을 혁신하는 데 모든 것을 걸었다. 변화가 크다는 것은 금융으로 돈을 벌 기회가 많다는 말과 같다. 돈은 돈에서 나오기도 하고 기회에서 나오기도 한다. 앞엣것만 보지 말고 뒤엣것도 봐야 하는 때가 이미 왔다.

05

주행의
무서운 질주

고장과 사고가 사라진 자동차는 다시 일자리를 없앤다.
철 대신 새로운 소재 산업이 성장하지만,
보험산업은 타격이 불가피하다.
교통사고 환자도 사라지고 고쳐야 할 차도 사라진다.

하늘과 땅의 자율주행

자율주행은 '자동차自動車'라는 단어의 원래 의미를 완성하는 일이다. '스스로 움직이는 차'가 자동차의 뜻이니 말이다. 사실 지금까지 자동차는 스스로 움직이지 못했다. 계속 뭔가를 조작해야만 움직이던 것이 자동차였다. 그러던 자동차가 카메라, 레이다, 센서를 융합해 눈을 만들고 스스로 판단하는 컴퓨터인 인공지능을 탑재해 스스로 움직이는 마지막 단계에 이르렀다. 게다가 자동차는 앞으로 사람이 아닌 로봇이 만든다.

자율주행으로 자동차라는 원래 의미가 완성되면, '자동차'라는 이름도 다시 생각해봐야 한다. 지금은 새로운 명칭이 없으니 '자동차'보다는 '로봇'이 가장 근접한 이름이라고 생각한다. 그리고 '사람을 태우거나 태우지 않은 상태에서 지상에서 스스로 판단하고 조작해 목적지에 데려다주는 기계장치'에 어울리는 단어가 새롭게 탄생하길 바라지만, 청소기에 '로봇'을 붙인 것처럼 '로봇 자동차'는 아니길 또한 바란다.

왜 이름을 문제로 삼았을까? 이름이야 다수가 동의하면 되는 일이고 소통에 문제가 생기지 않으면 되지만, '로봇'이라는 이름을 붙여서 이상하지 않다는 것은 '사람이 없어도 된다'는 의미가 되기 때문이다. 그만큼 자율주행 기술은 파급효과가 크다. 자율주행은 25,000개나 되는 자동차부품처럼 많은 기술이 융합해 만들어진 기술이다. 대개 이렇게 기술이 융합하면 파급효과가 엄청나다. 그저 사람이 하던 운전을 대신해주는 기계장치의 출현이 아니라는 의미다.

미국에는 2023년, 한국에는 2025년이면 보편화할 완전한 5단계 자율주행 기술은 일자리를 심각하게 위협할 것이다. 또한, 자동차와 같은 기계로 하는 일의 앞뒤에도 사람이 하는 일이 있는데, 그 일도 동시에 사라질 것이다. 예를 들면, 배송의 앞 단계에서 물건을 거둬가거나, 마지막 단계에서 물건을 전달하는 그런 일이 포함된다. 또한, 자율주행은 해킹이나 에러가 아니라면 거의 사고를 사라지게 할 것이다. 그러면 자동차의 소재산업과 보험산업도 문제가 심각해진다.

드론에 탑재된 기술은 자율주행과 비슷하지만, 전파를 사용하고 덜 복잡한 하늘을 나는 기술이어서 자율주행보다 먼저 자리를 잡을 것이다. 특히 배송에 관련된 기술과 융합한 자율비행 기술이 일반화하면 물류에서 사람이 차지하는 일자리가 대부분 사라지게 될 것이다. 그야말로 하늘과 땅에서 사람의 일자리를 빼앗아간다. 가장 먼저 철로에서, 택시에서, 버스와 트럭에서, 마지막엔 승용차에서 사람의 운전이 사라진다. 동시에 트럭에 물건을 싣거나 내리는 일도 사라진다.

자율주행 기술에서 중요한 기술은 센서나 레이다나 정밀지도와 같은 것이 있지만, 가장 핵심적으로 인공지능에 필요한 것은 이미지나 위치와 같은 데이터를 처리하는 기술이다. 센서, 카메라, 레이다에 들어오는 신호가 대부분 이미지나 위치정보이기 때문이다. 우리가 2016년 봄에 만난 알파고는 컴퓨터의 중앙처리장치인 CPU Central Processing

Unit 1,202개를 연결했을 뿐만 아니라 그래픽처리장치인 GPU_{Graphic} Processing Unit를 176개 연결해 연산에 활용했다.

GPU에서 독보적인 기업은 시장점유율 71%에 육박하는 엔비디아 Nvidia[111]다. 엔비디아는 애플처럼 공장이 없는 회사다. 과거에는 우리가 그래픽카드라고 부르던 낮은 수준의 GPU를 만들었지만, 지금은 상황 이 다르다. 대부분 인공지능에는 CPU는 물론 고성능 GPU가 필수적이 다. 자율주행 자동차처럼 지속해서 이미지나 위치 데이터를 처리해야 하는 인공지능의 성장은 곧 GPU의 엄청난 성장을 의미한다.

또 다른 GPU의 강자는 엔비디아의 경쟁자인 AMD다. AMD는 엔 비디아가 갖지 못한 시장 29%를 점유하고 있다. AMD는 우리에게 인 텔Intel[112]보다 조금 낮은 수준의 CPU를 개발해 공급하는 회사로 알려졌 지만, 실제로는 인텔보다 앞선 기술을 선보이는 회사다. 특히 AMD는 CPU와 GPU를 결합한 제품을 선보이면서 기술을 선도하고 있다. 급속 도로 확산할 자율주행 자동차 경쟁만큼이나 자율주행 자동차의 뇌를 개발하는 경쟁도 치열하다.

자율주행 기술은 5단계로 분류한다. 1단계는 정속주행장치나 차 선유지장치가 보조하는 수준이다. 2단계는 앞차를 따라가며 속도를 높이거나 줄이고 장애물을 회피하는 수준이다. 차선유지장치가 결합 해 반 자율주행이 가능한 수준으로 2015년에 테슬라가 상용화했으며, 이후부터 대부분 신형 자동차에 장착되었다. 3단계는 실시간으로 도 로 정보와 교통정보가 자동차에 전달되어 운전자 개입 없이 목적지에 도착할 수 있으며, 2018년이면 상용화된다. 4단계는 특정한 상황이 발 생해도 인공지능이 제어해 목적지에 도착할 수 있는 수준의 자율주행 으로, 2020년부터 도시를 달릴 기술이다. 5단계는 운전이 가능한 모든 도로에서 운전자의 개입 없이 자율주행이 이루어진다.

자율주행을 비롯한 자동화, 그리고 로봇이 가장 먼저 대체하는 일자리는 대부분 서비스에 필요한 비숙련 노동과 조립 공정에 필요한 반숙련 노동이다. 하지만 인공지능이 점점 발달할수록 숙련노동도 대부분을 대체해갈 것이다. 실제로 전문직으로 분류되는 사람이 하는 일인 질병의 진단과 수술, 소송에서의 판결과 변호, 금융투자와 평가 등과 같은 숙련노동도 인공지능이 사람보다 더 정확하게 처리할 수 있는 일이다.

3D 프린터의 왕성한 식욕

3D 프린터가 자동차를 먹어 치운다면 어떤 일이 벌어질까? 실제로는 3D 프린터가 자동차를 프린트하겠지만, 자동차산업으로 보면 산업 자체를 먹어치우지 말라는 법도 없다. 현재 기술이 발전하는 방향으로 판단하면, 기존 자동차산업은 공장자동화를 거의 100%에 이를 정도로 발전시켜 생산성과 품질을 계속 끌어올릴 것이다. 반면 3D 프린터는 소재를 혁신하고 단가를 더욱 낮추고 개성을 반영한 자동차를 프린트해서 공장에서 만든 자동차와 경쟁할 것이다.

하지만, 자동화 공장에서 생산한 자동차와 3D 프린터로 생산한 자동차로 양분되고 끝나지는 않을 것이다. 초기에 3D 프린터로 생산한 자동차를 운행하다 보면 자동화 공장에서 생산한 자동차의 장점을 흡수하기를 원하는 소비자도 생길 것이다. 그래서 최종적으로는 3D 프린팅 자동차 회사와 자동화 공장을 운영하는 회사가 협력하는 모델도 출현할 것이다. 가장 가능성이 큰 상황은 자동화된 공장을 운영하는 기업들이 협력해 설립한 3D 프린팅 자동차 회사의 등장이다.

예를 들면, 고급 자동차 브랜드는 자동화를 계속 추진하고 성능과 품질의 고급화에 힘쓰겠지만, 이들과 경쟁하는 하위 브랜드에는 개성을 반영한 3D 프린팅 자동차가 새로운 대안이 될 수 있다. 하지만 상위 브랜드와 경쟁하면서 3D 프린팅 자동차 기업을 독자적으로 운영하기에는 어려움이 따르고, 다양한 고객의 요구를 모두 반영할 수 없는 한계 때문에 몇몇 회사가 협력하는 모델이 가장 현실적이다. 그렇다고 고급 자동차 브랜드가 3D 프린팅 자동차를 만들지 말라는 법은 없다. 같은 차대Chassis에 수백 가지 차체를 가진 자동차가 탄생할 수도 있다.

더욱 가능성이 큰 상황은 인공지능이나 전자제품을 만드는 기업이 3D 프린팅 자동차를 만드는 경우다. 동력으로 내연기관을 사용하지 않고 배터리를 사용하는 전기자동차는 우리가 알던 자동차보다는 전자제품에 훨씬 가깝다. 더구나 연간 300만 대를 생산하지 못하는 10위권 밖의 자동차 기업은 언제라도 인공지능이나 전자제품 기업과 협력해 자동차를 혁신하려고 할 것이다.

4단계나 5단계 자율주행이 일반화하면 자동차가 '스스로 판단하고 조작해 목적지에 데려다주는 기계장치'의 그다음으로 진화한다. 차 안에서 할 일이 사라진 사람을 위한 기능을 해주는 것이 자동차의 주요한 목적이 된다는 의미다. 특히 배터리를 사용해서 내연기관의 소음마저 사라지면 자동차는 전혀 다른 목적을 다양하게 수행해야만 할 것이다. 예를 들면 음악감상실, 영화관, 대화방, 놀이방, 업무공간, 공부방, 심지어는 수면실이 되어야 할 것이다.

인공지능이 탑재된 자동차는 에러나 고장도 스스로 인식한다. 자동차 회사와 연결해서 프로그램을 업그레이드하고 고장을 예방한다. 이미 테슬라는 온라인으로 자동차의 성능과 소프트웨어를 업그레이드한다. 이런 일은 대단한 일도 아니다. 지금 공장에서 생산하는 자동차도 오래전부터 내비게이션을 자동으로 업그레이드하고 진단기에 연결해 고장을 확인하는 기초적인 기능은 적용해왔다.

문제는 고장과 사고가 사라진 자동차가 다시 일자리를 없앤다는 데 있다. 철 대신 다른 소재로 자동차를 만들면 새로운 소재 산업이 성장한다고 하지만, 보험을 들지 않게 되면 보험산업은 타격이 불가피하다. 교통사고 환자도 사라지고 고쳐야 할 차도 사라진다. 그래서 병원은 치료보다는 연결에 의한 질병 예방으로 기능의 비중을 이동할 준비를 해야 하고, 보험도 건강보험과 같은 분야를 확대해 수익모델을 넓혀나가야 한다. 자동차를 수리하는 일도 '수면'이나 '놀이'와 같은 목적을 자동차에 추가하거나 변경하는 일을 준비해야 한다.

자동차로 연결되는 콘텐츠

2017년 4월, 기술평가 기업인 네비건트 리서치_{Navigant Research}[113]는 자율주행 기술과 관련한 중요한 지표를 발표했다. 선두그룹에 GM, 포드, 다임러, 르노-닛산의 4강이 포함됐다. BMW, 폭스바겐, 테슬라, 구글, 현대차가 비슷하게 뒤를 추격하고 있다. 하지만, 극적인 변화가 없다면 4단계 자율주행 자동차가 등장하는 2020년부터는 자율주행 자동차를 구매하면 GM, 포드, 다임러, 르노-닛산의 자동차가 선택될 확률이 높아진다는 의미로 해석해야 한다.

네비건트 리서치는 5단계 완전자율주행 자동차의 시장규모도 발표했는데, 2025년 4.4%에서 가파르게 시장을 키워 2030년에 40.5%, 2035년에는 75.1%를 차지한다고 전망했다. 미국에서 2023년에 가장 먼저 등장할 5단계 자율주행 자동차는 거의 모든 신차를 완전자율주행 자동차로 바꿔가면서 2030년에는 대부분 자동차를 차지하게 된다. 지금부터 10년 후에는 고급브랜드의 승용차와 택시, 트럭, 버스가 모두 완전자율주행 자동차로 바뀐다는 말이다. 운전과 직접 관련된 일자리가 10년 안에 모두 사라진다.

자율주행 자동차가 만들 일자리는 없을까? 있다. 하지만 운전과 관련된 일자리는 아니다. 운전이 사라진 자동차에서 하는 일과 관련된 일자리가 늘 것이다. 자동차에서 음악을 듣는 일은 모두에게 중요한 일이 될 것이다. 영화를 보는 일도 마찬가지고, 보지 못한 드라마를 보는 일도 마찬가지다. 차에서 음악을 듣고 영화를 보려면 오디오나 디스플레이는 더 수요가 늘고 고급화할 것이다. 아이들이 차 안에서 지루하지 않게 시간을 보낼 게임이나 학습에 관련된 콘텐츠도 중요해질 것이다.

새로 나온 책을 소개하고 평가하고 읽어주는 콘텐츠는 종이책이나 전자책보다 훨씬 사랑받을 것이다. 원하는 책을 검색해서 들려주면 더없이 행복할 것이다. 인문학이나 기술처럼 분야별로 뛰어난 강사가 설명해주는 강의가 있다면 어떨까? 좁은 차 안에서 깊은 수면을 할 수 있도록 돕는 기능을 갖춘 시트나 전자장비도 사랑받을 것이다. 이동하면서 화상으로 통화하고 회의에 참석하는 것은 핸즈프리에 휴대전화가 연결되는 것처럼 자동차의 기본 기능이 될 것이다. 자율주행 자동차가 만드는 대부분 일자리는 자동차 안에 있다.

삼성전자가 하만Harman International Industries[114]을 2016년 11월에 80억 달러에 인수한 이유도 여기에 있다. 하만은 차량용 오디오 장비, 차량용 무선인터넷인 텔레매틱스 장비, 무선통신을 통한 소프트웨어 업그레이드 장비, 자동차용 보안 서비스를 개발하여 제공하는 회사다. 전 세계 차량용 오디오 시장에서 41%를 장악한 절대적 강자다. 삼성은 실제 자동차만 만들지 않을 뿐 미래의 자동차와 관련된 모든 것을 만든다.

엔비디아, AMD와 같은 기업이 앞으로 자동차산업에서 중요해지는 이유는 자동차에 필요한 인공지능, 자율주행, 3차원 가상 디스플레이, 빅데이터 등에서 필수적인 위치를 차지하기 때문이다. 그다음에는 차 안에서 사람에게 필요한 콘텐츠나 연결된 작업에 관련된 장비를 만드는 산업에 속한 하만과 같은 기업이 중요해진다. 그다음에는 무엇이 중요할까? 차 안에서 실제로 작업하고 놀고 공부하고 즐기고 휴식하는 데 필요한 콘텐츠가 중요해진다.

06

하늘과 우주로
쏘아 올린 여행

인간이 우주개발을 시작해 60년이 지난 지금까지
우주여행을 경험한 사람은 600명이 채 되지 않는다.
하지만 2035년에 우주여행은 중산층이면
누구나 가능한 일반적인 경험이 된다.

마지막 남은 일회용 기계

전기자동차를 만드는 테슬라Tesla와 로켓을 개발하는 스페이스
엑스Space X의 CEO인 일론 머스크Elon Musk는 크리스 앤더슨Chris Anderson과
의 TED[115] 대담에서 이런 말을 했다. "우리가 타는 모든 것은 연료를 채
워 다시 사용합니다. 자동차, 비행기, 심지어 말도 먹이를 주면 다시 탈
수 있습니다. 하지만 로켓은 그렇지 않습니다. 로켓은 한 번 사용하고
분리해서 바다에 버립니다. 개발에 엄청난 돈을 들인 로켓을 그냥 한
번 쓰고 바다에 버립니다."

세계 최대 유통업체 아마존Amazon과 로켓을 개발하는 블루오리진
Blue Origin의 CEO인 제프 베저스Jeff Bezos는 인류 역사상 처음으로 발사
한 로켓을 지구 저궤도에 올린 후 발사장소에서 로켓을 다시 회수하고
이렇게 말했다. "보잉 747 여객기를 한 번 타고 버린다면 그 항공권이
얼마나 비싸겠어요?"

우리가 우주여행을 하지 못하는 이유는 비싸기 때문이다. 베저스
의 말대로 서울에서 제주로 가는 항공기를 한 번 쓰고 버린다면 항공
권은 대체 얼마여야 할까? 값비싼 항공기를 적게는 몇만 원으로 탈 수
있는 이유는 항공기를 재사용하기 때문이다. 그런데 왜 로켓은 한 번

사용하고 버릴까? 로켓은 엄청난 양의 에너지를 사용한다. 그런 로켓에 돌아올 연료를 실으면 무게가 늘고 그 로켓을 쏘려면 더 많은 연료가 필요한 것도 문제다. 무엇보다 마땅하게 로켓을 다시 회수할 방법을 찾지 못한 것도 문제다.

2015년 11월 23일, 블루오리진은 100km 지구 저궤도에 로켓을 쏘아 올린 후 로켓과 캡슐을 분리해 모두 회수했다. 실제로는 '회수'가 아니라 발사한 로켓이 다시 비행해서 발사장소에 사뿐히 내려앉았으니 영화에서 우주선이 내려앉는 것과 흡사했다. 그로부터 채 한 달이 지나기도 전인 2015년 12월 21일에는 스페이스 엑스의 팰컨 9Falcon 9 Full Thrust 1단 로켓이 11개의 위성을 싣고 올라가 모두 궤도에 올린 후 발사장소로 돌아왔다. 2016년 4월 8일에는 스페이스 엑스의 로켓이 국제우주정거장에 화물을 배달하고 육지가 아닌 바다의 드론 바지선으로 내려앉는 모습이 나사NASA의 텔레비전으로 중계되었다.

스페이스 엑스는 이미 국제우주정거장에 화물을 배송하는 일을 100억 달러에 나사로부터 수주해 수행하고 있다. 스페이스 엑스의 팰컨 로켓은 블루오리진의 로켓과는 다르다. 블루오리진의 로켓이 하나의 추진체를 가진 로켓이라면 스페이스 엑스의 팰컨 9 로켓은 9개의 추진체를 가진 강력한 로켓이다. 그는 재활용이 가능한 로켓기술을 활용해 화성에 인류를 이주시키고 100만 명이 살 수 있는 도시를 건설하겠다고 밝혔다. 2022년에 처음으로 100명을 태운 화성행 로켓을 발사할 계획이다. 비용은 2억 원을 조금 넘는 수준으로 그다음에 발사하는 로켓을 이용하면 다시 절반으로 낮아진다.

하지만 화성으로 가는 로켓은 팰컨 9로는 어림도 없다. 스페이스 엑스는 팰컨 9의 1단 추진체를 하나로 묶어 6개를 연결한 팰컨 헤비 Falcon Heavy, 팰컨 헤비보다 더 큰 하나의 랩터 엔진을 장착한 팰컨 엑스 Falcon X, 랩터 엔진을 3개에서 최대 6개까지 장착한 팰컨 엑스 헤비Falcon X Heavy, 팰컨 엑스엑스Falcon XX까지 개발할 예정인데, 화성으로 보낼 로켓은 팰컨 엑스를 활용한다. 스페이스 엑스는 영화에서 보던 진짜 우주여행을 현실로 만들고 있다.

블루오리진은 다른 여행을 선보일 계획이다. 지구 저궤도인 100~300Km까지 로켓으로 올라간 후 캡슐을 분리해 낙하하면서 무중력 상태를 경험하는 그런 우주여행이다. 엄청난 지구의 중력을 온몸으로 받으며 대기권 너머까지 올라가고, 다시 우주에서 푸른 지구를 보며 내려오는 우주여행은 2018년이면 가능하다. 그렇다고 2020년대에 이런 우주여행이 일반적인 경험이 되지는 않는다. 아직도 가격이 문제가 된다. 하지만 재사용 로켓은 우주여행 비용을 획기적으로 줄여 현실로 만들어가고 있다.

우리가 여객기를 만들어 띄우지 못하는 것처럼 우리 손으로 우주여행을 현실로 만드는 것은 먼 미래의 일이다. 하지만 여객기를 만들지 못한다고 항공사가 없는 것도 아니다. 컴퓨터 운영체제를 만들지 않아도 우리나라는 컴퓨터를 가장 잘 만드는 나라고, 세계에서 가장 좋은 스마트폰을 만드는 나라다. 중요한 것은 이런 일을 어떻게 우리의 일로 바꾸느냐다. 조금 더 우리에게 가깝고 현실적인 우주여행을 만나보자.

600에서 600,000,000까지

인간이 우주개발을 시작해 60년이 지난 지금까지 우주여행을 경험한 사람은 600명이 채 되지 않는다. 하지만 2035년에 우주여행은 일반적인 경험이 된다. 원한다면 중산층 누구도 우주여행을 할 수 있다. 일론 머스크는 2022년에 화성으로 가는 로켓을 발사해 1차로 100명을 보내겠다고 했지만, 이런 우주여행이 일반적인 경험이 될 시기를 예측하기는 어렵다. 하지만 대기권을 벗어나 지구 저궤도에 오르고 무중력 상태를 경험하는 우주여행은 일반적인 여행이 된다.

우주여행이 일반적인 경험이 되기 위해서는 가격 이외에도 한 가지 해결해야 할 과제가 더 있다. 그것은 탄소배출에 관한 문제다. 팰컨 9와 같은 로켓을 한 번 발사하려면 발사하는 순간에 뉴욕시 전체가 사용하는 에너지양과 맞먹는 에너지가 소모된다. 탄소배출량도 그만큼 엄청나다. 그런데 전 세계 곳곳에서 로켓을 계속 발사한다면 문제가 심각해진다. 이런 문제를 해결할 방법이 영국의 버진 갤럭틱Virgin Galactic에 있다.

2004년 10월, 1996년에 시작된 안사리 X 프라이즈 프로그램Ansari X Prize Program[116]의 최종 우승자가 결정되었다. 안사리 X 프라이즈 프로그램은 민간이 정부기관의 도움을 받지 않고 유인우주선을 발사해 100km 지구 저궤도에 도달한 후 다시 돌아오되, 2주 안에 다시 한 번 성공하면 1,000만 달러의 상금을 받는 프로젝트였다. 여기서 우승한 것은 스페이스십 원Spaceship One이었고, 이후 기술은 리처드 브랜슨Richard Branson의 버진그룹 내 버진 갤럭틱으로 넘어갔다.

스페이스십 원의 개발자금은 마이크로소프트의 공동설립자인 폴

앨런Paul Allen이 대고 스케일드 콤포지트Scaled Composits[117]가 제작에 참여했다. 우주선은 1986년에 216시간 무급유, 무착륙 세계 일주 비행에 성공한 루탄 보이저Rutan Voyager 호를 설계했던 버트 루탄Burt Rutan이 설계했다. 리처드 브랜슨은 거의 10년의 구애 끝에 버트 루탄을 영입해 스페이스십 투를 개발했다.

스페이스십 원과 투는 같은 방식으로 우주선을 발사한다. 스페이스십 원은 화이트 나이트White Knight라는 모선의 바닥에 붙어 지상 15km50,000ft까지 올라간 후 분리하는 방식을 고안해 적용했다. 두 대의 비행기를 연결한 모양으로 만든 화이트 나이트는 가운데에 스페이스십 원을 장착하고 비행기가 이륙하듯 올라가 스페이스십 원을 분리했다. 분리된 직후 스페이스십 원은 엔진을 점화해 지상 100km까지 순식간에 올라갔다. 공기가 희박한 상공에서 발사된 우주선은 적은 연료를 사용하고도 최고고도에 도달할 수 있었다. 그리고 우주선은 지구의 중력을 이용해 활강하듯 순식간에 지상으로 내려왔다.

리처드 브랜슨은 이 우주여행 방식을 비행기로 하는 여행에 적용할 것이라고 말했다. 비행기를 타고 10시간씩 날아가는 방법 대신 모선에 우주선을 연결해 올라가고, 모선에서 분리해 발사하는 방식으로 대륙과 대륙을 오가는 비행을 하겠다는 말이다. 이런 방식을 활용하면 비행기 한 대를 띄우는 정도의 연료로 우주여행이 가능해진다. 탄소배출량도 비행기 한 대분에 불과하다. 그조차도 해조류에서 추출한 바이오 연료를 활용할 계획이다.

이 여행은 두 가지 측면에서 혁신적이다. 하나는 시간이다. 우주선을 연결한 모선을 띄우고, 15km 상공에 올라가고, 우주선을 분리해 발사하고, 지구 저궤도까지 올라가고, 다시 지상으로 내려오는 시간은 아프리카에서 아시아로 날아와도 한두 시간이면 충분하다. 출발지와 도착지에 모선이 대기하면서 우주선을 띄워주면 목적지를 바꿔가며 계속 우주선을 띄우는 것도 가능하다. 초음속여객기와도 비교할 수 없는, 지금까지의 비행과는 차원이 다른 극초음속 비행이 가능해진다.

이 여행은 비행의 경험도 바꾼다. 100km 지구 저궤도에 올라가면 대기권 밖에서 우주를 관광할 수 있다. 그리고 내려올 때는 무중력 상태를 경험할 수 있다. 여행시간을 1/10로 줄이면서 우주를 관광하고 무중력 상태를 경험하는 여행은 소수에게는 2020년이 오기 전부터 허락될 것이다. 2025년에는 더 많은 사람이, 2035년에는 원하는 대부분 사람이 경험하게 될 미래다.

리처드 브랜슨과 버트 루탄이 만드는 여행은 세상에 없던 기술로 만든 것이 아니다. 대부분 기술은 이미 세상에 보편적으로 존재하던 것이었고, 이들이 바꾼 것은 생각뿐이었다. 2020년이 지나면 점점 일상이 되기 시작할 기술을 지금부터 준비하면 우리에게도 불가능한 미래는 아니다. 최소한 이런 비행기를 활용한 여행을 설계하는 것은 얼마든지 가능하다. 슬로베니아는 피피스트렐Pipistrel[118]이라는 태양광을 활용한 전기 비행기를 만들어 경비행기 시장을 개척하고 있다는 사실을 기억해야 한다. 불가능한 미래로 보일수록 진짜 미래가 사라진다.

하늘로 가는 자동차

슬로베니아에 피피스트렐이 있다면 슬로바키아에는 에어

로모빌Aeromobile[119]이 있다. 에어로모빌은 하늘을 나는 자동차Flying Car다. 에어로모빌은 매끈한 동체 옆으로 날개를 접어 자동차로 주행하다가 날개를 펴고 프로펠러를 꺼내 비행기로 변신한다. 2인용 자동차에서 비행기로 변신하는 데는 3분이면 충분하고, 200m만 주행할 도로가 있으면 비행을 시작할 수 있다. 시속 200km로 700km 이상 비행할 수 있는 에어로모빌 3.0은 이미 2014년에 시험비행을 마쳤다. CEO인 유라이 바출리크Juraj Vaculik는 2020년에 500대 생산을 목표로 에어로모빌 4.0의 예약을 받고 있다.

구글의 창업자인 래리 페이지Larry Page는 1억 달러를 키티호크Kitty Hawk[120]에 투자했다. 키티호크는 하늘을 나는 비행체 플라이어Flyer를 개발해 공개했는데, 하단에 프로펠러를 장착하고 수직으로 이륙해 하늘을 난다. 전기를 동력으로 움직이는 1인승 비행체인 플라이어는 조이스틱처럼 생긴 조종간을 사용해 누구나 쉽게 조종할 수 있다. 플라이어는 2018년 레저용으로 우선 출시할 계획이다.

일본에서는 토요타Toyota 자동차가 카티베이터Cartivator[121]에 투자해 플라잉카 사업에 진출했다. 미국 실리콘밸리에는 키티호크를 비롯한 6개 업체가 플라잉카 개발을 위해 경쟁하고 있다. 네덜란드에는 팔-VPAL-V[122]가 삼륜 자동차에 접히는 헬리콥터 프로펠러를 장착한 모양의 리버티Liberty를 만들어 시험비행을 마쳤고 2018년부터 고객에게 인도할 예정이다. 우버Uber[123]도 플라잉카 개발에 뛰어들었다.

플라잉카는 두 가지 형태로 개발되고 있다. 하나는 자동차처럼 주행과 비행을 모두 원활하게 하면서 활주해 이륙하는 방식이고, 다른 하나는 비행 편리성을 위해 수직으로 이륙하는 방식이다. 네덜란드의 팔-V가 채택한 헬리콥터 프로펠러와 유사한 방식은 기술적으로 접근하기 쉬운 편이다. 반대로 드론처럼 모터를 여러 개 사용하는 방식은 모터의 안정성이 확보되어야만 상용화할 수 있다. 하나라도 문제가 생기면 비행이 불가능하거나 사고가 발생하기 때문이다.

2015년 이후로는 자동차 제조사, 인공지능 개발 회사를 비롯한 많은 기업이 플라잉카 개발에 적극적이다. 토요타조차 '하늘을 나는 자동차는 미친 생각'이라고 하다가 '미래의 자동차는 지금의 자동차와는 완전히 다를 것'으로 생각을 바꿨으니 말이다. 이런 배경에는 인공지능의 발전이 있다. 인공지능은 자율주행 자동차처럼 비행면허를 필요 없게 만들고 사고 없는 비행을 가능하게 한다.

하지만, 자동차와 비행기가 융합하는 이 산업에는 정부의 지원이 필수적이다. 정부의 지원은 돈이 아니라 제도다. 제도가 받쳐주지 않으면 플라잉카는커녕 드론도 띄울 수 없다. 미국 정부는 2003년부터 이 분야에 관심을 두었고, 2005년부터는 차세대교통시스템연구소를 설치해 하늘과 땅을 모두 통제하는 교통시스템을 연구하기 시작했다. 안전한 통제, 면허, 보험이 같이 제도화되어야 하늘을 나는 자동차가 비행을 시작할 수 있다.

07

식량과 에너지의 내일

세계가 탄소 에너지 전쟁에서
신재생에너지 전쟁으로 넘어가고 있다.
유전자변형 농산물은 정치적으로 해결하지 못하는
식량 문제를 조금씩 바꿔가고 있다.

멈출 수 없는 식량의 미래

2012년을 기준으로 남아시아 3억 명, 동아시아 1억6,700만 명, 동남아시아 6,500만 명, 아프리카 2억3,400만 명, 중남미 4,900만 명, 서아시아와 북아프리카 2,500만 명, 심지어 선진국에서도 1,600만 명이 굶주리고 있다고 유엔식량농업기구FAO[124]는 밝히고 있다. 굶주리는 인구를 모두 합치면 8억6,800만 명이나 된다. 또한, 인간으로 태어났지만 굶주림에 허덕이다가 죽어가는 인구도 하루에 10만 명을 훌쩍 넘는다.

조금 더 가깝게는 북한 인구 2,500만 명 중 대다수가 굶주림으로 인한 영양소 결핍에 시달린다. 실제로 북한에 가본 사람은 알겠지만, 북한의 산에는 나무가 거의 사라져 가고 있다. 에너지는커녕 땔감도 부족하고, 초근목피草根木皮로 연명하는 인구가 상당수여서 생기는 문제다. 산에 나무가 사라지면 홍수에 무방비로 노출된다. 그래서 장마철만 되면 빠짐없이 등장하는 북한 뉴스가 홍수다.

유엔식량농업기구나 국제연합아동기금Unicef[125]을 비롯한 많은 국제단체와 구호단체들은 하나같이 식량의 분배문제를 지적한다. 지금 생산하는 식량이 분배만 잘 이루어지면 누구도 굶주리지 않을 수 있다는 말이다. 하지만 식량과 같은 국제 경제적 문제가 정치적으로 해결되길 바라는 것은 무리다. 오히려 굶주리는 사람이 늘수록 식량은 정치적 무기가 되어 한쪽 창고에 쌓여 썩어가고, 다른 한쪽에서는 더 굶주리는 악순환이 계속 반복된다.

문제를 키우는 것은 기후변화로 인한 농경지의 감소다. 지구온난화는 여러 가지 문제를 계속 만든다. 지구온난화는 해수면을 상승시키고 가뭄과 풍수해를 만든다. 농경지는 사막으로 변해가고 해수면 상승은 육지를 사라지게 한다. 선진국을 중심으로 식량이 남는 국가들이 만든 지구온난화의 피해는 대부분 저개발국의 몫이다.

2020년까지 계속될 인구증가도 한몫한다. 2017년 74억 명인 인구는 2020년까지 77억 명으로 는다. 3년간 느는 3억 명의 인구는 연평균 1억 명이 느는 수치고, 하루 27만 명이 느는 수치다. 하지만 노령화로 인구가 느는 것이지 생산가능인구는 오히려 줄어든다. 2017년을 기준으로 세계 인구에서 25세인 1992년생5,550만 명과 2017년생4,662만 명을 비교하면 약 16%가 적다. 줄어드는 생산가능인구가 늘어가는 전체 인구를 떠받쳐야 한다.

미국의 〈포춘Fortune〉[126]이 선정한 '일하기 좋은 100대 기업'이자 '가장 존경받는 기업', 〈포브스Forbes〉[127]가 선정한 '세계에서 가장 혁신적인 100대 기업'은 우리가 아주 좋아하지 않는 유전자변형 농산물의 종자를 만드는 기업 몬산토Monsanto[128]다. 몬산토는 전 세계 유전자변형 농산물Genetically Modified Organism 품종의 90%에 대한 특허권을 가졌고, 이 품종을 다시 전 세계로 수출한다. 홍농종묘와 중앙종묘 같은 우리나라 종묘 회사들도 합병되어 몬산토코리아가 된 상태다.

몬산토는 옥수수, 콩, 과일, 면화, 채소 등에서 선도적인 종자를 개발한다. 병충해 피해가 작고 생산량이 많은 종자를 개발해 보급하는 것이 이들의 일이다. 척박한 환경에서도 잘 자라는 종자, 병충해로부터 덜 피해를 보는 종자를 보급하기 위해 유전적인 형질을 개량한다. 하지만 유전자변형 농산물에 부정적인 사람들은 이런 농산물로 만든 식품이 사라져야 인간의 건강한 삶이 보장된다고 생각한다.

일정 부분은 유전자변형 농산물에 부정적인 사람들의 생각이 옳을 것이다. 하지만 우리가 섭취하는 쌀, 콩, 옥수수, 밀 등 대부분은 원래부터 존재하던 종자가 아니다. 짧게는 100여 년간, 길게는 인간이 곡물을 재배하면서 계속 개량해왔거나 돌연변이로 얻은 종자가 현대의 종자다. 여기에 발전한 유전자 기술을 적용해 유전적인 변화를 줄 수 있게 되었고, 이에 대해 당국이 검사와 허가를 강화하는 추세다. 문제가 없다고 할 수는 없지만, 앞으로 식량 문제를 해결할 방법도 이것 외에는 없다.

몬산토와 경쟁하는 신젠타Syngenta[129]도 농업혁명을 만들기 위해 노력하고 있다. 스위스 바젤에 본사를 둔 신젠타는 2000년에 글로벌 제약사 노바티스Novartis와 아스트라제네카AstraZeneca[130]의 농업부문이 합병해 탄생했다. 신젠타는 사명처럼 식물의 무한한 잠재력을 우리의 생활에 활용하기 위해 작물보호제, 종자, 종자처리제, 화훼 제품을 개발하고 있다. 신젠타는 농업용 화학약품 분야 세계 1위, 생명공학 분야 세계 3위의 기업이다. 신젠타는 2016년에 중국화공그룹中國化工集團이 인수하기로 합의했고, 이로써 중국은 생명공학과 농업 분야에서 단숨에 세계 최고의 기술력을 갖추게 되었다.

그린피스나 소비자단체에서 문제를 제기하는 분야는 이들이 만드는 유전자변형 농산물이지만, 농업 분야에 이들이 이바지하는 바는 훨씬 크다. 영농방법을 바꿔 수확량을 확보하는 방법, 작물을 보호하는 방법, 농장을 효율적으로 운영하는 방법을 보급하는 일도 이들이 하는 일이다. 신젠타는 같은 자원으로 식량 생산량을 2020년까지 20% 더 늘리는 목표를 세워 실행하고 있다.

유전자변형 농산물에 관한 논란은 계속될 것이다. 하지만 유전자변형 농산물은 절대 사라지지는 않을 것이다. 어쩌면 정치적으로 해결하지 못하는 식량 문제를 이들이 조금씩 바꿔가고 있다고 이해해야 옳을 것이다. 농업에 화학, 유전공학을 융합한 이들의 기술은 하루에만 10만 명이 굶어 죽는 현실, 같은 공간에서 인간으로 같이 살아가야 할 새로운 인구가 하루에만 27만 명이 늘어가는 현실을 조금씩 바꾼다.

두 마리 에너지 토끼의 경쟁

에너지 사용량은 계속 늘고 있다. 전기자동차가 거리에 가득하더라도 전기자동차를 달리게 하는 배터리를 충전할 전기를 생산해야 한다. 저전력 전자제품을 생산하더라도 공장이 자동화되어 전기를 더 많이 사용하게 되고, 개인이 사용하는 전자제품 수가 늘어 전체 전력 사용량은 늘 수밖에 없다. 중국처럼 급속하게 경제가 성장하는 경우는 더욱 그렇다. 중산층에 편입되는 인구가 계속 늘어서 인구증가와 관계없이 에너지 사용량이 는다.

중국은 매장량 기준 세계 3위, 생산량 기준 세계 1위의 석탄 대국이다. 그만큼 중국은 석탄 의존도가 높다. 그래서 중국은 북한으로부터 석탄을 수입하기 위해 애쓰고 북한은 주변국 몰래 수출하기 위해 애쓴다. 물론 주변국은 어떻게든 수출을 차단하기 위해 애쓴다. '산업혁명과 한반도 미세먼지'에서도 설명했지만, 중국은 계속 증가하는 석탄 사용량을 통제할 수 없는 상황으로 빠져들고 있다.

2020년 석유생산량이 정점에 이르는 피크 오일Peak Oil이 지나도 중국의 석탄 사용량은 줄어들지 않을 것이다. 단 한 가지 예외적인 상황이 온다면 그것은 환경문제를 중국 정부가 제대로 깨닫는 것이다. 경제적 발전보다 더 큰 손실이 환경문제에서 발생할 수 있다는 사실 말이다. 하지만 그럴 가능성은 아주 작다. 바다 건너에 사는 우리는 에너지 문제가 중국의 에너지 문제와 맞물려 점점 해결하기 어려워진다.

이런 문제는 아프리카에서도 생긴다. 아프리카에는 산유국이 많다. 나이지리아, 앙골라, 가봉, 리비아, 콩고 등 대부분이 산유국이다. 생산량도 점점 많아지지만, 문제는 소비량도 가파르게 상승하는 데 있다. 영국 석유회사 BPBritish Petroleum[131]는 아프리카 석유소비량이 2015년 하루 400만 배럴에서 2025년에는 550만 배럴을 넘을 것으로 추산한다. 반면에 인구가 정체하고 신재생에너지에 집중하는 프랑스와 독일 등 유럽은 석유 소비가 이미 내림세로 돌아섰다.

성분이 응축된 석유보다 평균 생산비용은 비싸지만, 유가가 높아지면 주목받는 셰일 오일Shale Oil도 1980년대부터 개발되고 있다. 문제는 셰일 오일은 오염물질을 많이 배출하는 경유나 등유로 제조해서 사용하는 데 있다. 러시아, 프랑스, 미국, 캐나다 등 많은 셰일 오일 보유국이 있는데, 그중 가장 많은 매장량을 보유한 나라는 중국이다. 중국이 보유한 에너지 자원을 보면 석탄 경제에서 서서히 탈피하더라도 빠르게 환경오염에서 벗어날 수 있을지 장담하기 어렵다.

전문가들은 미세먼지의 대략 70% 정도가 중국에서 들어오고 나머지 30%가 국내에서 발생한다고 말한다. 가장 큰 원인인 중국의 미세먼지는 외교적으로도 해결책을 찾기 쉽지 않을 것이다. 우리나라 발전소 하나를 정지시키거나 차량 운행을 제한하는 일도 어려운데 남의 나라 발전소를 정지시키고 각 가정에서 석탄을 때지 못하게 하는 일을 고민한다면 그 시간에 국내에서 해결책을 찾는 게 현명하다. 물론 상대방에게 문제의 심각성은 알리는 것은 당연한 일이다.

어쨌건 중국도 서서히 석탄에서 석유와 셰일로 넘어가면 상황은 조금 나아질 것이다. 다만, 우리가 할 수 있는 노력은 계속해야 한다. 국내 발생 요인 30% 중에서 15년 이내에 1/3 정도를 감축하는 것은 불가능해 보이지 않는다. 이조차 하지 않으면 중국의 미세먼지 하나만으로도 문제가 심각해질 수 있다. 매연이 없는 천연가스 활용을 늘리고 화력발전을 축소하면서 부족한 전기에 관한 대책을 마련해야 한다. 신재생에너지조차 생산하기 어려운 우리나라 특성을 고려해 장기적으로 계획을 마련하는 것이 옳다. 미국 테슬라에 합병된 태양광 기업 솔라시티Solar City가 추진하는 솔라 루프Solar Roof[132]와 같은 혁신도 우리가 만들어야 한다.

에너지원으로 원자력을 활용하는 것도 옳지 않다는 것을 몇 번의 세계적 사고가 충분히 입증했다. 한반도가 지진으로부터 안전하지 않다는 사실이 계속 드러나고 있으니 더욱 원자력은 생각에서 지워야 한다. 에너지 자원이 없는 우리가 지금까지 어쩔 수 없는 선택을 했다고 하더라도 폐기하는 방향이 옳다. 원자력발전을 포기해가는 동안 우리가 해야 할 일은 새로운 에너지원을 창조하는 일이다.

이제 인간의 역사와 함께한 탄소 동소체 에너지는 신재생에너지에 의해 서서히 역사 속으로 사라질 것이다. 다만 지금은 탄소 에너지와 신재생에너지가 치열하게 경쟁하는 마지막 국면이다. 신재생에너지로 가는 것이 옳은 방향이라면 먼저 연구하고 투자해서 산업으로 키우는 것이 옳다. 우리나라처럼 신재생에너지조차 개발하기 어려운 여건이라면 유정油井을 개발하듯 기술을 갖춰 해외로 나가면 된다. 분명히 우리는 석유 한 방울 나지 않는 나라에 살았지만, 전 세계에 석유를 시추하기 위해 석유 플랜트를 만들었고 거기서 석유를 들여왔다.

미래의 식량, 에너지

인간이 할 일이 사라진 다음에도 만들어져야 할 것은 에너지다. 에너지가 없으면 인간은 살 수 없다. 공장에서 일하지 않더라도 에너지가 공장을 돌려 생산을 계속해야 한다. 온실을 덥혀 채소를 기르고 자동으로 물을 공급하는 것도 에너지가 하는 일일 것이다. 그 에너지를 신재생에너지로 채워야 하는 이유는 에너지원이 사라지지 않기 때문이다. 사라지지 않는다는 말은 계속 공급된다는 말로, 석유나 석탄처럼 쓰는 만큼 계속 채굴하지 않아도 되고 써도 고갈되지 않는다는 의미를 포함한다.

테슬라의 CEO 일론 머스크가 전기자동차를 사는 사람들에게 무료로 충전할 수 있도록 하는 것은 태양에서 에너지를 얻어 충전해주기 때문이다. 고객들은 조금 비싼 차를 사더라도 유지비가 들지 않는다는 것을 알고 차를 산다. 테슬라에 합병된 솔라시티는 도시의 지붕을 태양광 패널로 덮어간다. 월마트의 옥상도 태양광 패널로 덮어간다. 미관을 해친다는 생각을 하는 사람들에게는 돌이나 벽돌, 슬레이트 모양의 패널을 개발해 공급한다. 솔라 루프는 건축과 신재생에너지 기술이 융합해 태양광 패널이 아닌 건축자재가 되었다.

　　신재생에너지산업은 앞으로 50년간 계속 성장할 산업이다. 연구인력에서 플랜트 제작, 운영인력까지 사람의 일자리가 계속 늘 분야다. 아이디어만 있다면 새로운 방식으로 신재생에너지를 고안할 수도 있다. 해외 사업에 참여하거나 해외에 플랜트를 건설해 지속해서 에너지를 공급받을 수도 있다. 전송기술이나 배터리와 같은 저장기술을 획기적으로 발전시킬 수도 있다. 효율을 높이는 기술도 교체수요를 일으킬 것이다. 전 세계가 이제 탄소 에너지 전쟁에서 신재생에너지 전쟁으로 넘어가는 중이다. 어차피 버릴 탄소라면 다이아몬드만 제외하고 다 버리면 된다.

08
자연과
하나 되는 기술

자연에는 미래가 담겼다.

인간만 진화를 거듭했다고 생각하겠지만,

모든 생명체는 각자의 방식으로 최고의 생존기술을 갖췄다.

자연을 배워 기술로 활용하고 환경을 산업으로 바꿔야 한다.

나미브 사막 풍뎅이와 청색기술

시골에서 자란 사람들은 어린 시절에 장수풍뎅이나 쇠똥구리를 갖고 논 기억이 있을 것이다. 환경오염으로 지금은 거의 찾아보기 어려워진 이 곤충들을 아이들은 작은 상자에 담아 키우기도 한다. 풍뎅잇과 곤충은 세계적으로 25,000종이나 된다. 그중에서 나미브 사막 풍뎅이는 신기한 기술을 가졌다. 비가 내리지 않는 사막에서 말라죽지 않는 기술이 그것이다. 이런 기술을 풍뎅이가 가졌으니 놀랍기도 하고, 이제야 인간이 풍뎅이에게 눈을 돌린다는 사실이 안타깝기도 하다.

나미브 사막 풍뎅이는 안개에서 물을 만들어낸다. 1976년에 알려진 이 사실에 주목하는 사람은 없었다. 그런데 2001년 〈네이처Nature〉에 이 풍뎅이에 관한 논문이 한 편 실렸다. 영국의 동물학자 앤드루 파커Andrew Parker가 풍뎅이의 등에 있는 돌기에 주목하고 거기서 수분이 만들어진다는 사실을 알아낸 것이다.

나미브 사막 풍뎅이는 밤이 되면 서늘해진 사막 모래 언덕 위로 올라간다. 그리고 해가 뜨기 직전 바다 쪽에서 촉촉한 바람이 불어오면 물구나무를 서서 바람을 맞는다. 그러면 풍뎅이의 등에 난 친수성의 작은 돌기에 안개가 닿으면서 작은 물방울이 맺힌다. 더 커진 물방울은 굴러떨어지면서 모여 풍뎅이의 입으로 들어간다. 나미브 사막 풍뎅이는 이렇게 수분을 섭취하며 사막에서 살아간다.

파커는 나미브 사막 풍뎅이에게 배운 기술로 특허를 냈다. 나미브 사막에 나미브 사막 풍뎅이처럼 물을 만들어내는 텐트와 같은 장치를 설치한다고 가정해보자. 메마른 사막에서도 물을 만들어 쓸 수 있다. 이런 기술을 적용하면 물이 부족한 지역의 물 문제 해결에 큰 도움이 될 수 있다. 또한, 열교환 장치의 하나인 냉각탑에 이 기술을 적용하면 사라지는 물의 10%를 회수할 수도 있다.

지금은 보기 어렵지만, 벼룩은 높이뛰기 선수로 유명하다. 자기 몸의 수십 배나 뛰어오르기 때문이다. 벼룩의 높이뛰기는 뛰어오른다는 표현보다 '튀어 오른다'는 표현이 적절하다. 잠자리는 얇은 비닐 막처럼 생긴 날개를 눈에 보이지도 않는 속도로 움직여 난다. 잠자리가 날갯짓하는 속도는 1초에 30회나 된다. 한여름의 불청객인 매미는 사람이 듣기에 고통스러울 정도로 시끄러운 소리를 내며 운다. 더 놀라운 것은 이들이 반복해서 계속 행동해도 문제가 생기지 않는다는 점이다.

덴마크의 동물학자 토켈 와이스-포그Torkel Weis-Fogh는 곤충의 비행을 연구하다가 고무처럼 탄성이 뛰어난 단백질 레실린Resilin을 발견했다. 잠자리가 1초에 30번을 날갯짓해도 날개가 손상되지 않는 이유는 몸통에 연결된 부위가 레실린으로 구성되었기 때문이다. 벼룩의 다리 근육에도 레실린이 많다. 벼룩은 다리 근육에 압축된 레실린을 1,000분의 1초 만에 원상태로 되돌리며 에너지를 방출해 뛰어오른다. 레실린을 활용하면 탄성이 좋은 물질을 만들 수 있다. 인공 레실린은 인체에 이식하는 물질로 활용하기에 좋다. 동맥 내벽의 탄성물질인 엘라스틴Elastin이 손상되었을 때 이를 대체할 수 있고 척추 환자의 디스크도 대체할 수 있다.

위 내용은 청색기술을 창안한 이인식 소장의 〈자연은 위대한 스승이다〉[133] 일부를 요약해 각색한 것이다. 청색기술은 자연에서 얻은 기술이다. 자연의 일부인 인간이 과거부터 자연에서 배워 지식을 키웠지만, 최근 과학기술은 자연에 더 주목한다. 생물체로부터 영감을 얻어 문제를 해결하는 생물영감Bioinspiration과 생물을 본뜨는 생물모방Biomimicry이 그것이다. 이를 청색기술Blue Technology이라고 부른다.

청색기술은 생명공학, 나노기술, 재료 공학, 로봇공학, 인공지능, 신경 공학, 집단지능, 건축학, 에너지 등 연관되지 않는 분야가 거의 없다. 과학기술이 발전하기 전에는 자연으로부터 배우는 데도 한계가 있었다. 하지만 지금은 자연에 주목해 배울 수 있는 환경이 충분하다. 더구나 이 분야는 신생 분야다. 자연에서 배워 건물을 짓고 도시를 지을 수도 있다. 에너지 사용을 획기적으로 줄이고, 자연의 아름다움을 담아내고, 환경문제를 해결하는 것이 청색기술이다.

자연에 주목해야 하는 이유

벼룩과 잠자리의 사례에서도 살펴봤듯이 자연은 위대하다. 자연은 인간보다 더 오랜 세월을 환경에 적응하고 스스로 환경이 되어 현재에 이르렀다. 작은 미생물, 꽃, 동물 하나도 스스로 살아남는 방법을 터득하고 발전시켜 지금에 이르렀다. 과거에는 자연을 들여다볼 방법이 마땅치 않았다. 갈고리가 달린 도꼬마리 씨앗에서 아이디어를 얻어 '찍찍이'라고 부르는 벨크로Velcro를 만들거나, 관목 울타리를 모방해서 만든 가시철사 정도가 전부였다.

하지만 과학기술이 급진전한 지금은 완전히 다르다. 앞으로는 더욱 그렇다. 특히 로봇을 개발하는 분야는 자연을 배우지 못하면 발전하지 못할 정도다. 미국은 바닷가재를 닮은 로보랍스터Robolobster[134]를 만들어 군사용으로 활용하려고 한다. 로보랍스터는 바닷속을 빠른 속도로 움직이면서 지뢰를 탐지한다. 그러려면 바닷가재가 거친 파도에 쓸려가지 않고 움직이는 방법을 알아내야 한다.

구글은 방산업체 보스턴 다이내믹스Boston Dynamics[135]를 2013년에 인수했다. 이 회사는 군사용 로봇을 개발해왔다. 가끔 텔레비전에서 해외 토픽으로 등장하는 개나 말을 닮은 로봇이 그중 하나다. 빅 독Big Dog으로 불리는 이 로봇은 무거운 짐을 싣고 빠른 속도로 달린다. 전쟁터에서 병사와 함께 군사작전을 수행할 로봇이다. 이 로봇을 물류에도 활용할 수 있다. 육상 배송에 활용하면 무거운 물건을 정확하고 빠르게 고객에게 전달할 수 있다.

벨기에의 환경운동가이며, 제리재단Zero Emissions Research Institute[136]의 창립자인 군터 파울리Gunter Pauli는 저서 〈청색경제〉에서 "10년 안에, 100가지의 혁신 기술로 1억 개의 일자리가 생긴다."고 주장했다. 무엇보다 청색경제는 환경문제를 해결하고 고용창출에 잠재력을 가졌다고 했다. 청색기술에는 파괴가 아니라 지속 가능한 발전이 담겼다.

환경과 하나 되는 산업

'오션 클린업The Ocean Cleanup[137]', 기업 이름이다. 무슨 일을 하는 기업인지는 이름에 아주 잘 드러나 있다. 22살의 청년 보얀 슬랫Boyan Slat이 세운 이 기업은 해양 쓰레기를 청소하는 기업이다. 그가 16살이던 2011년, 그리스 바다에서 스쿠버다이빙을 하다가 온통 플라스틱, 비닐봉지와 같은 쓰레기로 뒤덮인 바닷속을 목격했다. 그날부터 왜 쓰레기를 치우지 못하는지 연구하기 시작한 그는 움직이는 쓰레기를 청소할 묘안을 생각해냈다.

우선 해류의 순환으로 쓰레기가 모이는 곳에 거대한 블록을 V자 형태로 설치해 쓰레기를 가두되, 3m 높이로 설치해 아래로는 물고기가 빠져나갈 수 있도록 고안했다. V자 블록은 10~100km에 이를 정도로 넓게 설치해 쓰레기가 V자 중앙을 중심으로 모이게 설계했다. V자 블록 맨 앞쪽에는 쓰레기 회수장치를 설치하는데, 태양광 발전 설비를 넣어 외부에서 동력을 연결하지 않아도 계속 쓰레기를 회수할 수 있도록 고안했다.

해류를 따라 움직이는 쓰레기는 환경을 급속도로 파괴한다. 직접 동식물을 죽이기도 하지만 그렇지 않더라도 해양생물에 흡착되어 생식을 방해하거나 몸에 흡수되어 다시 인간을 파괴하러 식탁에 오른다. 오션 클린업은 회수한 쓰레기를 재활용하려고 한다. 플라스틱이나 비닐은 해양 쓰레기의 대략 90%에 이르는데, 이를 거둬 재활용하면 환경 보호는 물론 사업으로서도 훌륭한 가치를 지닌다.

브라질에 가면 나투라Natura Cosmeticos[138]라는 화장품 브랜드가 있다. 브라질 사람들은 이 브랜드를 무척 자랑스러워 한다. 이 회사의 화장품 원료 75%는 대부분 아마존 열대우림에서 얻은 천연원료다. 포장재조차도 재활용 가능한 천연원료에서 얻는다. 그래서 나투라는 아마존이 없으면 회사가 지속할 수 없다고 말한다. 이 회사는 돈을 벌어서 상당한 금액을 다시 아마존 연구에 투자한다.

앞으로 환경을 생각하지 않는 기업은 퇴출당할 것이다. 그 기업이 지구에서 환경을 보호하려는 사람과 같이 살아갈 이유를 상실하기 때문이다. 작은 플라스틱 상자에 담긴 일회용 커피 캡슐 사용량은 엄청나다. 하지만 이 캡슐이 그냥 버려지면 환경오염은 상상을 초월한다. 커피 캡슐을 팔고 다시 거둬가지 않는 기업은 커피 캡슐을 만들어 팔 자격이 없다. 곧 그들이 소비자라고 부르는 고객들이 지구라는 커다란 환경에서 함께 살아갈 기업을 선별할 것이다.

지금까지 변화와 혁명, 해체와 융합의 커다란 흐름을 살펴봤고, 다음 장에서는 마지막으로 사람 사는 세상의 사람 냄새와 관련된 부분을 다룬다. 독자들은 이런 생각이 들 것이다. 과연 우리는 클라우스 슈바프와 우리나라 몇몇 사람이 말하는 '4차 산업혁명'에서 살아남을 기술이나 아이디어가 있는가? 냉정하게 평가하면 단 하나도 없다.

그렇다면 어떻게 해야 할까? 일자리를 유지하고 새로운 일자리를 창출할 방법은 어디에 있을까? 인공지능과 같은 분야는 정부에서 개발하라고 지원한다고 될 일도 아니지만, 이미 늦었다. IBM의 왓슨Watson은 병원에서 암을 진단한다고 생각하겠지만, 로컬모터스Local Motors가 자율주행 자동차에 넣을 인공지능이고, 독일의 자동화된 공장에서 가상 공장을 운영하는 운영시스템이다.

독일은 미국 기업들과 제휴해서 인공지능이 들어간 공장을 함께 설계했다. 이 기술로 세계에 공장을 지으려고 한다. 미국 자동차 기업 로컬모터스는 디자인과 설계 등은 자신들이 하지만, 인공지능은 IBM의 것을 활용하고 배터리는 한국과 협력하고 싶어 한다. 3D 프린팅 공장은 인건비가 차지하는 비중이 작다. 세제 혜택이 있다면 물류마저 훌륭한 한국이 최적이다. 그래서 한국에 공장을 짓고 싶어 한다. 인건비는 자동화된 공장에 전혀 중요하지 않다.

인공지능은 로컬모터스처럼 도입해서 활용하면 된다. 휴대전화에 들어갈 5세대 기가비트Gigabit LTE 모뎀칩은 지금처럼 퀄컴Qualcomm[139] 것을 쓰면 된다. LG전자가 만드는 노트북을 구동하는 운영시스템은 마이크로소프트Microsoft의 윈도우Windows를 쓰면 된다. 삼성전자의 스마트폰 운영체제는 지금처럼 구글의 안드로이드Android를 쓰면 된다. 우리가 운영체제를 만들어서 세계 1위의 스마트폰 강국이 된 것은 아니지 않은가? 생각을 바꿔 인공지능을 개발한 그들과 무엇을 할 것인지를 생각해야지 뒤처진 기술을 따라가는 방법은 훌륭한 사고도 아닐뿐더러 이상한 사고다.

지금부터 끝도 없이 지어질 자동화된 공장을 짓는 기술은 놓치기 무척 아쉬운 분야다. 이런 분야는 특별한 분야로 특화하는 것이 옳다. 자동차공장부터 짓겠다는 생각은 좋긴 하지만, 불가능한 일이고 우리에게 맡겨주지도 않을 일이다. 앞에서도 살펴봤지만, 그 공장에 들어갈 로봇은커녕 센서도 우리 것이 아니다. 우리가 앞서가는 산업, 앞서갈 수 있는 산업을 발굴하는 것이 정부의 몫이다.

정작 중요한 것은 공장을 짓는 일보다 공장을 유치하는 일이다. 계속 강조한 대로 앞으로는 사람이 있건 없건 공장은 미래에도 세금이다. 시간이 흘러 자동화가 진전될수록 공장이 없는 나라는 가난한 나라, 그나마 사라지는 일자리조차 없는 나라가 된다. 계속 인구가 줄어드는 한국은 이제 땅이 남아도는 나라가 된다. 국가와 지방자치단체를 가릴 일이 아니다. 어떻게든 공장을 유치해야 한다. 해외에서 들여오면 더없이 좋다.

청색기술에서 차별화된 기술을 확보하는 것도 좋다. 작은 규모의 청색 도시를 시범적으로 만들어보는 것도 좋을 것이다. 도시디자인, 건축은 물론 에너지부터 도시 안의 산업에 이르기까지 아이디어 100가지만 적용하면 신기한 도시가 만들어진다. 모든 것이 청색기술로 해결되는 도시는 전 세계에서 부러워할 미래 도시의 모습이다. 이런 미니 도시는 건설되기만 하면 엉뚱하게도 관광과 연수만으로도 먹고 살 수 있다.

09

부활하는
휴머니즘

로봇은 이제 곧 모든 일에서 사람이 할 수 있는 것보다
훨씬 높은 수준으로 일하게 된다.
사람은 많지만, 점점 소외되고 외로워진다.
감성과 휴머니즘에서 일자리를 찾아야 한다.

나누면 커지는 경제

소유의 경제는 인간의 탐욕을 자극해 커졌다. 지금 가진 것보다 더 좋은 것이 만들어졌다고 끊임없이 자극해 갖지 않아도 될 것을 사도록 했다. 옷장에 옷이 가득 있어도 철이 바뀌고 해가 바뀔 때마다 유행을 따라 새로 옷을 사야 한다고 믿었다. 신발이 얼마나 많은지는 더는 신발장에 신발이 들어갈 수 없게 된 날 알 수 있었다. 이사하는 날에는 세 식구를 위한 식기가 왜 그렇게 많은지 이해할 수 없었지만, 백화점에만 가면 멋진 디자인의 식기에 눈이 갔다. 그리고 결정적으로 자동차 한 대는 왜 주차장에 세워두고 있는지 스스로 이해하지 못할 때도 있었다.

하지만 연결된 세상이 오면서 사람들의 생각이 바뀌기 시작했다. 내가 필요 없는 것이 누군가에는 유용한 것이 될 수 있다는 사실을 알게 됐다. 쓰던 물건 중에서 사고파는 것이 집이나 땅이나 자동차처럼 비싼 것만이 아니라는 사실도 알게 됐다. 한 번만 사용하거나 자주 사용하지 않는다면 굳이 사지 않고 빌려 써도 된다는 것을 알게 됐다. 사람들이 알게 된 가장 놀라운 사실은 계속 사들인다고 행복해지지 않는다는 것이다.

이제 호텔에서 달라는 돈을 다 주고 숙박하며 여행하는 사람은 아주 돈이 많거나 뭘 모르는 사람이다. 에어비앤비Airbnb[140]는 1억5,000만 명이 이용하는 커뮤니티다. 에어비앤비는 191개 국가에서 65,000개 이상의 도시를 연결해 300만 개 이상의 숙소를 연결한다. 여행지에서는 현지인들과 어울리며 그들이 사는 문화에서 잠들고 눈을 뜬다. 하지만 에어비앤비에서 숙소만 이용했다면 더 중요한 것을 빠트렸다. 에어비앤비를 통하면 여행지에서 현지인이 제공하는 특별한 경험을 여행에 추가할 수 있다.

집카Zipcar[141]는 차를 공유한다. 차는 세워두어도 시간이 흐르면 값이 내려간다. 그래서 차를 사용하지 않는 시간에 다른 사람이 쓰도록 하는 것이 현명하다. 사용하는 사람은 기업에서 빌려주는 비싼 렌터카 대신 싸게 차를 빌린다. 사람들은 여기서 더 나아간다. 이웃에게 남는 좌석을 빌려주는 버즈카Buzzcar가 그것이다. 같은 방향으로 간다면 이웃의 차를 잠시 얻어타고 출근하는 것은 아주 인간적인 일이다. 적은 비용을 지급하면 미안함도 사라진다.

기억을 더듬어 생각해보면 풍족하지 않던 시절에는 이 모든 것이 하던 행동이었다. 이웃에게 농기구를 빌려서 쓰고, 맞선을 보러 갈 때는 맞지 않는 양복도 빌려 입었다. 더 먼 과거에는 연고도 없는 집 대문을 두드려 하룻밤 신세를 지기도 했고, 부잣집에서 말을 빌려 타고 과거를 보러 가기도 했다. 심지어 이웃집 일을 같이 해주기도 했다. 하지만 산업혁명으로 풍요로워지자 모든 것이 돈과 노동, 수요와 공급으로만 계산되기 시작했다. 그렇게 단절되었고 사람이 사는 진짜 모습을 잊었다.

하지만 연결된 세상은 사람이 사는 진짜 모습을 복원하기 시작했다. 풍요로운 시대가 저물고 빈곤한 시대가 곧 다가오면 더 많은 곳에서 사람이 사는 진짜 모습이 복원될 것이다. 자율주행 자동차는 하루에 30분 동안 차를 써야 해서 차를 소유해야 한다는 명분을 사라지게 할 것이다. 한복을 빌려 입고 고궁에서 사진을 찍으면서, 옷을 빌려 입는 것도 이상한 일이 아니라는 사실을 기억해낼 것이다. 공유의 시대에 공유 경제Sharing Economy¹⁴²가 부활하고 있다.

에어비앤비가 원하던 대로 가정집이 숙박시설이 되니 호텔은 문제가 심각해졌다. 그러자 호텔들은 앞다투어 더 저렴한 호텔을 도심 곳곳에 짓기 시작했다. 더 좋은 서비스를, 가정집보다 아주 조금 비싼 가격에 제공하자는 것이다. 하지만 사람들은 호텔을 선택하더라도 호텔을 비교하고 더 저렴한 호텔을 찾았다. 그러니 사람들이 몰려들 때는 문제가 없지만, 그렇지 않은 시기에는 손해를 보며 방을 내줘야 했다. 호텔 간의 경쟁도 보통 일이 아니다.

그런데 한 가지 호텔이 제공하기 어려운 것이 있다. 그것은 '그곳 사람들이 사는 모습', 사람 냄새다. 사람들이 에어비앤비를 찾는 이유다. 그것을 호텔만 모를 뿐이다. 알아도 해결할 수 없는 일이다. 에어비앤비가 없는 상태에서도 우리는 민박집을 일부러 찾았고, 거기서 현지인들에게 묻고 나누고 같이 생활했다. 이제 사람들은 다시 과거로 돌아간다. 호텔에서는 일자리가 줄 것이고, 호텔들은 경쟁에서 살아남기 위해 로봇을 들일 것이다. 미래는 이렇게 둘로 나뉜다.

호텔에서 일자리가 줄어드는 만큼 방을 나누는 사람들에게는 기회가 열린다. 일자리가 만들어진다. 우리나라도 이런 부분을 제도적으로 지원해야 한다. 한국에서 에어비앤비를 이용하든, 민박집을 온라인으로 찾든 중요한 것은 그들에게 한국인과 한국인의 삶을 경험하게 해주는 것이다. 그렇게 한국인을 보여주면 그들은 더 많은 친구를 연결한다. 전 세계 어디에나 있는 브랜드 호텔을 궁금해하며 친구를 데려가는 사람은 극소수다.

공유 경제는 '같이 쓰는 것'을 넘어선다. 사람들이 다른 사람에게 차를 빌려줄 때, 차를 빌려 가는 사람을 신뢰하지 않으면 차를 빌려줄 수 있을까? 차를 빌리는 사람이 차를 싸게 빌려줘서 고마워하며, 깨끗하게 사용하고 돌려줄 것이라는 믿음을 주지 못하면 상대가 차를 빌려줄까? 이웃과 차를 함께 타는 카풀을 하는 일이 상대를 믿지 못하고도 가능한 일일까? 공유 경제는 자원만 공유하는 것이 아니라 마음을 공유한다.

좋은 아이디어의 착한 경제

탐스Toms[143]는 신발, 안경, 옷, 가방을 만드는 브랜드 이름이다. 탐스는 신발을 만드는 일에서 출발했다. 캔버스 스타일의 탐스 신발은 단순하지만, 감각적인 색감을 가졌다. 신발을 보고 나면, 아이들에게 선물하고 싶어지는 그런 신발이 탐스다. 탐스 신발은 신은 사람을 눈에 띄게 해준다. 탐스 신발을 신으면 사람들이 바로 알아본다. 그만큼 색감이 예쁘고 단순하다. 그리고 절대 가격이 비싸지 않다.

2006년에 블레이크 마이코스키Blake Mycoskie는 아르헨티나로 자원봉사하러 갔다가 신발도 신지 않은 채 거리를 뛰어다니는 아이들을 보게 되었다. 그 아이들의 부모는 10달러나 되는 큰돈을 들여 신발을 사줄 수 없었다. 아르헨티나에서 충격을 받은 마이코스키는 아이들에게 신발을 선물하기로 했다. 신발 디자인은 아르헨티나 젊은이들이 신는 전통 신발 알파르가타Alpargatas에서 가져오기로 했다.

탐스를 신는 사람들은 탐스가 '내일을 위한 신발Shoes for Tomorrow'을 줄인 단어라는 사실을 안다. 자신이 탐스에서 신발 한 켤레를 사면 탐스는 신발 한 켤레를 저개발국 아이에게 기증한다는 사실을 알고 기꺼이 이 멋진 신발을 산다. 아이와 손을 잡고 탐스 매장에 들어온 엄마는 아이에게 신발을 사주면서 행복해진다. 먼 이웃 나라에서 신발을 사주지 못해 가슴 아파하는 엄마 대신 신발을 사주는 마음이 탐스의 고객에게 있다.

탐스는 안경이 팔리면 시력교정용 안경을 기증하거나, 시력 복원 시술을 지원하거나, 의약품을 저개발국에 지원한다. 탐스는 커피 제품이 팔리면 깨끗한 식수를 제공하거나, 정수시설을 저개발국에 설치한다. 탐스는 가방이 팔리면 비위생적인 환경에 노출된 임산부들에게 출산 키트를 제공하고 출산에 필요한 교육을 제공한다. 비영리기관 프렌즈 오브 탐스Friends of Toms는 신던 신발을 기증받아 저개발국 아이들에게 기부한다.

지금까지 제품을 사는 이유는 대부분 나와 가족, 친구가 전부였다. 그러던 사람들이 제품을 사는 '이유'를 이웃으로 확장하기 시작했다. 개인이나 단체가 이런 일을 하는 예는 많지만, 서로 알지 못하는 사람들이 제품을 구매하면서 착한 소비를 통해 좋은 일에 참여하는 예는 드물다. 그리고 어떤 사람들은 '다른 사람을 위해서' 제품을 만든다. 사람들은 그동안 잊고 살았던 '함께 사는 사회'를 복원해가고 있다.

좀 더 파급력이 큰 방법으로 '다른 사람을 위해서' 제품을 만드는 사람도 있다. 영국에서 컴퓨터를 전공하는 학생이 줄어드는 현실과는 반대로, 저개발국 아이들은 컴퓨터를 배우고 싶어도 배울 수 없는 현실에 실망한 케임브리지대학교의 에벤 업톤Eben Upton은 라즈베리 파이Raspberry Pi[144] 재단을 설립해 컴퓨터를 직접 공급하기로 했다. 복잡한 컴퓨터가 아니라 최대한 단순하고 작고 성능 좋은 컴퓨터를 만들어 가장 싸게 공급하는 것이 이들의 목표였다.

2016년 출시된 '라즈베리 파이 3' 모델 B는 한국에서도 대략 4만 원 정도에 구매할 수 있다. 프로세서와 전력 소비가 개선되었고 무선 랜과 블루투스도 내장되었다. 연구용이나 교육용으로 컴퓨터를 활용한다면 가장 저렴하고 훌륭하다. 그래서 라즈베리 파이 재단은 학교나 어린이, 컴퓨터 전공자들에게는 더 싸게 판다. 라즈베리 파이 컴퓨터는 2012년 첫 제품이 출시되고 5년 동안 1,250만 대가 팔렸다.

착한 경제는 투명성이 보장되는 한 계속 성장할 것이다. 어쩌면 이것이 우리가 바라던 경제일 것이다. 탐스나 라즈베리 파이는 광고를 최대한 자제한다. 이들은 파급력을 가진 소셜 미디어와 협력하고 사회 단체를 활용하고 학교의 동아리를 활용한다. 이들이 파는 제품에는 사회 문제가 담겼고, 그것을 해결하려는 열정이 담겼다. 이들이 하는 일에는 작은 것으로 더 좋은 사회를 만들겠다는 의지가 담겼다.

탐스와 라즈베리 파이가 만드는 일자리는 변화에 영향을 덜 받는다. 가격과 원가가 중요하지 않은 것은 아니지만, 고객은 가격만 보고 사지 않는다. 탐스와 라즈베리 파이의 제품은 많은 사람에게 사랑받아서 더 많은 일자리를 만들고 유지한다. 생산 협력업체들은 이에 맞춰 최대한 이익을 낮춤으로써 협력한다.

그리워지는 사람들

학교에서 교사를 로봇이 대신한다면, 그래도 인간 교사로부터 배우고 싶은 과목은 무엇일까? 헬스케어산업이 계속 성장해 양로원과 병원에서 진단과 치료는 물론 육체적으로 힘든 일을 로봇이 대신한다면, 그래도 사람의 손길이 기다려지는 일은 무엇일까? 지금 가정에서, 동료와 마주 앉은 점심 식탁에서 무슨 일이 벌어지고 있는지 생각해보면 해답을 찾을 수 있다. 어쨌건 지금은 아무 일도 벌어지지 않는다.

무슨 소리인지 어리둥절하겠지만, 실제로 아무 일도 벌어지지 않는 것이 문제다. 앞으로는 점점 더 아무 일도 벌어지지 않는다. 저녁에 가족이 모여도 화롯불을 사이에 두고 옛날이야기를 듣는 풍경이 절대 복원되지 않듯, 과일 한 접시를 사이에 두고 가족이 이야기를 나누는 풍경도 점점 기대하기 어려워진다. 학교에서 무슨 일이 있었는지 대화하는 것보다 방문을 닫고 친구들과 소셜 미디어로 소통하는 것이 편하다고 생각하기 때문이다.

사무실을 나서 동료들과 점심 테이블에 앉더라도 대화가 사라지긴 마찬가지다. 아이러니하게도 그들이 만지고 들여다보고 대화하는 상대는 지금 앞에 앉은 사람보다 덜 중요한 사람들이다. 방문을 닫고 대화하는 상대는 바로 전까지 학교에서 만나 대화하던 친구다. 그토록 자신을 사랑하는 부모는 방문으로 가려서 애써 외면하고, 온종일 마주 앉아 일하는 동료의 얼굴은 음식을 앞에 두고도 외면한다. 편의점이나 대형 할인점에는 오직 한 사람만을 위한 음식과 전자제품이 계속 자리를 넓혀간다.

2035년, 사람들은 왜 지금 의사라는 이름표를 붙인 24개월 된 로봇과 마주 앉아 48년이나 산 자기 인생을 상담해야 하는지 이해할 수 없다. 사람들은 왜 인간의 역사를 로봇에게 배워야 하는지 이해할 수 없다. 사람들은 왜 인간성이 중요한지 로봇에게 듣고 있는지 이해할 수 없다. 사람들은 인간이 만든 음악을 왜 로봇이 듣고 평가하는지 이것만은 절대 이해할 수 없고 혼란스럽다. 가장 혼란스러운 일은 인간이라고 생각한 상대가 로봇인 경우고, 가장 행복한 일은 로봇이라고 생각한 상대가 인간인 경우다.

　　사람이 하는 모든 것은 일등이 있는 것도 있고 없는 것도 있다. 심지어 일등이 필요 없는 것도 있고, 그냥 하는 일도 많다. 때로는 할 필요가 없는 일도 한다. 자신과 가족에 아무 도움이 되지 않는 일도 한다. 아무것도 하기 싫은 것조차 인간의 욕구다. 하지만 점점 모든 것이 사람이 할 수 있는 것보다 훨씬 높은 수준으로 이루어지는 것을 보게 된다. 사람은 많지만, 점점 소외되고 외로워진다. 휴머니즘에서 일자리를 찾을 때다.

PART IV

2035년,
9분야 일의 미래

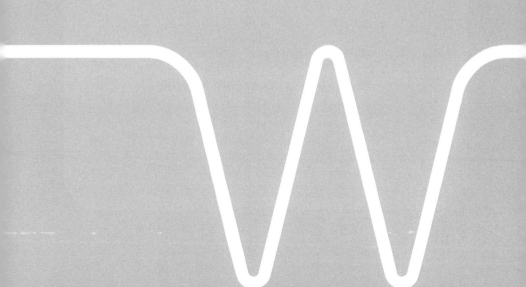

00

2035년,
9개의 레고 블록

이제는 행동할 때다.
행동은 일을 그만두는 것이 아니라,
경쟁력을 키우는 것이고 미래를 준비하는 것이다.
정부도 기업도 개인도 행동하지 않으면 미래가 없다.

융합하는 9개의 레고 블록

지금부터 2025년, 2035년 그리고 2045년 이후의 더 먼 미래를 움직이는 가장 중요한 요인들은 무엇일까? 우리는 이것을 9개의 블록으로 그려봤다. 시간이 단절된 것이 아니니 시기에 따라 블록 간 중요성의 차이는 생기겠지만, 중요한 요소들이 놓인 블록 위에 새로운 블록이 전면에 부상하면서 융합하는 구조로 세상이 움직일 것이다. 맨 아래의 블록 4개는 초기부터 계속 융합의 기초재료가 될 것들이다. 그 다음 3개는 2025년이 되면 전면에 부상하기 시작하는 새로운 블록들이다. 마지막 2개의 블록은 과거에 이미 등장했지만, 2035년이 넘어가면서 그 중요성이 급부상하는 블록들이다.

[미래를 융합하는 9개의 레고 블록]

왜 하필이면 레고Lego 블록일까? '가상세계의 레고 블록'에서 설명한 이유와 같다. 각 블록이 하나의 독립된 완성품이자 다른 블록과 융합하여 새로운 미래를 만들 블록이기 때문이다. 식량은 인공지능과 생명공학을 만나 대량생산의 길을 열어줄 수도 있지만, 디지털 권력을 잘못 만나 일자리가 사라진 세계에서 지금보다 더 큰 분배의 문제를 키울 수도 있다. 투명한 정치가 디지털 권력을 적절히 제어하지 못하면 디지털 권력이 실제 권력이 될 수도 있다. 그렇게 되면 휴머니즘은 사라지고 로봇만 남는다.

식량과 에너지는 설명할 필요가 없다. 다만, 이 둘은 먹고사는 문제다. 2020년이 오기 전까지는 예행연습에 불과하던 일자리 해체가 거대한 파도가 되기 시작한다. 2023년, 4단계와 5단계 자율주행 자동차가 보급되면서 파도가 덩치를 키우고 일자리를 순식간에 삼켜버린다. 자율주행 자동차로 시작한 인공지능은 병원, 공장, 학교를 가리지 않고 파고든다. 3D 프린터가 다시 자동화된 공장과 경쟁한다. 먹고사는 문제가 심각해진 사람들이 주변에 가득해진다. 2030년이 가까워지자 공장에서 사람이 거의 사라진다. 사람들은 정치가 힘을 발휘하길 원하고, 신경제학으로 새로운 분배의 정의가 세워지길 바란다.

하지만 한 편에서는 디지털 권력이 엄청나게 힘을 키운다. 감시와 통제로 사생활이 사라진 세계처럼 보인다. 나를 드러내지 않으면 어둠의 세계에서 살아야 할 것처럼 모든 것이 드러난다. 정치권력과 디지털 권력은 새로운 길을 모색해야 한다. 둘 다 인간의 힘으로 만든 것이지만, 지성으로 만든 정치권력이 이성으로 만든 디지털 권력을 통제하길 바란다. 사람이 우선인 사회가 유지되면 휴머니즘과 로봇이 공존할 수 있다.

2045년이 지나면 호모 사피엔스 사피엔스가 지구에 발을 디딘 후 30,000년 만에 처음으로 일에서 자유로운 시기가 올 수 있다. 단, 휴머니즘이 살아남는 경우만 해당한다. 건강과 삶의 선택권도 주어진다. 앞으로 30년, 그러니까 산업혁명 이후 300년간 달려온 인간의 과학기술 혁명이 결실을 보는 순간이 이 시기에 온다. 하지만 이것은 그냥 얻어지는 것이 아니다. 이미 시작된 '사라지는 일자리'의 고통을 견뎌야 하고, '인간의 삶이 무엇인지', 우리가 '미래를 어떤 모습으로 만들 것인지' 모두가 동의해야 가능한 일이다. 미래로 가는 화살은 시위를 떠났다.

사라진 일자리 너머

일자리가 사라진 세계를 어렵게 상상할 필요는 없다. 일자리는 이미 사라지기 시작했고, 실제로 그것을 서서히 피부로 느끼고 있다. 경제 규모는 커졌지만, 일자리는 늘지 않았다. 과거에는 1970년생 100만 명도 부족했지만, 지금은 1990년생 65만 명의 일자리도 감당하기 어렵다. 그조차 지금은 공공 일자리 등으로 어느 정도 감당할 수 있지만 계속 그럴 수는 없는 일이다. 이제는 청년 실업의 문제가 아니라, 모든 연령대에서 실업의 문제가 부상한다.

책 대부분에서 강조한 대로 해결책은 두 곳에서 만들어야 한다. 하나는 정부고 하나는 일자리가 필요한 개인이다. 기업이 일자리를 만든다고 생각하겠지만, 적어도 지금 존재하는 대기업은 아니다. 대기업은 오히려 일자리를 줄인다. 정부는 자동화된 공장이든 수공업을 하는 공장이든 공장이 우리나라에 있도록 해야 한다. 그나마 줄어드는 일자리를 유지하는 방법이고, 완전히 자동화된 공장이 들어차더라도 세금을 걸을 마지막 수단이다. 미국과 유럽, 일본과 중국도 자국에 공장을 유치하고 심지어 공장을 사들이는 데 모든 것을 걸었다.

지금 유럽 선진국이나 미국, 일본은 일자리 문제를 걱정하는 우리와 달리 사람이 부족하다. 같은 고민거리라면 소득이 늘지 않는 것이다. 왜 그럴까? 위에서 설명한 대로 대기업이 일자리 창출에 전혀 이바지하지 못하기 때문이다. 상대적으로 고임금인 대기업에서 일자리를 줄이기 때문에 실업률이 낮아도 국민 전체로 보면 소득이 늘지 않는 것이다. 이런 상태에서 경쟁은 계속된다.

사람이 부족해 인력난을 겪는 선진국은 자동화가 해법이다. 그러면 경쟁에서도 이길 수 있다. 더 좋은 제품을 더 싼 가격에 만들 수 있고 인력난도 해결할 수 있다. 중소기업이 받쳐줄 체제가 갖춰졌다면 더 좋다. 그뿐만 아니라, 공장이 자기 나라 안에 건설된다면 미래를 크게 걱정하지 않아도 된다. 최소한 만드는 만큼 세금은 걷을 수 있기 때문이다. 하지만 우리는 진퇴양난이다. 자동화로 일자리가 줄어도 문제고, 자동화를 따라가지 못해 가격이나 품질 경쟁력에서 뒤처져도 문제다.

왜 이런 일이 벌어졌을까? 제조업이 전부 밖으로 나갔기 때문이다. 기업은 저임금을 바탕으로 해외에서 경쟁력을 키울 수 있었다고 하지만 한국에는 일자리가 사라졌다. 서비스업은 돈을 쓸 사람이 있어야 성장하는데 부채만 가득한 가계로는 그조차 불가능하다. 제조업은 자동화되어도 제품이 만들어진다. 앞으로 계속 자동화되면 제조업에서 임금이 차지하는 비중은 같은 속도로 줄어든다. 임금이 덜 중요해졌으니 다른 유인책을 만들어 다시 제조 강국을 만들어야 한다.

정부는 일자리가 사라지면서 급속도로 커지는 분배의 문제도 해결해야 한다. 대량 실업은 세수의 감소가 아니라 증발이다. 복지의 재원이 순식간에 복지의 대상으로 바뀐다. 세금을 걷을 방법이 마련되기도 전에 쓸 곳이 급속도로 는다. 문제가 돌이키기 어려워진 수준이 되었다는 사실을 깨닫게 되는 2023년 정도가 실업의 물결이 파도가 되는 지점이다. 심각성이 최고조에 달한 것이 아니라 시작이라는 말이다. 분배의 정의를 요구하는 목소리가 커지기 전에 분배의 정의를 만들 방법을 찾아야 한다. 이것은 우리만의 문제가 아니라 전 세계적인 문제라는 점이 더 큰 문제다.

정부가 할 일 중에서 가장 중요한 일은 미래를 새롭게 설계하는 일이다. 그중에서 가장 효율적인 일은 국가의 미래, '아이들의 교육'을 미래에 맞추는 일이다. 미국이나 유럽, 일본, 중국조차도 과학기술에 모든 것을 걸었다. 각자 비슷한 듯 다른 길을 가는 선진국들은 아이들의 '교육'으로, 성인들의 '교육'으로 자국만의 경쟁력을 만들기 위해 노력하고 있다. '미래'를 가르쳐야 한다는 의미다. 미국의 '스템STEM'은 한 마디로 '미래'다. 우리는 대학에서조차 제대로 미래를 가르치지 않는다. '무엇'을 가르칠지 확인하고 '어떻게' 가르칠지 결정해야 할 때다. 그래야 30년 후에 대한민국이 있다.

개인은 무엇을 해야 할까? 참으로 어려운 일이다. 민간에서 일자리가 사라지기 시작하면 공무원의 일자리조차 가시방석이 된다. 우선 성인들은 무엇이 어떻게 변화하는지 알아야 한다. 그다음으로 중요한 일은 그 변화의 방향, 미래에 맞춰 자기 아이들을 가르치는 일이다. 의사도, 판사도, 교사도 아이들의 미래에는 그리 썩 좋은 직업이 아니다. 공무원도 가장 머리 아픈 직업으로 분류될 것이다. 대부분이 미래가 가는 방향으로 이동하려고 할 것이고, 그러니 정반대로 가는 것도 괜

찮은 선택이 될 것이다.

방향을 파악했다면 내가 선 위치를 파악해야 한다. 여기까지 읽었다면 대부분 파악하고 공감하겠지만, 서두에서 말한 대로 방향은 크게 세 가지다. 가장 좋은 방법은 미래가 가는 방향으로 흐름을 타는 것이다. 해체의 기술이든, 융합의 기술이든, 기술이 가는 방향으로 좀 더 밀착해서 능력을 키우는 것이 중요하다. 문제는 우리 산업이 이 부분에서 경쟁력을 거의 갖추지 못했다는 점이다. 그래서 정부는 중요한 과제, 차별화된 과제, 파급효과가 큰 과제, 미래에 필요한 과제를 미국의 '브레인 이니셔티브_{BRAIN Initiative}'처럼 설정해야 한다. 개인은 각자 주어진 시간이 다르겠지만, 많은 사람이 길어야 5년이면 감당하기 어려워진다.

더 심각한 일은 대부분 사람이 직면하게 될 문제다. 제조업은 공장이 하나씩 자동화되면서 서서히 실업문제를 만들다가 그 폭이 커진다. 예를 들어, 자동차산업에서 공장자동화가 가장 빠르게 진행되는 것처럼 보이다가 어느 시점이 되면 신발공장도 어느새 자동화된 상태가 된다. 금융업을 비롯한 서비스업은 이미 폭풍이 한창이다. 여기서 직업을 바꾼 사람들이 대부분 자영업으로 들어간다.

자영업은 이중고에 직면한다. 하나는 감당하기 어려운 경쟁이고, 다른 하나는 시장의 감소다. 자영업은 이미 그런 상태에서 점점 심화해 폭발 직전이다. 자영업이 종착지가 되다 보니 경쟁이 치열해지는 것은 물론이고, 돈을 쓸 사람이 사라지는 것은 더 큰 문제다. 정부는 돈이 돌지 않는 문제에 심각한 위기감을 느끼게 될 것이다. 가계 빚이 느는 것은 더 심각한 문제를 촉발한다. 청년 실업 정도는 감당할 수 있을지도 모르지만, 전 국민적 실업은 대책을 세우는 것이 불가능한 수준에 이를 것이다.

조금이라도 이런 부담을 덜려면 지금부터는 자영업이 아닌 스타트업을 육성해야 한다. 청년과 마찬가지로 중년이나 기업을 경험한 사람들의 스타트업도 지원해야 한다. 오히려 기업을 경험한 사람들이 성공해 성과를 낼 확률이 높다. 우리나라는 여기가 정책에서 공백이다. 마지막까지 자동화에서 빗겨 있을 소규모 공장, 즉 중소기업도 전폭적으로 지원해야 한다. 개인들은 기술혁명의 파이프라인에서 마지막 부분으로 승부를 거는 것도 좋을 것이다. 음식점 프랜차이즈보다는 지금의 킨코스Kinkos와 유사한 3D 프린팅 소매점이 훨씬 나은 대안이다.

이조차 불가능한 사람들도 있다. 이들은 대개 가장 먼저 실업의 고통을 견뎌야 할 사람들이다. 자율주행 트럭의 등장으로 일자리가 사라진 트럭 기사와 같은 사람들이다. 버스 기사, 택시 기사와 같은 사람들이다. 이들이 소유한 유일한 자산이던 택시, 트럭은 살 사람이 사라져 헐값이 된다. 곧이어 보험에서 일자리를 잃을 사람들이 그들이다. 한쪽에서는 금융 창구가 비어간다. 실제로는 지점이 다 사라진다. 금융업은 지점이 사라질 때 하나씩 사라지는 것이 아니라, 어느 날 절반이 사라지면 다행인 수준으로 사라진다. 이런 뉴스를 마주하게 되면 왜 그런지 이 책의 내용을 기억해내라.

한 가지 일만 하던 사람들이 사면에서 장벽을 느낀다면 조금 먼 과거로 돌아가는 것도 좋은 방법이다. 농촌으로 돌아간 사람들은 완전히 실패하지만 않았다면 현명한 선택을 한 사람들일 것이다. 기술이 외면하는 일을 하는 것도 좋다. 사람의 손길이 필요한 일을 하는 것도 좋다. 숲을 해설하는 일을 하는 한 친구는 우리가 가장 부러워하는 직업을 가졌다. 자연에서 쉬어가는 쉼터를 운영하는 것도 좋다. 하지만 어디에나 경쟁은 불가피하다. 그래서 이런 일에도 철저한 준비가 필요하다. 정부의 지원도 마찬가지다.

알아야 할 것은 모두가 일할 만큼 일자리가 없다는 점이다. 우선 국가 간의 경쟁은 정부와 기업이 하지만, 그다음에는 사라진 일자리만 남게 되고 이는 철저하게 정부와 개인의 몫이다. 지금보다 경쟁이 덜하거나 쉬워지는 일은 단 한 곳에도 없다. 농촌으로 돌아가도 농촌에서 일하던 사람과 새로 밀려오는 사람과 경쟁해야 한다. 일자리가 사라진 후에 시작하면 할 것이 없다. 그러니 지금 생각하고 행동으로 옮겨야 한다. 행동은 일을 그만두는 것이 아니라, 경쟁력을 키우는 것이고 미래를 준비하는 것이다. 정부도 기업도 개인도 행동하지 않으면 미래가 없다.

STEAM과 대한민국 교육

STEAMScience, Technology, Engineering, Arts, Mathematics은 미국을 비롯한 많은 선진국에서 과학기술 분야 인재 양성을 위해 실시하고 있는 문제 해결 중심의 교육접근법이다. STEAM은 과학기술 중심의 STEM에 예술Arts이 통합된 형태다. 최근에는 미국뿐만 아니라 영국, 프랑스 등 선진국에서 교육 개혁의 핵심으로 STEAM에 주목하고 있다. 특히 미국은 베이비붐 세대의 은퇴가 집중되면서 기술공학 인력의 공백이 생긴 것을 STEM 교육에 집중해 메우려 하고 있다.

우리나라도 그렇지만, 선진국에서 베이비붐 세대들의 은퇴와 맞물려 생산가능인구가 감소하는 현상은 보편적이다. 하지만 과학기술은 우리가 상상하기 어려운 수준으로 발전하고 있다. 과학기술 분야에 인력 공백이 생기는 문제는 바로 이 책에서 설명한 '미래'를 만드는 국가경쟁력의 공백으로 직결된다는 것을 선진국들은 인식하고 있다. 하지만 과학기술에 관련된 직업을 학생들이 선호하지 않고 인식마저 저조하며, 학생 수는 줄어드는 추세이다. 그래서 초·중등 과학·수학교육의 성취도 향상과 사전 공학교육 프로그램을 통해 예비 공학자를 양성하는 데 국가가 발 벗고 나서는 것이다.

미국은 STEM 교과목들의 '강조'가 아니라 '연계나 통합'을 중요하게 생각한다. 특히, 수학 과목과 다른 과목의 통합과 적용의 연계를 중요시한다. 핵심은 고등학교를 졸업할 때까지 과학과 공학에 친해지는 것으로, 공학 설계를 중심에 두고 수학, 기술, 공학을 과학과 연계한다. 미국은 학교, 연구소, 비영리기관을 가리지 않고 STEM 교육에 사활을 걸었다. 학회는 물론 나사NASA와 같은 기관도 참여한다. 교육 현장은 물론 방과 후 활동과 사회활동에 이르기까지 STEM은 학습의 근간이다.

미국은 국가 차원에서 STEM을 다룬다. 교육정책, 예산을 국가가 전폭적으로 지원한다. 초·중등 수준은 물론, 대학의 학과 간 교육 프로그램에도 STEM은 근간이다. 심지어 대학의 학과 통합 프로그램에도 STEM을 기본으로 하고, 초·중등학교는 학교 이름도 STEM으로 바꾼다. 일본도 STEM에 예술을 연계해 STEAM을 확산하기 위해 노력하고 있다. STEAM 관련 단체들은 일본의 교육법도 바꿔야 한다고 목소리를 키우고 있다.

우리나라도 STEAM 교육을 도입하고는 있다. 하지만 교육 프로그램도 문제고 더 중요한 것은 교사의 자질이고 연속성이다. 교사가 자질이 낮다는 말이 아니라, 한 과목만 전공했고 해본 적이 없는 사람을 투입하는 것이 문제다. STEAM 교사는 교사보다는 대학이나 기업, 연구소에서 찾아야 한다. 이조차 초·중등학교에서 잠깐 하다가 입시에만 매달리는 교육 현실은 더 큰 문제다. 우리는 STEAM 교육을 하다가 똑똑한 친구들을 골라 인공지능이 대체할 자리로 보내고, 미국과 선진국은 인공지능을 개발할 기술 '융합인재'로 키운다.

다시 원론으로 돌아가 보자. 현시점에서 앞으로 30년간 미래를 만드는 가장 큰 원동력은 무엇일까? 그것은 과학기술, 융합하는 과학기술이다. 이 책의 서두에서 강조한 대로 과학기술이 모든 것을 선도한다. 과학기술로 만든 알파고가 이세돌도 이기고 중국의 커제Ke Jie도 이긴다. 알파고는 커제를 이긴 후 바둑과 같은 분야가 아니라 인간보다 모든 면에서 100억 배 뛰어나기 위한 길로 간다. 알파고가 의학에 대입되면 암을 진단하는 IBM의 왓슨Watson이 되고, 지멘스Siemens의 자동화 공장에 대입되면 공장을 구동하는 PLCProgrammable Logic Controller가 된다. 이제 모든 분야에서 이름을 바꾼 알파고를 만나게 된다.

우리는 미래를 만들어가는 세 가지 축을 말해왔다. 기술, 감성, 인간이 그것이다. '기술'은 인간이 과학기술을 활용해 엄청난 속도로 미래로 곧장 달려가는 길이다. 지금 가장 치열하게 전쟁을 벌이는 가장 넓은 영역이고 우리가 가장 부족한 부분이다. '감성'은 로봇이 대체하기 어려운, 하지만 언젠가는 알파고가 대체할지 모르는 그런 영역이다. 음악, 미술, 디자인과 같은 창의적 세계다. 이 세계에 기술을 융합하면 새로운 모습이 만들어진다. 감성과 관련된 분야는 크게 주목할 분야다.

마지막은 휴머니즘, '인간'이다. 인간이니까 필요하고 중요한 것들이다. 사람의 손길, 사람의 마음과 같은 것들이다. 자연으로서의 인간이나 자연에서 살아가는 모습과 관련된 부분도 여기에 해당한다. 인간이니까 필요한 놀이와 사교와 관련된 부분도 있다. 물론 여기에도 기술은 얼마든지 융합할 수 있다. 하지만 시간이 흐를수록 이 분야에서도 기술로 만든 로봇의 일과 구분하기 어려워진다. 그리고 기술에서 악惡이 제거된다면 더 나은 대안이 될 수도 있다.

진지하게 생각해보자. 기술을 제외하면, 아직은 기술이 곁눈질하지 않는 '감성'과 인간적인 '휴머니즘' 영역만 남는다. 하지만 앞서 설명한 대로 감성과 휴머니즘도 과학기술에 영향을 받고 서서히 융합된다. 지금은 과학기술이 대규모로 앞으로 가기 바쁠 뿐이다. 그래서 과학기술을 놓치면 감성과 휴머니즘 영역도 결국은 사라진다. 그러나 기술을 주도할 수 있으면 감성이나 휴머니즘을 융합하거나 분리하는 힘을 키울 수 있다. 교육이 과학기술에 모든 것을 걸지 않으면 미래가 없는 이유다. 이 미래는 대부분 국가의 책임이다.

01

기술,
작은 기술에서 인공지능까지

기초기술은 어디에나 필요하다.
미래 기술을 말하면 대부분 인공지능 로봇과 같은
엄청난 기술을 상상하지만,
미래에도 작은 기술에 훨씬 큰 수요가 몰린다.

미래의 일을 직업으로 표현하기는 어렵다. 다양한 곳에서 지금 있지도 않은 일이 생길 것인데, 거기에 직업으로 이름을 붙인다는 것도 우스운 일이다. 파악해야 할 것은 지금까지 설명한 기술의 변화고 사회의 변화다. 그리고 국가와 기업, 개인에게 중요한 것은 그 변화의 영향이다. 모든 변화와 그 영향을 책 한 권으로 살펴볼 수는 없지만, 지금까지 가장 핵심적인 변화는 모두 다뤘다. 이 변화를 기초로 어떤 변화의 영향이 발생하는지를 지금부터 다룬다.

　새로 만들어지는 일에는 일자리가 적다. 하지만 사라지는 일이나 일자리는 규모가 크다. 결국, 전체 일자리는 대폭 줄고 남은 일자리는 경쟁이 치열해진다. 경쟁의 수준에서는 국가가 해야 할 일이 있고, 개인이 할 일이 있다. 기업, 특히 대기업은 어떻게든 일자리를 줄여 경쟁력을 키우려고 할 것이다. 지금까지 대기업이 일자리를 늘려온 것처럼 보였겠지만, 그것은 일이 확실하게 늘어날 때만 해당하는 말이다. 그런데도 제품 하나를 만드는 일자리는 계속 줄었다. 과거에 둘이 하던 일을 한 사람이 하고, 혼자 세 사람 몫을 하는 시기를 지나 이제는 로봇에게 넘어간다.

　새로 만들어지는 일을 일자리나 직업으로 바꿔 이름을 붙이는 것은 여러분의 몫이다. 하지만 그 시기가 오면 이름은 대부분 달라질 것이다. 우리가 가끔 그럴듯한 이름을 붙이는 이유는 아직 이름이 없기 때문이니 오해는 하지 않기 바란다. 그리고 이름을 붙이기 어려운 일도 많다. 하지만 그 일이 어떤 일인지는 대부분은 어느 정도 상상할 수 있다. 그리고 우리의 판단과 독자의 판단, 다른 사람의 판단이 다를 수 있다.

예를 들어, 어느 책에서 유망한 직업으로 선정한 '3D 프린터 잉크 개발자'는 다수에게 권하지 않는다. 우선 3D 프린터는 우리가 쓰는 잉크를 사용해 프린트하는 기계도 아닐뿐더러, 잉크가 '프린터용 프린트 신소재'라고 이해한 사람일지라도 '신소재' 개발에 뛰어들라고 하는 것은 무리다. '도그 워커Dog Walker'도 그렇다. 개와 산책하고 개의 정신건강을 돌보는 이 직업은 먹고 살기에 적절한 직업으로 생각되지도 않고, 로봇 강아지나 신약물에 자리를 내주기 쉽다. 차라리 로봇 강아지를 개발하는 일을 권하고 싶은데, 이 분야는 일본이 무척 앞서가고 있다.

만약 직업을 준비하는 사람에게 준비할 일을 권한다면 로봇 강아지를 개발하는 일보다는 개인의 개성을 살리면서도 로봇의 손길이 따라오기 어려운 '헤어 디자이너'나 최신 기술과 요구 변화에 맞는 '3D 프린터 소매점' 운영을 권한다. 지금까지 설명한 해체의 징후 9가지와 융합을 만드는 혁신 9가지를 이해했다면 이 일을 권하는 이유를 이해하고 고개를 끄덕일 것이다.

그래서 우리는 그보다는 사라질 일, 일자리, 직업에 더 중점을 두었다. 그것이 현실적이고 대응하기에 훨씬 직관적이다. 미래에 주목받을 일이 생겼다는 것은 그 일에 일자리가 생긴다는 말이지만, 그로 인해 다른 일이나 일자리가 사라진다는 말이기도 하다. 예를 들어, 중학교에서 과학을 담당하는 교사 로봇을 만드는 일은 로봇을 만들고 디지털콘텐츠를 만드는 일에는 일자리가 생기지만, 과학 교사는 사라진다. 과학 교사는 적어도 각 학교에 한 명이 필요하지만, 교사 로봇 한 대는 영원히 그 학교 과학 교사의 일자리를 사라지게 한다.

과학기술이 우리의 주변을 둘러싼다는 것은 모든 곳에 기술이 필요하다는 말과 같다. 다만, 그 기술이 자동화하면 생산이나 서비스와 같은 분야에서 일이 사라진다. 그렇다 하더라도 기초기술은 계속 수요가 만들어진다. 적용되는 분야가 달라진다는 것은 기술이 융합한다는 말이고 새로 등장한 기술에 사람이 또 필요하다는 말이다. 문제는 이 분야가 계속 진화하는 데 있다. 그만큼 계속 진화하는 기술을 따라가는 노력이 필요하다.

큰 기술로 가는 작은 기술

작은 기술은 기초기술을 의미한다. 분야도 점점 많아진다. 일자리 수요가 가장 확실하게 늘 분야다. 다만, 이 일을 모두 꺼리고 어렵고 힘들다고 생각한다. 하지만 꼭 그런 것은 아니다. STEM 교육으로 성장한 아이들의 최상위층은 인공지능, 바이오기술, 나노기술, 우주개발, 신재생에너지 등의 선도적 분야로 나갈 것이다. 하지만 다른 아이들은 삼차원 게임, 삼차원 콘텐츠, 새로운 애플리케이션 등을 개발하며 일할 것이다. 실제 수요는 아래층이 훨씬 많다.

기초 IT 기술을 기반으로 하는 가상현실이나 증강현실과 관련된 분야는 계속 성장한다. 마치 인터넷 홈페이지를 만들던 시절처럼 커진다. 사물인터넷은 가장 크게 성장한다. 칫솔에 센서가 붙어 구강건강 상태를 알려주고, 변기에 의료용 검진 센서가 붙는 수준이다. 제품 포장지에도 유통기한과 성분을 비롯한 모든 정보가 저장된 칩이 프린트되어 내 계정과 연결되고, 결제되고, 배송으로 다시 연결된다. 식품 포장지가 냉장고와 연결되면 문을 열지 않아도 무엇이 들어있고 무엇이 필요한지, 심지어 냉장고 안의 재료로 무엇을 만들 수 있는지도 알 수 있다. 사물인터넷은 도로에서 차와 소통하고, 집에서 주인과 소통하고, 산속에서 산불을 감시한다.

디스플레이도 계속 혁신되어 관련 산업을 확장한다. 디스플레이 공장에는 사람이 사라져 가지만, 그 디스플레이를 소재로 삼는 일은 계속 커진다. 삼차원 홀로그램 디스플레이가 만들어지면 각 가정에 장착되고, 통신과 연결되어 사무실에도 들어간다. 여기에 사용되는 삼차원 콘텐츠도 같이 커진다. 다만, 센서는 더 많이 쓰이고 좋아지지만, 센서를 만드는 일자리가 늘지는 않을 것이다.

이 분야는 이차원이든 삼차원이든 디스플레이를 활용해 공부할 거리, 놀 거리, 일할 거리를 만든다. 보안과 관련된 분야는 점점 중요해진다. 보안의 수준은 점점 올라가고 복잡해진다. 인공지능 고속도로 교통통제시스템은 규모가 어마어마하다. 자율주행 자동차의 데이터 처리량은 상상을 초월한다. 이런 설비를 설계하는 일자리는 계속 늘면서 보안 분야를 같이 키운다. 보안은 이중, 삼중으로 마련된다. 도로에서 보안이 무너지면 모든 차가 정지되거나 대형 사고를 유발한다. 자동차의 보안, 해킹 차단은 차를 사는 중요한 기준의 하나다.

인공지능은 알파고처럼 숨어서 바둑을 두다가, IBM의 왓슨처럼 가능성을 보여주다가 갑자기 위력적으로 변한다. 2020년이 오기도 전에 모든 산업에 인공지능이 파고들기 시작한다. 10년 전인 2007년에서야 스마트폰이 등장했고 우리는 2009년에서야 실체를 봤는데, 지금은 누구나 다 들고 있다. 인공지능도 순식간에 전 산업으로 파고든다. 그 첫 번째 거대한 파도가 2023년에 등장할 완벽한 인공지능을 장착한 자율주행 자동차다. 자동차보다 먼저 확산할 각 분야의 인공지능은 여러분의 스마트폰에 내장된 시리Siri[145]나 빅스비Bixby[146]와 같은 녀석들이 갑자기 엄청나게 똑똑해지거나, 가정에 모니터와 스피커를 갖춘 작은 인공지능 비서가 하나둘 늘 때다.

인공지능과 관련한 일자리는 분명히 많아진다. 하지만 인공지능은 개발되면 다른 사람의 일자리를 줄인다. 인공지능은 어디서 어떤 기술로 어떻게 개발되고 있는지 자세히 알 수 없다. 우리가 본 것은 인간이 도저히 이길 수 없게 된 알파고나 암을 진단하는 왓슨이나 독일에서 공장 안으로 들어간 공장자동화에 쓰이는 인공지능 정도다. 하지만 우리가 인공지능을 개발하는 일을 따라가기에는 너무 늦었다는 것이 전문가들의 판단이다. 그보다는 인공지능을 활용해 무엇을 어떻게 할 것인가를 연구하는 것이 훌륭한 생각이다.

알파고가 이 부분에 살짝 힌트를 주고 은퇴를 선언했다. 전력사용 제어에 알파고를 활용했더니 30%나 사용량이 줄었다는 점이 그것이다. 전력난과 환경오염 사이에서 돈 쓸 방법만 고민하는 것보다는 이런 데서 대안을 찾는 것이 훨씬 현명한 생각이다. 10%만 전력 사용량을 줄일 방안이 마련되면 대부분 문제는 해결된다. 원자력발전소를 지을 생각을 하지 말고 스마트 그리드를 구축하고 인공지능을 도입해서 전력을 현명하게 사용할 방법을 만들어야 한다.

인공지능 기술을 가진 기업은 대개 미국에 있다. 이런 기업과 협업하면 무궁무진한 인공지능 활용 영역을 개발할 수 있다. 그중에서도 우리가 가장 시급하게 생각하는 전력문제부터 해결하는 것도 좋은 생각이다. 지금의 인공지능 수준이면 충분한 분야다. 교통시스템에 인공지능을 도입하면 현재의 교통체계를 더 효율적으로 운용할 수도 있고 미세먼지에도 도움이 될 수 있다. 우리가 강조한 대로 조금 먼 미래를 봐야 똑바로 갈 수 있다.

서울시가 3년여 동안 6,400억 원을 투입하겠다는 미세먼지 대책에는 실제로 미세먼지를 적극적으로 줄이는 조치는 하나도 없다. 우리는 이렇게 묻고 싶다. 미세먼지 문제는 서울시가 독자적으로 할 일인가, 지자체와 협력하거나 국가 차원에서 할 일인가? 지금도 만원인 지하철에 더 많은 사람이 타면 그 혼잡과 피해는 누구에게 돌아가는가? 미세먼지가 가득한 날 대중교통을 이용하러 헐떡거리며 뛰어갈 자가용 운전자는 몇이나 될지 제대로 계산한 것인가?

그보다는 근본적이고 장기적인 처방이 우선이다. 우선은 미세먼지의 원인부터 제대로 파악해야 한다. 서울시만 뭘 하겠다고 내세우지 말고 정부와 협의해서 전국적인 경유차 대책부터 만드는 것이 현명한 일이다. 마스크에는 131억 원이나 투입하면서 공기청정기에는 겨우 예산의 1.4%인 88억 원을 투입하겠다는 계획은 누가 봐도 이상하다. 그보다는 보육시설, 아이들 교실, 실내 체육시설, 병원, 지하철역, 버스, 공연장 등으로 순서를 정해 공기청정기를 설치하는 것이 일자리를 늘리는 일이고 칭찬받을 일이다.

로봇이 가져간 서비스 일자리

금융산업에서 보안은 지금이나 미래나 중요하기는 마찬가지다. 2025년이면 실물 화폐를 쓰지 않겠다고 선진국 대부분이 선언한다. 2020년이 오기도 전에 동전과 지폐를 포함한 모든 실물 화폐가 유물이 되는 나라가 유럽에서 나온다. 화폐는 완전히 가상세계로 들어간다. 그러면 금융에서 보안은 더욱 중요해진다. 화폐가 가상세계로 들어간다는 것은 모든 곳에 화폐가 존재해야 한다는 말과 같다. 스마트폰은 철통같이 보안 되는 카드가 되고 지갑이 된다.

지금도 그렇지만, 금융에 특화한 보안이 새로운 일이라면, 나머지는 암흑천지다. 화폐도 사라진 세계에 금융은 할 일이 많지 않다. 화폐를 맡길 일도, 찾을 일도, 보관할 일조차 없다. 한국은 당장 2017년부터 금융기업들의 지점이 사라지고 창구가 사라지는 속도가 엄청나게 빨라진다. 하지만, 금융상품은 살아남는다. 불행하게도 그것을 운용하는 것은 사람이 아니라 시스템, 로봇이다. 금융상품의 설계는 사람의 일이지만, 금융상품을 운용하는 시스템 개발은 엔지니어와 인공지능의 몫이다. 2025년이면 투자상담도 각 가정의 인공지능 비서와 먼저 상의해서 주인의 눈높이를 통과해야 가능해진다.

이런 상황에서 작은 규모의 뛰어난 금융기업이 많아질 것이다. 그렇다고 일자리가 많이 생기는 것은 아니다. 이 회사들은 금융상품과 기업의 정보를 대규모로 제공하는 금융정보산업의 하위에 생긴다. 지금의 작은 자산운용사나 투자자문사와 비슷하다. 보편화한 금융상품은 로봇을 중심으로 운용되지만, 전문성이 높고 규모가 큰 고객을 위해서는 지금처럼 전문가들이 직접 정보를 제공하고 상담하고 운용한다. 물론 자신들이 설계한 금융상품 인공지능을 활용한다.

2030년에는 사무직이 사용하던 사무실은 대부분 공동작업 공간으로 변한다. 필요에 따라 프로젝트마다 모여 일하는 공간이라서 매일 같은 사무실로 출근하는 사람은 특별한 소수다. 자동화된 공장을 운영하는 소수의 사람은 공장을 지키듯 생산을 통제한다. 이들은 컴퓨터 전문가와 경영진이다. 이처럼 매일 출근해서 한 제품을 연구개발하고 공장을 운영하는 사람만을 직원이나 정규직이나 사무직이라고 불러야 옳다.

2022년부터는 인공지능이 회계, 재무, 인사, 생산, 정보관리, 전략 부서마저 서서히 사라지게 한다. 1990년대에 컴퓨터가 한 대씩 사무실 책상에 놓이면서 타자를 대신 해주던 여직원들이 사라졌던 것처럼 사람이 사라진다. 필요한 분야에 필요한 시기에 필요한 사람을 모으기 위한 사람만 남는다. 이조차도 회사 직원이 아닐 가능성이 크다.

2025년까지 사무실에서 일할 수 있는 사람들은 그동안 개인 브랜드를 키우기 위해 노력해야 한다. 분화한 일자리는 연결로 만들어지기 때문이다. 사무직의 일은 완전히 프로젝트로 변한다. 필요한 시기에 필요한 자리에서 잠깐 일하려면 개인 브랜드가 없으면 불가능하다. 여기서 브랜드는 경험과 실적, 무엇보다 능력이다.

2022년에는 일반인이 이해하기 어려운 방식으로 서비스업에서 사람의 일자리가 사라진다. 주인공은 사물인터넷이다. 백화점, 대형 할인점, 소매점에서도 사람이 사라지기 시작한다. 사물인터넷은 재고, 정산, 감시, 경비와 같은 일자리를 가장 먼저 사라지게 한다. 계산대에서도 사람의 역할은 사라진다. 매장에서 선택한 물건을 카트에 담아 밀고 나오면 계산까지 종료된다.

2025년부터는 본격적으로 로봇이 가세해 서비스업에서 일자리를 해체한다. 2030년이 되면 사람들은 백화점과 같은 장소를 실제 물건을 보는 곳이지 사는 곳은 아니라고 생각하게 된다. 테슬라는 자동차 전시장을 처음부터 그렇게 운영했다. 여기에 온 사람들은 처음 등장한 제품을 호기심에서 보려고 하거나, 체험해보기 위해 온 사람이 대부분이다. 당장 제품이 필요한 사람만이 그들의 고객이다. 2025년은 서비스용 로봇이 급속하게 확산하는 원년이다.

02

기술,
스마트공장에서 청색기술까지

IMF 관리체제 이후에 ICT로 경제가 길을 찾았다면,

지난 10년간 무엇을 했고 앞으로는 무엇을 할 것인지 전혀 알 수가 없다.

가장 뒤처진 분야는 정책이다.

우리나라의 과학기술과 미래의 산업화 가능성을 살펴보면서 가장 안타까웠던 점은 모든 면에서 기술과 아이디어가 뒤처졌다는 것이다. 가장 뒤처진 분야는 정책이다. IMF 관리체제 이후에 ICT로 경제가 길을 찾았다면, 지난 10년간 무엇을 했고 앞으로는 무엇을 할 것인지 전혀 알 수가 없다. 실제로는 한 것도, 하겠다는 것 자체가 없다. '4차 산업혁명'이라는 단어 하나에 온 나라가 벌통을 쑤셔놓은 것처럼 혼란스러운 것만 봐도 그동안 우리에게 무슨 일이 있었는지 알 수 있다.

해체당하지 않으려면 옳은 방법을 선택해야 한다. 왜냐하면, 시간이 없기 때문이다. 인공지능이 각 산업에서 위력적으로 등장하기 시작할 시기는 길어야 3년이다. 그 전에 인공지능을, 3D 프린터를, 사물인터넷을 산업에 활용할 기술적 소프트 파워를 길러야 한다. 미래를 온통 기술을 개발해 해결하려는 생각도 바꿔야 한다. 특히, 인공지능은 개발보다는 협력과 활용에서 해법을 찾아야 한다. 기술은 많은 것을 해결해줄 것이지만, 크게 생각하면 기술이 아닌 곳에도 답은 얼마든지 있다.

앞으로 산업을 바꿀 여러 가지 기술 중에서 핵심 두 가지는 인공지능을 기반으로 '공장을 짓는 기술'과 '3D 프린터'다. 공장을 짓는 기술은 스마트공장을 짓는 기술이다. 이 공장은 극한의 효율을 키운 제품을 생산한다. 스마트공장은 가격과 품질 경쟁력이 월등한 제품을 만들어내며 더욱 경쟁력을 키운다. 그래서 그것이 우리나라 기업이든 외국 기업이든 우리나라에 공장을 짓게 해야 한다.

3D 프린터로 인공 장기를 만드는 오가노보를 앞에서 예로 들었다. 이들의 시도는 제도나 윤리에 막혀 어쩌면 실패할지도 모른다. 하지만 이들이 응용해서 만든 3D 바이오 프린터가 우리에게 주는 교훈은 크다. 이들이 사용하는 소재는 인간의 세포다. 그만큼 프린터용 소재 산업은 무궁무진하다는 말이 된다. 프린터는 소재가 없으면 발전하지 못한다. 프린터의 용도가 다르면 소재도 다양해질 수밖에 없다. 더 좋은 소재를 개발하는 것은 3D 프린터와 기존산업을 동시에 키우는 가장 좋은 방법이다.

청색기술Blue Technology도 주목할 분야다. 청색기술은 생물에서 영감을 얻고 생물을 모방하여 기술로 전환한다. 얼룩말의 흰 줄과 검은 줄무늬는 상호작용하여 피부의 표면 온도를 낮춘다. 얼룩말의 줄무늬를 적용해 일본에 건설한 다이와하우스Daiwa House[147]와 같은 건물은 온도를 5도까지 낮춰 에너지를 20% 절감한다. 최근에는 우리도 홍합을 연구해 수술용 접착제를 만들어내기도 했다. 이렇게 자연을 연구해 얻어진 기술은 무궁무진하다. 청색기술은 생명공학, 나노기술, 재료 공학, 로봇공학, 건축학, 에너지 등 수많은 분야와 융합해 새로운 기술로 탄생한다.[148]

우리는 이 글을 정리하면서 어쩌면 곧 '철이 구리의 길을 가지 않을까'하는 생각을 했다. 철기시대에는 구리를 청동기시대처럼 많이 사용하지 않는다. 청동기를 사용한다는 것은 철기 문명에 모든 것을 잃을 수도 있다는 말과 같다. 철은 모든 곳에 사용되는 소재에서 이제 많은 소재의 하나가 될 것이 뻔하다. 철강, 조선, 자동차처럼 철로만 구성된 우리 산업도 들여다봐야 한다는 말이 된다.

우리의 미래인 인구, 특히 생산가능인구는 곧 급속하게 줄어든다. 일 년에 100만 명씩 태어나던 세대가 10년 후에는 은퇴를 시작하고, 경제의 주축이 65만 명, 40만 명으로 계속 줄어든다. 2017년 출생아는 40만 명도 되지 않는다. 이는 두 가지를 의미한다. 줄어드는 인구를 산업이 해결할 수는 없다고 하더라도 공장만 있다면 모두가 일할 자리가 생길 수 있다는 말이 된다. 하지만 이들이 일자리를 얻지 못하면 나라전체가 가난을 면치 못한다는 말이 된다.

기계와 기계를 움직이는 기술

2020년부터 눈에 띄게 커지기 시작할 산업은 공장을 짓는 산업이다. 모든 공장이 자동화로 돌아선다. 제품디자인, 생산기획, 생산설계, 생산, 서비스의 단계로 구성되는 공장은 제품디자인과 생산기획에만 사람이 필요하다. 생산기획도 실행 단계에서는 사람이 중요하지 않다. 주문에 따라 자동으로 조절하면 된다. 자동화된 공장에는 인공지능과 컴퓨터로 구성된 가상의 공장, 센서와 로봇과 소재로 가득한 실제 공장이 전부다. 공장 안과 밖, 공장 안의 물류도 모두 자동이다.

이런 공장을 짓는 산업은 상상을 초월하는 규모이고, 능력을 갖춘 거대기업 연합체가 모두 일을 가져간다. 이들이 이런 공장을 연구한 것은 이미 20년 이상이다. 이 일은 독일이 미국의 인공지능과 컴퓨터를 결합하고 일본의 센서와 물류설비를 활용해 하는 일이다. 실제로 독일은 공장 상당수를 이렇게 바꿔가고 있다. 공장을 짓는 기술은 곧 일등 품질을 만들고 일등 생산성을 만든다. 공장용 로봇과 센서, 물류 시스템 산업은 계속 커진다. 특히 센서는 공장에만 사용되는 것이 아니고 로봇의 기능 일부가 들어간 모든 곳과 사물인터넷의 파이프라인 끝에 대량으로 사용된다.

공장 안에서 제품을 만드는 로봇은 복합적인 업무를 수행한다. 형태나 크기가 다른 제품을 바꿔가며 만드는 것은 아주 쉬운 일이다. 프로그램이기 때문이다. 가장 비싼 일은 공장을 설계하는 일이다. 생산에 관련된 거의 모든 아이디어를 발주자가 주지만, 돈은 공장을 설계하는 사람들이 가져가고 다른 공장을 짓는 데도 활용된다. 공장을 짓는 데는 숙련된 사람이 필요한데, 당황스럽게도 로봇이 일할 공장을 사람이 짓는 셈이다.

2020년에 지은 자동화 공장을 2030년에 완전히 새로 짓는다면 자동화 공장을 처음 지은 회사와는 다른 업체를 선택해도 될 것 같은데, 업그레이드를 수차례 하면서 공장이 공장을 지은 회사에 종속된다. 컴퓨터부터 로봇까지 바꿀 수 있는 것이 거의 없다. 독일과 미국은 앞으로 30년간 전 세계에 공장을 지으면서 일자리가 사라지는 시기를 버틸 것이다. 중국과 일본은 공장 안의 로봇과 센서와 같은 부품, 물류시스템을 만들며 버틸 것이다.

자동화된 공장과 싸우는 다른 한 축은 3D 프린팅산업이다. 프린터를 활용하는 산업은 2020년부터 극적으로 커져서 2025년에는 꽃을 피우며 계속 성장한다. 프린팅 소매점은 킨코스처럼 운영되면서 고객이 원하는 어떤 물건이든 프린트하고 배달해준다. 아주 가격이 싸고 다양하고 많은 사람이 내려받는 디자인 파일을 만드는 프리랜서 디자이너들이 활약하는 시기다. 모든 제품의 디자인 파일이 전 세계로 유통되는 시기라서 디자인 창의성은 곧 성공으로 이어진다. 지금의 유튜브 스타처럼 말이다.

자연과 환경을 닮은 기술

자연에서 배울 기술은 무궁무진하다. 이미 우리는 자연에서 영감을 받아 많은 기술을 만들었고, 앞으로도 그럴 것이다. 우리가 병원에서 쉽게 접할 수 있는 초음파 진단 장비는 박쥐에게 배운 기술이다. 초음파 진단 장비를 사용하면 뱃속 태아나 간의 상태를 정밀하게 관찰할 수 있다. 이를 사진이나 움직이는 영상으로 확인할 수 있어서 초음파 진단 장비는 인간의 건강에 크게 이바지했다.

메르세데스 벤츠는 창사 125주년을 맞아 거북복Boxfish의 몸을 닮은 콘셉트카를 공개했다. 이 콘셉트카는 녹색과 금색을 섞어 친환경 바이오닉카라는 점을 부각했는데, 연료를 절약하는 디자인이라고 강조했다. 지식융합연구소 이인식 소장은 "거북복 콘셉트카는 몸 전체로 만들어내는 소용돌이로 수류 저항을 거의 받지 않으면서 최소한의 힘으로 파도를 헤쳐 나가는 원리를 적용한 것"이라고 했다. 메르세데스 벤츠 관계자도 "우리는 자연에서 영감을 얻고 있다."[149]고 강조했다.

우리나라는 지방자치단체가 신성장동력으로 청색기술을 도입하기 위해 앞장선다. 경상북도는 청색기술 융합산업 클러스터를 조성할 계획인데, 건설기계, 자동차부품, 첨단 융복합산업을 고도화하는 데 적용한다. 전라남도는 청색기술과 철강, 화학, 조선 등을 융합해 미래의 일자리를 창출할 계획이다.[150] 그래서 청색기술은 가능성을 발굴하는 일부터 집중한다. 전문가들도 아직 걸음마 단계에 불과한 청색기술에 거는 기대가 크다.

03

기술,
치료에서 사이보그까지

2017년 임플란트를 하던 인간이 2022년에는
바이오 프린터로 만든 인공신장을 이식받는다.
2030년에는 시력을 잃어도 한동안 불편을 참으면
완전히 새로운 눈을 갖게 된다.

인간에게 가장 혜택이 큰 분야는 헬스케어산업이다. 우리나라에서도 일자리가 가장 많이 늘 분야다. 헬스케어산업은 엄청난 속도로 주변 산업을 흡수하면서 경계가 모호한 수준으로 성장한다. 사물인터넷에 연결되지 않은 변기는 제조업으로 분류되어 건설산업에서 활용되겠지만, 사물인터넷에 연결된 변기는 헬스케어산업이 되어야 옳다. 건강을 항상 점검하는 스마트밴드는 절대 시계가 아니다. 어쨌건 헬스케어산업은 주변 산업을 융합하면서 덩치를 키운다.

헬스케어산업의 핵심은 연결에 있다. 연결된다는 것은 사용자가 획기적으로 는다는 말과 같다. 혜택을 보는 사람이 많아지고 일자리가 는다. 고령화도 한몫한다. 병원이 성장하려면 '연결'과 '예방', '고령화'에 초점을 맞춰야 한다. 병원에서 일하는 사람의 수는 늘지 않겠지만, 주변에는 계속 일자리를 만든다. 병원의 연결된 헬스케어 프로그램을 스마트밴드와 같은 장비와 함께 파는 일은 스마트폰을 파는 일과 비슷해진다. 어쩌면 지금의 보험과 더 비슷할 것이다. 실제로 여기에 보험의 미래가 있다.

2017년 4월, 일본 이화학연구소는 보관해둔 건강한 타인의 피부세포를 유도만능줄기세포Induced Pluripotent Stem Cell로 만들고, 이 세포로 망막세포를 만들어 환자의 눈에 성공적으로 이식했다고 발표했다.[151] 이 세포는 무한으로 만들어낼 수 있고 신체의 대부분 장기로 만들 수 있어서 난치병으로 고생하는 많은 환자에게 새로운 치료의 길을 열었다. 실제로 이 기술은 모든 장기를 대체하는 길을 연 것으로 평가받는다.

아름다움이나 젊음과 관련된 산업은 지금도 성장하지만, 2022년 이후로는 보험산업과 함께 급성장한다. 2017년에 치아보험을 들 것인지 고민했다면 2025년에는 인공 장기에서 성형에 이르는 모든 분야에서 보험을 고려해야 한다. 바이오기술과 결합한 화장품은 치료제인지 화장품인지 구분이 어려울 정도로 발전한다. 어차피 허물어질 경계라면 당장에라도 화장품 회사들은 바이오기업과 더욱 연대를 강화하는 것이 현명한 선택이다. 화장품 회사의 경쟁자는 글로벌 제약사가 될 확률이 높다.

모든 젊음과 아름다움

고령화는 단순하게 나이 먹은 사람이 늘었다는 의미가 아니다. 과거에는 '장수'는 늙은 상태로 오래 살아있는 것을 의미했지만, 이제는 '장수'가 더 오랫동안 젊음을 유지하는 것으로 바뀌었다. 젊음은 더 나아가면 아름다움이 된다. 젊음과 아름다움은 개인에게 더욱 중요하고 산업에도 점점 중요한 주제가 된다. 이 분야는 건강과 미용에 관련된 모든 것을 포함하고 보험이 가장 크게 관여한다.

주름을 제거했다고 해서 젊어지는 것은 아니다. 정확하게는 젊어 보이는 것이다. 이 산업은 지금처럼 계속 성장한다. 하지만 마치 성형수술을 하듯, 장기나 피부를 이식하거나 노화를 늦추는 기술도 계속 발전한다. 앞서 사례로 든 일본 이화학연구소의 유도만능줄기세포와 같은 기술이 그것이다. 화장품은 의약품처럼 진화해간다. 여기에 보험은 필수다. 보험은 생명과 건강을 담아 분화하고 융합하면서 계속 새로운 상품을 내놓는다. 실제로 보험이 없으면 2030년에도 장기를 이식하는 비용은 비싸다.

2023년 이후 보험산업에서 자동차보험, 화재보험, 운송보험 등이 서서히 어려움에 부닥치는 상황과 비교하면 건강보험은 완전히 새로운 시대를 맞는다. 보험사가 일찍 노력하면 손해보험에서 생기는 문제를 건강보험으로 일정 부분 완화할 수 있다. 하지만 건강보험은 보험사가 아닌 곳이나 새로운 도전자들에 의해 상품으로 개발될 수 있다는 사실을 알아야 한다. 예를 들어, 월 단위로 보험료를 정하고 장기에 문제가 생겼을 때 보험료에 따라 차등적으로 이식 프로그램을 적용할 수도 있다. 금융과 보험이 결합한 지도 이미 오래다. 지금이라고 보험상품을 개발하지 못할 이유도 없다. 법은 고쳐달라고 하면 된다. 보험 만기가 도래해도 법 때문에 이식할 수 없는 상황이라면 적절한 이율로 보험금을 반환하면 된다.

병원은 인공지능을 도입하는 데도 신경 써야 하지만, 그 인공지능이 계속 구축하는 빅데이터에 더 관심을 두어야 한다. 시간이 흐르면 빅데이터가 의료기술이 되고 의약품이 된다. 판단을 잘못하면 병원은 완전히 종속된다. 보험산업은 상품 개발에 2024년 이후에 등장할 유전자치료와 줄기세포 치료, 인공 장기의 이식과 같은 기술 발전에 주목해야 한다. 기술이 완성된 다음부터 보험을 내놓겠다는 생각은 선진국 보험회사에 시장을 내주겠다는 생각과 같다.

자동차보험만을 손해보험사에서 취급하는 것은 아니지만, 자동화가 진전되면 화재든 운송 사고든 덩달아 줄어들 수밖에 없다. 사고가 발생해도 수습이 빨라 손실이 줄어든다. 이 말은 보험료가 줄어든다는 말과 같다. 보험사들은 자율주행 자동차가 등장하게 될 상황을 미리 계산할 것이고, 건강보험으로 빠르게 활로가 트이지 않으면 고용에 안전장치가 없는 보험사 직원들이 일자리를 잃을 가능성이 크다. 보험 산업에서 건강과 관련된 산업은 커지지만, 2023년의 자율주행 자동차처럼 일이 순식간에 사라지는 시기가 먼저 온다는 사실을 기억해야 한다. 게다가 보험을 설계하고 권유하는 일을 사람이 계속하지는 않을 것이다. 지금도 보험은 계속 온라인으로 들어가고 있다.

순수 인간에서 사이보그로

사이보그에 관해서는 설명했으니 사이보그의 급진전이 가져올 변화를 살펴보자. 적어도 대한민국에서 태어나면 거의 다 사이보그다. 순수 인간으로 태어나자마자 예방접종이 이루어지니 바로 사이보그로 변한다. 이가 상해서 보철을 하고, 사고 때문에 뼈를 연결하는 철심을 박기도 하고, 인공관절을 삽입하기도 한다. 그런데 그 수준이 급상승해서 법이 허락된다면 2024년에는 인공 장기를 이식하는 것도 이상한 일이 아니다.

의료분야에도 3D 프린터는 필수다. 인공 장기는 병원과 연계된 전문기업에서 바이오 프린터로 만들겠지만, 보철과 같은 것은 프린터로 병원에서 간단하게 만든다. 인공관절 정도는 병원에서 허가된 소재로 직접 프린트해도 법적으로 문제가 되지 않는다. 가장 좋은 점은 잘

못 만들어도 바로 수정해서 이식할 수 있다는 점이다. 이런 일이 시작되는 지점은 2023년 정도다. 치과기공사를 비롯한 대학의 의료산업 인력을 양성하는 학과는 필수적으로 현재의 3D 프린터가 아니라 미래의 프린터에 관해 가르쳐야 한다.

상상하기 어렵겠지만, 2050년이 오기도 전에 뇌를 완전히 컴퓨터에 연결하는 수준으로 기술은 발전한다. 2025년에 개발될 이 기술은 2035년이 되면 온라인 된 스마트폰처럼 소형 컴퓨터를 신체에 이식하는 산업이 되어 커진다. 물론 그 시기가 더 빨라지기를 바라지는 않는다. 우리가 알파고에 놀라면서 유쾌하지 않은 것처럼 마주 앉은 사람의 지적 수준에 놀라는 것은 유쾌한 경험이 아닐 것으로 생각된다.

병원에도 3D 프린터와 인공지능을 가진 기계들이 들어차면서 일자리가 줄지만, 산업이 팽창하면서 관련 일자리는 크게 늘린다. 앞서 설명한 홈 헬스케어가 가장 크게 성장한다. 스마트밴드는 작아지고 진화해서 나노 로봇이 되어 신체로 들어가 진단 장비이자 치료 장비가 된다. 불편한 노인이나 장애인을 돕는 대응 로봇과 장비도 사물인터넷으로 연결되어 큰 산업이 된다. 실제로 노인에게 직접 의료서비스를 제공하는 병원이나 요양시설에서 사람의 일자리를 만드는 헬스케어 분야는 이미 미국이나 우리나라나 크게 성장하고 있다.

04

기술,
GMO에서 불멸의 태양까지

.
.
.
.
.
.
.
.
.
.
.
.
.
.
.
.
.
.

식량과 에너지만 해결되면 인간의 대부분 삶에서 장애물이 제거된다.

기술은 식량 문제를 서서히 해결하고 자연이 준

무한한 에너지를 곁에 둘 수 있게 해준다.

지금까지는 기술이 주로 환경과 반대 방향으로 움직였지만, 같은 방향으로 움직이기 시작한 것이 최근의 가장 큰 변화다. 신재생에너지는 환경문제와 자원고갈이라는 가장 절박한 문제를 한 번에 해결해준다. 문제는 속도가 더디다는 데 있다. 하지만 에너지의 방향은 확실하다. 우리나라는 신재생에너지를 생산하는 데 열악한 환경이다. 그렇더라도 환경과 반대로 가는 원자력발전이나 석탄 화력발전은 가능한 한 빨리 중단하는 것이 옳다.

오히려 신재생에너지나 전력전송 기술, 가정에서 활용하는 태양광 전력 저장장치, 벽체나 유리창 소재를 활용한 태양광 활용 등으로 기술을 개발하여 에너지 관련 산업에 더 속도를 높여야 한다. 신재생에너지 분야는 일자리가 사라지는 30년간 일자리가 계속 는다. 이 분야는 대부분 사회간접자본으로 건설되거나 기업이 연합해 대규모로 건설한다. 규모나 일자리 측면에서 가장 생산적인 분야가 될 가능성이 크다.

독일 헬리아텍Heliatek[152]은 고효율의 유기 태양전지를 만들어 건축물과 결합할 수 있는 제품의 상용화를 앞두고 있다. 국내에서도 관련 기술이 개발되어 시제품을 만드는 단계에 이르렀다. 이런 제품들은 효율이 높고 기존의 건물에도 사용할 수 있어서 시장 전망이 밝다. 2020년 이전에 대량으로 제품이 출시되면 일자리는 물론 에너지산업과 건설산업에도 긍정적이다. 일정 규모 이상의 건축물에는 법적으로 설치를 의무화하는 방법도 있다.

가장 중요한 것은 유기 태양전지나 테슬라의 솔라 루프처럼 건축자재로 개발하는 일이다. 건축자재가 되면 새로 짓는 모든 건축물에 의무적으로 활용하도록 할 수 있고, 기존 건물에도 혜택을 주어 설치할 수 있다. 100층이나 되는 건물의 외벽 전체를 유리로 만들면서 태양전지를 사용하지 않았다면 이보다 비효율적인 건축은 없을 것이다. 규제가 필요하다면 이런 곳에 적용해야 한다.

식량과 관련된 농업, 수산업 등은 일자리가 늘지는 않지만, 역사상 가장 큰 진전이 이루어진다. 2020년 이후로는 GMO 작물이 급속도로 는다. 화학과 바이오기술이 식량과 결합해 문제를 서서히 해결하는 단계로 진화한다. 하지만, 정치적인 문제에 부닥치고 기업의 이익 추구로 기아를 해결할 길은 2030년에도 찾지 못할 것으로 예상한다. 공장이 발전하듯 영농기술도 크게 발전해서 농촌을 보는 관점이 완전히 달라진다. 농촌 인구는 계속 감소하다가 2020년대 중반으로 가면서 늘기 시작한다. 농촌이 견학이나 휴양의 장소에서 다시 삶의 터전으로 주목받는 시기다.

영원한 에너지를 목표로

영원한 에너지는 화석 연료가 아니라 신재생에너지다. 문제는 효율이다. 그리고 신재생에너지 분야는 기술이 개발되어야 일자리가 생긴다. 이 분야의 일자리는 크게 셋으로 영역을 나눌 수 있다. 하나는 기술을 상용화해 제품을 생산하는 분야다. 그다음은 플랜트를 구축하고 운용하는 분야다. 그다음은 생산된 에너지를 비축하고 사용할 곳으로 보내는 분야다. 셋 다 일자리 규모가 크다.

건설과 관련된 이 일자리는 제품이 생산된 이후로는 노동집약적일 수밖에 없다. 사하라사막의 데저텍Desertec 프로젝트처럼 끝도 없는 공간에 태양전지 패널이 설치된다고 생각해보라. 도시의 건물마다 외벽에, 옥상에 태양전지 패널이 설치된다고 생각해보라. 신재생에너지는 일자리 측면에서도 최고의 대안이다. 가장 훌륭한 점은 고장이 나지 않는 한 계속 에너지를 생산할 수 있다는 점이다. 사실 고장이 나도 그것을 고친다면 로봇보다는 사람의 일자리다.

에너지 수송로를 건설하는 일은 규모가 클수록 같이 커진다. 풍력이든, 조력이든, 태양광이든 대규모 발전소가 들어서면 대규모로 송전하거나 대규모로 비축하는 설비가 필수적이다. 데저텍 프로젝트에는 북부 아프리카에서 유럽으로 3,000km 구간에 전송설비를 구축해 전력을 보내는 엄청난 일이 포함된다. 브라질과 중국의 전력사업도 수천 킬로미터를 전송하는 사업이 포함되었다.

또한, 앞으로는 에너지 비축에 관련된 기술도 중요성이 커진다. 풍력은 바람이 불어야 에너지를 생산할 수 있다. 태양광은 밤에는 에너지를 생산할 수 없다. 수력도 물이 흘러야 에너지를 생산할 수 있다. 전기자동차를 위한 태양광 충전시설이 갖춰졌다 하더라도 에너지를 비축할 수 없으면 밤에는 충전할 수 없다. 비축할 수 없다면 어디선가 화석 연료로 만든 전기로 충전해야 한다는 말과 같다. 가정집도 마찬가지다. 태양광 발전이 가능한 가정집은 낮에 전기를 생산하지만, 낮에는 전기를 덜 쓴다. 2차전지와 관련된 에너지 비축분야는 신재생에너지와 함께 키우면 가능성이 큰 분야다.

자율주행 자동차는 대부분 산업에서 일자리를 사라지게 하지만, 몇 가지 분야는 반대다. 그중 하나는 소재 산업이고 다른 하나는 배터리다. 자율주행 자동차는 계속 강조한 대로 사고 없는 자동차다. 사고 없는 차를 절대 철로 만들지 않는다. 지금이라면 철을 최소화하고 상당 부분에 플라스틱을 사용하고 알루미늄으로 보강하면 된다. 그러면 가장 무거운 부분인 엔진을 내연기관으로 구동할 이유가 없다. 가벼워진 차는 2차전지인 배터리로 구동해도 훨씬 긴 거리를 주행할 수 있다.

우리나라의 경제발전을 견인했고, 세계를 놀라게 한 현대자동차는 가장 자동차에 수직계열화한 그룹을 구축했다. 철강, 자동차부품, 전자장비, 물류, 금융까지 모든 것이 자동차에 집중되었다. 지금의 현대자동차가 존재하는 이유다. 하지만 지금부터는 수직계열화가 가장 큰 취약점이 된다. 철은 중국과 경쟁하기도 힘들고 미국에 수출하기도 힘들지만, 철로 만든 자동차가 줄어들기 시작하면 문제가 심각해진다.

현대자동차는 엔진을 대신할 배터리를 만들지 못하는 것을 오히려 걱정해야 한다. 어느 순간 자동차에서 내연기관이 사라진다면 어떤가? 배터리를 만드는 회사나 인공지능을 개발하는 전자회사가 경쟁사가 된다고 생각해야 한다. 실제로 지금도 그렇지 않은가? 차를 배에 실어 수출하는 물류가 경쟁하는 상대는 3D 프린터다. 한국 자동차산업의 메카 울산에, 서울에 공장을 세우겠다는 로컬모터스는 자동차 대신 설계 파일을 전송해 자동차를 현지에서 출력한다. 로컬모터스가 배터리 강국 한국에서 배터리를 공급받으면 일이 쉽다. 대안인 일본도 있다. 지금은 모두가 자율주행 기술에 사활을 걸지만, 로컬모터스는 그렇지 않다. 그들은 IBM의 왓슨Watson을 사용한다. 대기업도 미래로 초점을 맞춰 일자리를 유지하고 창출해야 한다.

식량을 만드는 기술

식량과 관련된 분야는 화학과 바이오기술이 이끈다. 이 산업은 주로 종자 개발과 종자 보급, 영농기술, 농약과 같은 화학제품으로 크게 나눈다. 놀라운 것은 중국이 이 산업에서도 약진하고 있다는 점이다. 중국은 2016년에 신젠타Syngenta와 같은 선진기업을 이미 사들여 시장을 선도하고 자국의 농업을 바꾸고 있다. 2030년에도 GMO 작물에 관한 논란은 계속되겠지만, GMO 작물에 대한 거부감은 확연히 줄어들 것이다.

새로운 GMO 작물과 영농기술은 생산의 증대이자 농업인구의 감소를 의미한다. 경작지가 계속 사막화하는 것도 GMO 작물의 도입을 촉진한다. 새로운 영농기술은 새로운 품종에 맞도록 대부분 설계되므로 이 또한 GMO 작물을 늘린다. 하지만, 한편에서는 기존 방식으로 재배한 기존 작물을 원하는 소비자가 는다. 2030년 이후로 농업에서 성장할 것으로 예상하는 분야다. 지금 대형 할인점의 한쪽 구석을 차지한 아주 적은 양의 '친환경' 제품과 비슷한 상황이 벌어진다고 보면 된다. GMO 작물의 보급도 일자리를 계속 줄인다. 오로지 종자의 개량과 보급에 관련된 연구인력 일자리만 유지된다.

2025년 이후로 농업에 종사한다면 지금의 첨단 비닐하우스처럼 완전히 새로운 실내농업에 도전해야 한다. 마치 농업연구소에서 층층으로 쌓아가며 작물을 재배하고 자동으로 온도를 조절하는 것보다 더 자동화된 설비를 구축해야 한다. 지금도 얼마든지 만들 수 있는 시설이지만, 지금은 비싸다. 반대로 2030년 이후로는 설비와 관계없이 '친환경'에 도전하는 것이 유리하다.

05

기술,
마음속으로 우주로

컴퓨터는 뇌와 연결되어 마음을 그린다.
그리고 인간의 기술은 빅뱅 이후
138억 년 만에 처음으로 드넓은 우주를 오가는
많은 사람의 꿈을 실현한다.

언어와 이미지는 인간이 사고하는 도구이며 표현의 도구다. 소리나 문자로 표현되는 것은 모두 언어다. 이미지는 일차원, 이차원, 삼차원으로 표현된다. 우리가 사용하는 컴퓨터도 언어와 이미지를 활용한다. 컴퓨터가 많은 도구를 활용하는 것 같지만, 컴퓨터가 활용하는 것도 언어와 이미지다. 컴퓨터를 인간이 활용하도록 고안했으니 인간이 사고하는 언어와 이미지를 활용하는 것은 당연한 일이다. 다만 컴퓨터는 이것을 디지털에 의지할 뿐이다.

인간의 감각과 기억에는 냄새와 같은 것도 있지만, 냄새도 이미지다. 냄새가 있다는 것은 그 물체가 충분히 휘발성이 있다는 것이고, 그 분자가 공기를 통해 우리의 후각에 영향을 미쳐 감각된 결과가 냄새다. 다만, 냄새는 이미지이지만 보이지 않아서 이미지로 기억할 수 없다. 그래서 우리는 10,000가지나 되는 냄새를 구분할 수 있는데도[153] 언어로 냄새를 표현한다.

물리적 세계는 어떨까? 물리적 세계도 언어와 이미지를 벗어나지 않는다. 물리적 세계에도 그것이 소리로 표현되었든 이미지로 표현되었든 언어와 이미지의 결과가 가득하다. 건물은 삼차원 이미지다. 아이돌의 공연은 삼차원 공간에서 만들어지는 소리로 된 언어와 이미지의 조합이다. 활자화된 글자는 언어가 이미지의 형태로 표현된 것이다.

물리적 세계를 우리가 기억하듯, 물리적 세계를 컴퓨터에 입력하는 도구는 무엇일까? 언어는 대부분 키보드나 마이크와 같은 장비로, 이미지는 스캐너나 카메라와 센서 같은 장비로 사진 이미지나 영상으로 입력된다. 물론 스타일러스 펜이나 이미지 저작도구, 설계 프로그램을 활용해서 직접 인간의 사고를 컴퓨터에 입력하는 방법도 있다. 중요한 것은 인간이 사고하는 뇌, 물리적 세계, 컴퓨터의 도구가 같다는 점이다.

그렇다면 컴퓨터가 키보드와 같은 입력 도구를 유물로 만들 시기는 언제일까? 이것은 인간과 컴퓨터가 같은 방식으로, 직접 연결해 입력한다는 의미가 된다. 생각만으로 컴퓨터가 글을 쓰고 그림을 그리게 된다. 동작도 이해하고 인간의 언어도 이해한다. 컴퓨터가 글을 쓴다는 말은 인간의 사고를 이해한다는 말과 같다. 그래서 생각만으로 글을 쓰거나 인간의 행동을 이해하려면 마음마저 읽어야 한다. 마음을 읽으려면 컴퓨터가 뇌에 연결되어야 한다. 뇌와 컴퓨터가 처음 연결되는 시기는 미국을 기준으로 대략 2025년 이후다.

컴퓨터가 인간의 자연어를 완전히 이해하면 인간의 언어장벽도 동시에 사라진다. 컴퓨터의 도움을 받으면 언어가 문제가 되지 않기 때문이다. 초기에는 언어를 컴퓨터가 정확하게 인식해서 글을 적는 수준으로 시작해서 생각한 구조를 이해해 언어로 표현하게 된다. 그다음에는 생각한 이미지를 실제 눈으로 볼 수 있게 해준다. 인간의 마음을 읽어 그림을 그리고, 건축물을 설계하고, 노련한 설계자는 우주선을 설계한다. 물론 2025년부터 모두에게 허락될 일은 아니다.

뇌와 컴퓨터가 연결되는 '뇌·컴퓨터 인터페이스Brain Computer Interface[154]'는 무엇을 의미할까? 이는 실제로는 컴퓨터의 도움을 받아 글을 쓰거나 그림을 그리는 일이 아니다. 인간이 컴퓨터와 직접 연결된다는 것은 인간이 컴퓨터가 된다는 말과 같다. 인간이 항상 온라인 상태로 클라우드 컴퓨터Cloud Computer에 연결되어 컴퓨터처럼 지식을 습득Machine Learning하고 활용한다는 의미다.

이 시기부터는 인간이 가진 창조성마저 컴퓨터의 것이 되기 시작한다. 연결된 뇌는 그때까지 해결하지 못한 뇌의 비밀을 가장 먼저 풀어준다. 그다음에는 인간이 프로그래밍으로 만든 기계학습을 다시 인간의 것으로 가져와 활용한다. 2017년에 만난 알파고와 인간이 바둑을 두어 다시 이길 수 있는 시기가 온다는 의미다. 하지만 큰 의미는 없다. 이 대국은 컴퓨터와 컴퓨터의 대결에 불과하기 때문이다.

연결된 인간은 신체적으로도 더 뛰어난 모습을 갖추게 된다. '뇌·컴퓨터 인터페이스'는 '신경보철학Neuroprosthetics[155]'이 되어 뇌뿐만 아니라 신체적으로도 능력을 확장할 수 있도록 해준다. 바이오기술과 융합된 '뇌·컴퓨터 인터페이스'는 신경질환을 대부분 해결한다. 2025년에 처음으로 뇌와 연결된 컴퓨터는 초기에는 인공특수지능으로 활용되면서 확장하다가 컴퓨터와 마찬가지로 인공일반지능을 향한다. 컴퓨터가 먼저 인간보다 뛰어난 기계가 될 것인지, 인간이 먼저 컴퓨터와 결합해 새로운 인간이 될지 2045년이면 결정된다.

여행은 기술을 만나 획기적으로 변한다. 인간이 우주개발을 시작하고 60년 만에 기술적 전기가 마련되었고, 2035년이면 우주여행은 누구나 가능한 일반적인 경험으로 탈바꿈한다. 하지만 우주여행이 일반적인 경험이 된다고 해도 영국의 미래예측 민간단체인 미래연구소The

Future Laboratory[156]가 주장하는 대로 2025년에 '우주여행 안내자'와 같은 직업이 유망해지지는 않는다. 이런 일에 일자리가 대규모로 생기지도 않는다. 2025년이면 거의 손에 꼽을 숫자로 이런 직업이 생길 것이다.

지구에서 이동수단과 운송수단은 획기적인 발전을 거듭한다. 플라잉카, 드론 등을 개발하고 생산하는 산업은 선점할 수 있다면 일자리를 대폭 증가시킨다. 문제는 교통과 안전이라는 측면에서 집중적으로 연구하고 제도가 뒷받침되어야 한다는 점이다. 인증도 중요한 부분이다. 비행체의 충돌이나 추락은 큰 사고를 만들 수도 있기 때문이다. 법과 제도만 마련되면 줄지어 하늘을 오가는 드론을 곧 볼 수 있다.

마음을 그리는 사람들

2025년에 컴퓨터와 뇌가 처음 연결된 후, 2030년에는 컴퓨터를 활용해 그림을 그리거나 글을 쓰는 일을 선택받은 일부가 할 수 있게 된다. 그때도 손으로 그림을 그리는 일을 직업으로 하는 예술가들이 있다. 과거에는 손으로 그림을 그려서 컴퓨터에 저장하거나 전용 펜으로 컴퓨터에 직접 그림을 그렸지만, 2030년부터는 생각만으로도 그림을 그릴 수 있다. 그러니까 컴퓨터로 그림을 그린다는 표현보다는 컴퓨터와 함께 그림을 그린다는 표현이 더 적절하다.

2020년대 초반에는 생체신호Biosignal로 움직이는 인공 손이나 팔과 같은 장치에만 기술이 제한적으로 활용되다가 2030년에는 생각만으로 그림을 그리는 수준으로 발전한다. 언어나 동작과 같은 이미지 대부분을 이해하는 컴퓨터는 2023년이면 등장한다. 하지만 생각을 이해하는 연결된 컴퓨터는 2025년에 개발되어 2030년이 가까워지면서 보급되기 시작한다. 여기서 보급은 신체에 작은 컴퓨터를 이식하는 일이다. 컴퓨터와 연결하면 생각은 글이 되기도 하고 그림이 되기도 한다.

우리나라가 2025년부터 초등학교 수업에 활용하는 가장 혁신적인 장비는 컴퓨터가 아니라 3D 프린터다. 미국에서는 자율주행 자동차가 본격적으로 등장하기도 전인 2021년부터 3D 프린터가 모든 산업에 적용되기 시작한다. 미국은 2023년부터 대부분 초등학교를 비롯한 학교에서 3D 프린터를 교과목으로 가르친다. 실제로 가르친다기보다는 프린터를 모든 학습활동에 활용하는 수준에 이른다.

한국은 2025년부터 교육용으로 사용하지만, 고등학교 수준이 되면 실제 교과목으로 선택해서 집중적으로 배울 수도 있다. 마치 컴퓨터와 관련된 학과가 컴퓨터의 발전과 함께 연이어 개설되듯 대학에도 관련 학과가 계속 생긴다. 프린터와 관련된 가장 촉망받는 전공은 프린터용 소재 개발이다. 소재가 한 가지 추가될 때마다 프린터용 제품에 놀라운 혁신이 이루어진다.

아이들은 이 프린터로 음식도 만들어보고 미술작품도 만들어본다. 3D 프린터를 공부한 아이들은 프린터를 몇 번 접하고 나서는 로봇을 사달라고 조르지 않는다. 아이들은 이 프린터만 있으면 로봇은 식은 죽 먹기로 프린트할 수 있다는 사실을 배운다. 자신들이 프린트한 로봇과 집에서 대화하는 애완 로봇이 별 차이가 없는 과정으로 만들어질 수 있다는 사실도 처음으로 알게 된다.

그렇다고 그림을 손으로 그리는 방법을 배우지 않는 것은 아니다. 오히려 더 많이 배운다. 그림을 그리는 일은 사람들이 가장 선호하는 취미생활의 하나다. 컴퓨터를 활용해서 그리기도 하고 옛날처럼 그리기도 한다. 그림에 관한 이미지 감각이 자라야 디자이너로 성공할 수 있다는 사실을 아이들도 어렴풋이 안다. 어쨌건 컴퓨터는 이제 도구가 아니라 인간의 뇌, 인간의 손이 되었다.

우주로 가는 여행

여행은 일이 완전히 기계의 몫이 된 다음에도 살아남는다. 2045년을 향하면서 할 일이 사라질수록 오히려 더 성장한다. 범위도 지구에서 우주로 확장한다. 우주여행은 범위를 둘로 나눌 수 있다. 하나는 지구 저궤도Low Earth Orbit[157]까지를 활용하는 우주여행과 그야말로 달나라를 여행하는 우주여행이 다른 하나다. 바꾸어 말하면, 지구 밖에서 '지구를 관광'하는 우주여행과 지구를 포함한 '우주 일부를 관광'하는 우주여행으로 생각하면 된다.

지구 저궤도까지 나갔다가 돌아오는 여행은 그 자체로 여행인 경우와 이동을 위한 여행으로 다시 나뉜다. 앞의 여행은 다시 제자리로 돌아오는 방식이고, 뒤의 여행은 목적지로 이동하면서 하는 우주여행이다. 2018년은 상업용 우주여행의 원년이 된다. 늦어진다고 해도 1년이지만, 경쟁이 치열해서 오히려 당겨질 확률이 높다. 2018년의 우주여행은 제자리로 돌아오는 우주여행이다. 어쩌면 로켓에서 분리되어다른 곳으로 캡슐을 타고 내려오는 방식이 될 수도 있다.

2020년부터는 우주여행을 하는 사람의 수가 빠르게 늘기 시작한다. 일론 머스크의 스페이스 엑스가 2022년에 화성으로 가는 로켓을 발사한다면 더 빠르게 는다. 버진 갤럭틱의 스페이스십 투가 우주여행을 대륙 간 이동수단으로 투입한다면 우주여행은 일상이 되어가기 시작한다. 그러다가 2035년이 되면 일반인도 지구를 완전히 벗어나는 우주여행이 가능해진다.

안타까운 점은 현재로써는 여행객이 되는 것 외에는 우리나라와 별 상관이 없는 일이라는 점이다. 하지만 개발된 기술을 활용해 산업으로 키울 방법은 얼마든지 있다. 극초음속 여객기의 첫 번째 목적지가 되도록 하는 것은 어떤가? 우리나라가 여객기를 만들어서 항공사가 여럿 존재하는 것이 아니다. 이 시기가 되면 땅과 하늘에서 움직이는 이동수단이 다양해진다. 자동차 기업은 땅으로 가는 차에만 관심을 둘 것이 아니라 하늘로 움직이는 이동수단에도 관심을 두어야 한다. 그래야 새로운 기술이 진보하고 새로운 일자리가 만들어진다.

06

감성,
좌뇌의 역사에서 우뇌의 미래로

우리가 인공지능과 같은 기계에 놀라는 이유는
인간이 가장 뛰어나다고 생각한 좌뇌의 논리를 기계가 배웠기 때문이다.
미래의 일은 우뇌에 담긴 감성에서 찾아야 한다.

인간의 역사는 놀랍게도 좌뇌의 역사다. 우뇌를 사용하지 않은 것은 아니지만, 좌뇌가 해온 일에 비하면 우뇌가 차지하는 비중은 작거나 소수의 일이었다. 하지만 우뇌가 해온 일은 평상시에는 인간의 존재감을 만들었고 결정적인 순간마다 창조성을 빛나게 했다. 좌뇌는 수리, 언어, 논리, 판단과 같은 기능을 하고 우뇌는 미인식, 감성, 통합, 직관에 관여한다. 좌뇌와 우뇌의 기능만 보아도 우리가 만든 역사 대부분이 좌뇌를 통해 이루어졌다는 사실을 알 수 있다.

좌뇌는 수학, 과학, 언어처럼 지구 위의 다른 동물과 인간을 구별지었고 이것이 증폭된 것이 지금 폭발하는 과학기술 혁명이다. 그런데 좌뇌가 폭발력을 키울 수 있도록 결정적인 역할을 한 것은 우뇌다. 우뇌는 서로 다른 것들을 통합적 시각으로 보게 한다. 무엇인가 새로운 세계가 만들어질 수 있다는 가능성을 직관적으로 파악하고 좌뇌가 논리적으로 해결하도록 촉진한다. 무언가 새로운 것이 만들어질 때 이것을 다른 사람이 좋아할지 싫어할지 감성적이고 감각적이며 직관적으로 판단한다. 소수의 천재가 우뇌를 증폭해서 만든 예술 세계는 덤이다.

알파고와 같은 인공지능은 좌뇌가 해온 기능 대부분을 대신하는 수준에 이르렀다. 아직 자연어를 완전하게 이해하지 못하고, 인간의 수준으로 이미지를 처리하지 못하는 것 정도가 문제다. 이조차 수년이면 완전히 해결된다. 우뇌의 기능도 일정 부분은 이미 컴퓨터의 몫이다. 마치 우뇌의 직관처럼 서로 완전히 다른 분야에서 연관성을 찾아내고 완전하지 않은 해답에서 가능성이 큰 쪽을 선택해서 보여주고 이에 대응하는 사람에게 새로운 대안을 제시하는 능력은 이미 왓슨이나 알파고와 같은 컴퓨터가 보여줬다.

컴퓨터는 좌뇌를 활용하는 두 가지 측면에서 이미 인간을 월등하게 앞섰다. 한 가지는 지식을 연결하는 능력이다. 인터넷은 한 곳에 존재할 수밖에 없는 인간과 지식을 가상의 공간에서 연결했다. 하지만 인간은 컴퓨터를 통해서만 연결된다. 연결된 컴퓨터는 완전히 연결되지 않은 인간을 앞선다. 또한, 인간은 연결되더라도 어디에 무엇이 있는지 컴퓨터를 통해서만 알 수 있다. 스스로 찾아낼 줄 아는 컴퓨터에 밀릴 수밖에 없다. 연결된 상태에서 스스로 찾아 알아내 자기 것처럼 활용하며 능력을 키우는 컴퓨터가 등장한 지금, 그 컴퓨터를 인간이 이길 수는 없다.

이제 좌뇌를 활용하는 분야에서는 컴퓨터를 이길 수 없다. 남은 일은 인간과 컴퓨터가 공존하며 컴퓨터의 도움을 받아 과학기술을 더 키우는 것이고, 그것이 기술 분야의 일이다. 최고의 과학자가 만든 어떤 것도 컴퓨터에 연결된 순간 컴퓨터의 것이 된다. 바둑으로 치면 알파고는 이세돌을 비롯한 거의 모든 바둑기사이고, 여기에 커제가 결합하였으니 커제가 포함된 그런 알파고를 커제가 이길 수는 없다.

하지만 우뇌의 영역은 다르다. 미와 관련된 예술적 영역은 컴퓨터에 쉬운 영역이 아니다. 정밀하게 변화하는 감성에 관련된 영역도 그렇다. 감성은 다시 감각에 관여한다. 이런 분야는 컴퓨터가 한동안 따라오기 어렵다. 이 분야와 연관된 기술도 아직은 인간의 일이다. 여기에 어떤 것을 담을 것인지 통합해내는 영역도 인간이 더 잘할 수 있는 일이다. 이는 창조성과 관련된 영역이다. 특히 '인간을 위한' 콘텐츠에 창조성이 담기면 컴퓨터가 흉내 내기 어렵다.

무한한 콘텐츠의 세계

콘텐츠의 세계는 한동안 인간의 영역이다. 기술은 구현해내는 '방법'을 제공할 뿐이다. 여기서 혼동하지 말아야 할 것은 그저 '방법을 바꾸는 것'은 쉽게 컴퓨터가 가져갈 일이라는 점이다. 예를 들어 콘텐츠를 통역하고 번역하는 '변환'은 이제 전부 다 인간의 일에서 컴퓨터의 일이 된다. 이미 컴퓨터는 일부 자연어를 거의 완벽하게 이해하는 수준에 이르렀다. 다만, 우리에게 공개되는 기술 수준이 실제 개발된 수준보다 낮아서 착각할 뿐이다.

구글 번역기를 사용한다면, 중국어로 된 문장을 한국어로 바로 바꿔보고, 이에 대비해서 영어로 바꾼 후 일본어로 다시 바꾸고 다시 한국어로 번역해보라. 한국어로 바로 바꾸면 어색하지만, 기술적으로 근접한 언어로 번역을 우회한 후자는 원래 의미가 거의 그대로다. 언어 간 연계성의 수준이 아직 다른 탓이다. 하지만, 우리가 공짜로 사용하는 이런 번역기술은 껍데기에 불과하다. 언어와 문자로 표현되는 모든 자연어를 이해하면 컴퓨터가 이해하지 못하는 빈틈이 사라진다. 아마존의 알렉사를 사용하는 사람들이 언어를 이해하는 수준에 놀라는 이유다.

가상현실에 사용될 삼차원 콘텐츠는 이제 시작이다. 이런 콘텐츠는 인간의 상상력이 빚어낼 무한한 세계다. 삼차원 콘텐츠는 놀이, 학습, 체험, 훈련 등 모든 분야를 망라한다. 잘 만들어진 삼차원 콘텐츠로 비행훈련을 하면 실제 비행기로 훈련하는 것보다 더 잘 훈련할 수 있다. 삼차원 체험과 연관된 고객 경험을 만들면 가상세계에서 유통을 혁신할 수 있다. 기술에도 감성을 결합해야 하는 이유다.

홀로그램과 같은 삼차원 영상기술은 아무리 발전해도 콘텐츠가 없으면 활용에 한계가 있을 수밖에 없다. 그저 통신이나 공연에 활용하는 수준이 전부다. 하지만 삼차원 지도에 적용하면 자율주행이나 비행과 결합해 새로운 혁신이 되고 산업이 된다. 가상현실과 결합한 교육용 콘텐츠는 그 자체를 우뇌가 주도해 만들겠지만, 우뇌를 키우는 데도 혁신이다. 과학기술과 결합하고 과학기술에 활용하고 산업에 융합되는 콘텐츠는 시작도 되지 않았다. 페이스북의 스페이스가 무엇을 하고 싶은지 정밀하게 연구할 필요가 있다.

교육도 위기를 맞고 있다. 어느 순간 우리가 열심히 공부하는 모든 것들이 연결로 한 번에 해결된다면 어떤가? 뇌 기능을 보조하는 초소형 컴퓨터가 뇌 신경에 연결되면 교육은 무엇을 할 것인가? 이것이 아득히 먼 미래의 일이거나, 이 글을 쓰는 사람들의 상상력이 지나쳐 만들어진 질문이면 좋겠지만, 아주 가까운 미래의 일이다. 2025년이면 등장하고 2030년이면 여기저기서 발생할 일이 바로 이런 일이다. 시간이 조금 더 흘러 2035년이 되면 교육에 근본적 문제를 드러낼 것이다.

순수한 인간과 기계와 연결된 인간이 섞여 사는 것도 이해하기 힘들 것이다. 기계와 연결될 인간은 과학기술에 맡겨둔다 해도 순수한 인간의 문제는 계속 숙제로 남는다. 인간은 인간에게 무엇을 가르칠 것인가? 정부는 과학기술에 중점을 둔 교육시스템을 만들어 과학기술에서 뒤처지지 않도록 하다가 어느 순간부터는 시스템을 수정해야 한다. 수정한다기보다 미리 시나리오를 준비해야 한다. 앞서 설명한 대로 그 시기는 2030년 정도가 될 것이다. 지금도 문제가 산더미인데 그대로 가다가는 미래가 사라진다.

우리는 2030년, 혹은 2035년 정도에 크게 세 가지 영역을 공통으로 가르쳐야 한다고 생각한다. 하나는 인간에 관한 교육이다. 연결된 인간에게 '인간성'이 사라지면 이미 인간이 아니다. 가르칠 내용은 특별하지 않다. 지금까지 계속되어온 철학적인 질문에 대한 옳은 해답을 학생들이 얻으면 된다. '인간은 무엇인가, 인간은 왜 존재하는가, 인간은 어떻게 존재하는가, 우리는 왜 같이 존재하는가?'와 같은 질문이다. 이 질문들은 인간의 삶에도 직접 연관되지만, 아이들이 자라 인간이 사는 세상을 이끌어갈 때도 중요한 질문들이다.

가르쳐야 할 다른 하나는 그 시기에도 컴퓨터가 따라오지 못하는 우뇌의 영역이다. 예술과 감성, 감각을 키우는 일이나 직관을 키우는 일이 그것이다. 예술은 예술품을 직접 창조하는 인간이나 예술의 혜택을 보는 인간 모두에게 필요한 일이다. 컴퓨터가 흉내를 낼 수도 있고 작업에 참여하기도 하겠지만, 고유의 창조성은 그때도 인간의 몫이다. 그래서 이와 연관된 영역은 그때도 가르치고 배울 영역이다. 컴퓨터가 대부분을 수행하지만, 아이디어를 주면서 새로운 디자인을 창조하는 일도 인간의 일이다.

마지막은 역사다. 인간의 역사를 로봇이 가르치지 말라는 법은 없다. 어쩌면 로봇이 더 잘 가르칠 수도 있다. 하지만 이것은 인간이 선택해서 직접 가르쳐야 옳은 일이라고 생각한다. 역사는 사실이기도 하지만, 해석이기 때문이기도 하다. 무엇보다 역사를 가르치는 일은 인간성과 연관된 부분이어서 인간의 일로 남겨두는 것이 옳다.

산업으로서의 교육은 2025년까지는 유지되고 특정 분야는 커질 것으로 판단한다. 다만, 인구가 줄어들면서 교육이 위축되는 것은 고려해야 한다. 출산율이 떨어지면서 산부인과 의사의 일이 줄어드는 것과 같다. 하지만 일이 사라지고 일자리가 축소되는 현상은 교육이 필요한 새로운 이유를 만들어줄 것이다. 또한, 이런 사회적 현상은 공공부문의 교육투자를 촉진하게 할 것이다. 개인들도 역량 개발을 위해 교육투자를 늘릴 것이다. 하지만, 동시에 MOOCMassive Open Online Course[158]와 같은 공개강좌가 계속 성장해 2030년을 맞게 될 것이다. MOOC는 인간의 평균적 삶을 질적으로 향상한다.

새로 시작된 우뇌의 역사

이제 인간이 만들어온 좌뇌의 역사는 컴퓨터 속으로 사라진다. 일하든 공부하든 앞으로는 그것이 좌뇌가 하는 일인지 우뇌가 하는 일인지 먼저 판단해야 헛일이 되지 않는다. 2025년이 변곡점이다. 2025년부터는 좌뇌의 일은 대부분 퇴출당하기 시작한다. 2022년부터는 기업의 사무직 일자리가 급속하게 줄어드는 시기다. 신체를 활용하는 일도 우뇌와 연관되지 않으면 퇴출당한다. 예를 들어 도로에서의 운전은 퇴출당하지만, 스포츠가 된 운전은 살아남는다. 직접 스포츠로 즐기는 운전도 살아남는다.

좌뇌의 역사에서 만들어진 많은 것 중에서도 우뇌가 개입해서 살아남을 수 있다면 그것은 로봇이 아닌 인간이 일하는 산업이 될 수 있다. 감성이나 감정, 감각과 관련된 부분은 그 자체로 산업이 된다. 기록을 중시하는 스포츠는 인간이 기술을 접목하면 재미없는 분야가 되지만, 감성과 감각을 자극하는 극한 스포츠Extreme Sports는 계속 성장한다. 마찬가지로 기술에 감각을 결합한 신체보조장치나 성과 관련된 산업도 커질 것이다. 2025년이 넘어가면 모든 사람이 중요하게 생각할 분야다.

우뇌는 주로 예술가들이 활용했다. 하지만 우리가 말하는 우뇌는 좌뇌와 분리된 우뇌의 영역을 말하는 것이 절대 아니다. 뇌가 그렇게 분리되어 작동하지도 않을뿐더러 우뇌만을 극한으로 활용하는 그런 일은 신체적 손상으로 좌뇌를 적극적으로 사용하지 못하는 서번트 증후군Savant Syndrome [159]이 있는 소수에만 허락된 일이다. 중요한 것은 산업이나 일이 좌뇌 중심적이라면 과학기술의 영역으로 해결해야 하는 소수의 일이 되고, 우뇌 중심적이라면 인간으로서 누구나 도전하고 키울 만한 일이라는 점이다.

과학기술은 점점 더 좌뇌적으로 진화한다. 그렇다고 우뇌가 개입하지 않는 것은 아니지만, 컴퓨터가 더 많이 개입한다는 말은 그걸 활용하는 사람도 컴퓨터를 중심으로 활용법을 모색해야 한다는 말이 된다. 반면에 대다수는 우뇌적 해결책을 모색해야 한다. 좌뇌적인 문제에도 우뇌적인 해결책을 내야 한다는 말이다. 2025년부터는 우뇌의 역사가 시작된다.

07

감성,
예술에서 큐레이션까지

예술은 원래 우뇌인 감성의 영역이다.
좌뇌의 이성을 기계에 내준 인간은
이성을 키웠던 것처럼 감성을 키운다.
감성은 기술과 결합하고 자연과 결합한다.

예술은 언제부터 우리 곁에 있었을까? 구석기인들의 벽화도 지식이자 예술로 시작된 것이지만, 예술은 아주 오랫동안 예술가들과 소수 부유층의 전유물로만 남았었다. 그래서 사무실 벽에 복제된 그림 한 점이 걸리기까지는 천재 예술가들의 엄청난 노력이 필요했다. 그 대표적인 예술가가 마르셀 뒤샹Marcel Duchamp과 앤디 워홀Andy Warhol이다.

마르셀 뒤샹은 지금의 영화산업의 아이디어가 된 〈계단을 내려오는 누드〉를 그린 프랑스 작가다. 또한, 그는 〈샘〉이라는 작품으로도 유명한데, 이 작품은 공장에서 만든 남성용 소변기를 좌대 위에 올리고 사인한 것이 전부인 작품이다. 사인조차도 소변기 제조업자의 사인과 유사하게 만들었다. 사람들은 이 작품을 보고 '공장에서 만든 것조차도 작품이 될 수 있다'고 처음으로 생각하게 되었다.

앤디 워홀은 수프 깡통, 콜라병, 심지어 메릴린 먼로Marilyn Monroe와 같은 영화배우를 실크스크린으로 대량 인쇄해 작품으로 팔았다. 이조차도 작업실에서 조수들이 만든 것이었다. 당시 예술가들은 그의 행동에 충격을 받았지만, 대중은 그를 사랑했고 그의 작품은 사무실과 가정집에 걸렸다. 유명해진 다음에는 작품 소재로 자신을 그리기도 했다. 앤디 워홀은 예술가들이 자기들의 세계에만 가둬두고 내놓지 않던 예술을 대중에게 안겨줬다.

지금은 어떨까? 우리가 일하는 공부방에는 서예작품 한 점, 백두산 천지 일출 사진 한 점, 구스타프 클림트Gustav Klimt의 복제된 그림 한 점이 걸려있다. 서예작품은 선물 받은 것이지만, 나머지는 앤디 워홀이 그림을 팔던 가격보다 싸게 산 인쇄된 그림이다. 우리는 분명히 놀라운 생각을 한 예술가들 덕에 놀라운 작품을 보고 있다.

음악은 어떨까? 음악도 똑같은 길을 걸었다. 작곡은 어려운 일이지만, 길을 걸으며 아주 싼 가격에 음악을 듣는다. 마이크를 잡고 친구들과 노래를 부를 수도 있다. 아직은 조금 비싸지만, 원한다면 콘서트 홀에도 갈 수도 있고 클래식 연주도 들을 수 있다. 이제부터는 조금 더 가까이서, 자주 예술을 만날 수 있다. 그리고 예술은 우리의 일상으로 더 깊게 파고들 것이다.

예술은 예술을 빛내줄 더 수준 높은 기술을 만나게 된다. 예술은 사람들의 마음을 파고들어 우리가 인간임을 깨닫게 해준다. 예술은 사람들의 아픈 마음을 치료해주고 여가를 풍요롭게 해주며, 기술과 결합한 새로운 예술로 우리 곁에 선다. 무엇보다 삼차원 가상 공간으로 들어간 예술은 인간을 새롭게 변화시키고 그 공간을 다시 바꾼다.

모두를 위한 모두의 예술

음악과 미술은 우리 실생활과 완전히 결합한다. 음악과 미술은 모든 것의 배경이 된다. 그조차도 고정된 것이 아니라, 원하는 대로 설정할 수 있다. 미술은 삼차원 가상 공간으로 집중적으로 이동해 덩치를 키우고 기술과 결합해서 모든 것의 디자인이 된다. 가장 주목받는 것은 가상현실과 결합한 미술이다. 2020년의 삼차원 캐릭터는 모든 사람이 가장 사랑하는 예술의 새로운 분야가 된다. 2010년대의 만화 같은 이차원 캐릭터와는 차원이 완전히 다르다. 제임스 캐머런의 〈아바타〉 속 주인공 제이크나 네이티리 수준이다.

이 분야에서 활약하는 디자이너들은 삼차원 공간으로 설정한 놀이공원, 학교, 고대유물, 바닷속, 우주 공간을 디자인하기에 바쁘다. 2025년부터 자주 접하게 될 삼차원 홀로그램 영상은 화질이 좋아져 2030년에는 물리 세계와 구분하기 어렵다. 2025년까지 주로 개인이 사용하던 VR 기기들은 2030년에는 사용하지 않아도 된다. 삼차원 가상 공간은 완전히 물리적 공간과 하나가 된다.

게임은 미술과 음악이 기술을 만나 펼치는 더욱 놀라운 공간이다. 2023년의 게임은 완전히 이차원을 벗어난다. 아바타를 만들어 친구들과 가상 공간에서 만나고, 그 안에서 모든 것을 할 수 있다. 여행에서 전투까지, 디지털 미술이 펼치는 세계는 실제 세계다. 이제 사람들은 직접 만나는 것만큼이나 디지털 세계에서 만나는 것을 좋아한다. 가장 큰 이유는 실제와 가상 공간이 다르지 않기 때문이다.

음악도 그렇게 듣는다. 인공지능 비서는 좋아하는 음악, 영화, 게임을 모두 안다. 인류가 이처럼 음악을 사랑한 적은 없었다. 음악을 듣지 않는 사람, 음악이 없는 공간은 없다. 가장 좋은 점은 음악을 파일로 저장하거나 가지고 다니지 않아도 된다는 점이다. 음악은 산소처럼 어디에나 존재하고 언제나 쓸 수 있다. 2030년에도 가장 비싼 음악은 직접 듣는 음악이다. 콘서트홀과 같은 공연장은 과거나 2023년이나 2030년이나 사람들로 넘친다. 그다음으로 비싼 음악은 원음에 가까운 고음질 음악 파일이다. 이것은 음악 애호가들이 듣는 음악 파일이어서 섬세한 소리까지 녹음되고 재생된다. 2023년에도 파일을 소장해서 듣는 사람이 있지만, 듣는 만큼 비용을 내는 것을 더 선호한다.

2025년에 선호하는 직업의 하나는 삼차원 가상 공간 디자이너다. 과거의 사람들이 이들을 봤더라면 디자이너라는 이름보다는 예술가가 더 어울린다고 했을 것이다. 이들은 실제 공간을 삼차원에서 새롭게 구현하는 사람들이다. 그중에서 삼차원 지도를 만드는 사람이 가장 넓은 면적을 다루는 사람이다. 우주 공간을 디자인하는 사람도 있지만, 실제로 정밀한 공간을 다루는 사람으로서는 가장 넓고 중요한 일을 하는 사람들이다.

이들은 하늘과 땅, 바닷속의 모든 지형을 실제 삼차원 지도로 만든다. 이 지도는 모든 교통에 활용된다. 복잡하게 하늘을 나는 드론과 같은 비행체들도 이 지도에 따라 이동한다. 사고 없는 교통이 여기서 시작된다. 다시 이 지도는 부분적으로 확대되고 더 정밀해져서 가상 공간을 디자인하는 데 활용되고 건설에 활용된다. 놀이공원은 실제보다 가상 공간이 더 재미있고 멋지다.

2025년 이후로 한국 사회에서 가장 큰 변화가 생긴 공간은 자동차 안이다. 자율주행 자동차는 허가를 받고 안전규정을 지키면 실내를 완전히 새롭게 디자인할 수 있다. 운전하지 않는 차를 개인의 목적에 맞게 디자인한 실내는 다른 사람들에게는 가장 궁금한 공간이다. 이제 카센터는 고장 난 차를 수리하는 곳이 아니라 차를 변신시키는 일을 하는 곳이다.

2030년의 건축에서 가장 선호하는 디자인은 자연을 닮은 디자인이다. 건축 디자인은 사각형에서 완전히 벗어난다. 건축자재도 신소재로 혁신되지만, 새로 지어진 건물은 외부에서 가져오는 에너지가 많지 않다. 건축 자재가 대부분 태양광을 활용하도록 설계되고, 풍력과 지열도 활용하며, 인공지능으로 가동되는 마이크로 그리드나 스마트 그리드에 연결된다. 그래서 건축에서 가장 중요하게 생각하는 것은 디자인이다. 개인에게도 건축 디자인은 의뢰해서 해결하는 일이라기보다는 직접 참여해서 선택하고 수정하는 일이다.

마음을 담는 큐레이션

큐레이션의 세계는 점점 디지털 세계로 들어간다. 일자리가 늘 분야다. 영국의 과학기술장비위원회Science and Technology Facilities Council[160]도 디지털 큐레이터가 늘 것으로 전망했다. 하지만 단순하게 인간이 원하는 것을 찾아주고 정리해주는 수준의 큐레이션은 작은 인공지능이 대체할 확률이 높다. 우리는 '마음을 담는 큐레이션'을 성장할 분야로 본다.

예를 들어, SNS에서 자신이 올린 자료들을 분석하고 그중에서 더는 드러내고 싶지 않은 부분을 골라 개인 저장 공간으로 옮기는 일을 어떻게 수행할지 도움을 받거나, 실제로 그 일을 대행해주는 일은 생긴다고 해도 일반적인 일이 되기도 전에 개인 인공지능 비서의 일이 된다. 이미 초기 형태의 큐레이션을 개인 인공지능 비서가 상당한 수준으로 처리해준다.

큐레이션은 모든 영역으로 확장한다. 지금까지의 상담이 전문가의 도움을 받아 잘 모르는 일을 배우거나 문제를 해결하는 데 필요했다면, 큐레이션은 치료와 관련된 일을 제외하고 상담 대부분을 흡수해 성장한다. 치료받도록 권하는 일도 큐레이션의 영역이 될 확률이 높다. 미술, 음악, 여행, 구매, 학습, 인간관계, 일도 큐레이션의 영역이 되어 상담과 구분하기 어려워진다.

마음을 담는 큐레이션은 관계에서 커진다. 특정한 주제에 관해 일회성으로 큐레이션을 받기보다는 인간의 모든 분야와 관련해서 다방면으로 지속해서 도움을 받는다. 큐레이터는 코치처럼 전문가 그룹으로 이루어지며, 온라인과 오프라인으로 모여 활동하고, 서로 지원하면서 자신이 담당한 고객의 요구를 처리해준다. 큐레이터에게 중요해지는 것은 '고객의 삶의 흔적'이고 '마음을 어떻게 담아낼 것인가'이다.

08

인간,
손끝에서 마음의 끝까지

인간의 생각과 세상의 움직임에
격차가 계속 커진다고 느껴지고 적응하기 어려워지기 시작하면
인간과 인간의 마음을 그리워하게 된다.
인간의 마음에서 일을 찾아야 한다.

강아지도 혼자 두면 병에 걸린다. 먹을 것이 있어도 먹는 일이 즐겁지 않게 된다. 강아지가 많아도 크기와 종이 다른 강아지만 있어서 어울리지 못하면 병이 들기 쉽다. 사람은 더 그렇다. 잘 적응하고 살더라도 사람이기에 그리워지는 것들이 있기 마련이다. 모든 것이 기계적으로 움직이고 통제되고 적응하기 어려운 상황에서 적응하지 못하는 사람에겐 더없이 힘든 삶이 될 수도 있다. 무엇이 앞으로의 사회를 살아가는 사람에게 결핍되고 필요한 일이 될까? 그리고 기계가 해주는 것보다 가치 있게 여기는 일이 될까?

　우선 생각해볼 것은 사람의 손길을 가장 애타게 기다리는 사람이 누구인가이다. 그것은 사람 자체가 그리워진 사람들이다. 고령화로 소외되는 노인이 그들이고 아픈 사람이 그들이다. 기계만을 다루는 사람도 그렇다. 손길만으로 해결되지 않는 사람도 있다. 그런 사람에게는 치료가 필요하다. 물론 기계가 제공할 수 없는 그런 치료다. 치료가 아니라면 정보를 주거나 연결해주는 일도 있다.

　페이션츠라이크미PatientsLikeMe[161]는 온라인 커뮤니티이지만 취미나 정보를 얻는 수준의 커뮤니티와는 다르다. 루게릭병 진단을 받은 스티븐 헤이우드Stephen Heywood는 증상이 악화해 관련 전문가, 치료방법, 자신과 같은 병을 앓는 사람들의 경험을 공유해주길 원했다. 그의 가족들은 커뮤니티를 만들어 같은 병을 앓는 사람들로부터 익명으로 정보를 얻고 공유하며 서로를 위로했다.

지금은 2,000개 이상의 질병에서 500,000명 이상의 사람이 자신의 질병과 치료방법, 경과, 병원 상담 내용, 치료제, 부작용까지도 공유한다. 놀랍지 않은가? 이런 일이 병원이나 제약사가 아닌 환자로부터, 환자 가족의 아이디어로부터 시작되었다는 것 말이다. 지금 페이션츠라이크미는 거대한 질병과 그들의 모든 치료과정의 데이터베이스다. 하지만 여기서 환자가 얻는 것은 같은 처지에서 자신을 이해해주는 인간의 따뜻한 손길이다.

페이션츠라이크미가 특별한 사람들의 커뮤니티라면, 모든 사람이 공통으로 그리워하는 것이 있다. 모든 사람이 그리워하는 것은 사람과의 교감이다. 이 분야는 이미 온라인과 오프라인으로 계속 덩치를 키우고 있다. 온라인 커뮤니티는 단순하게 정보를 나누다가 오프라인으로 확장하면서 인간적 교류를 확대한다. 성장하는 커뮤니티는 점점 온라인을 줄이고 다시 오프라인으로 돌아가는 커뮤니티다. 사회인 야구 모임에서부터 전문적인 기술을 배우는 사람들까지 이런 커뮤니티는 점점 분화한다.

가상 공간을 만드는 일자리는 '기술'이나 '감성'의 영역이지만, 가상 공간을 활용하는 일자리는 '인간'의 영역이다. 가상현실이 급속하게 보급되는 2020년부터는 개인도 가상현실을 활용한 일자리를 고려해야 한다. 스포츠, 게임, 여행, 놀이 등 가상현실이 적용되지 않는 곳이 없다. 무엇보다 많은 사람이 고려하거나 즐기는 분야라면 더욱 그렇다. 지금도 우리는 3D 영화에 더 많은 돈을 내도 불평하지 않는다.

그리워진 인간의 손길

기계가 발달해도 기계가 대신하기 어려운 일이 있다. 기계가 대신할 수 있는 일이어도, 기계가 눈을 돌릴 수 없는 분야도 있다. 이런 분야는 단순한 육체노동이라고 하더라도 지극히 인간적인 분야다. 그리고 이 분야는 기계보다는 사람이 해주기를 가장 원하는 분야이기도 하다. 우리는 과학기술이 이 분야를 긴 시간 동안 사람의 일로 남겨둘 것으로 판단한다.

인간의 손길이 필요한 이 일에는 크게 세 가지가 있다. 하나는 아픈 사람의 마음을 헤아리며 곁에서 돌보는 일이다. 다른 하나는 장애인이나 노인처럼 누군가의 도움이 계속 필요한 사람을 돌보는 일이다. 마지막은 청소나 헤어 디자인처럼 경우의 수가 복잡하면서도 매번 달라지는 일이다. 청소는 기계가 대신하기 어렵고 세밀한 청소에는 사람의 손길이 훨씬 유리하다. 헤어 디자인은 일 자체가 사람의 창의성에 섬세함을 결합한 일이어서 기계가 대신하기 쉽지 않다. 이 세 가지는 기술이 계속 발전하는 초기에는 기계가 일정 부분을 대신하기도 하지만, 인간과 기계의 역할이 보완적으로 나뉘거나 상당 기간 사람의 일로 남는다.

의료장비는 기계가 발전하면서 계속 발전하지만, 여기서 말하는 아픈 사람을 돌보는 일은 의료장비가 대신하기 어렵다. 간호사가 하는 일과도 다르다. 간호의 범주에 넣을 수는 있지만, 이 일은 의료인으로서 간호사가 제공하는 서비스가 아니다. 간호사가 하는 일은 의료장비가 발전하면 줄어들 확률이 높다. 하지만 그 일을 벗어난 범주의 일은 수명이 연장되고 건강의 개념이 확장하면 더 늘어난다. 지금으로는 간병인의 역할과 유사하다. 하지만, 훨씬 더 인간적인 부분을 중요하게 여기게 될 것이다.

　노인과 장애인을 곁에서 돕는 일은 이미 산업이 되어 커지기 시작했다. 수명이 연장되고 장애인도 같은 시대를 같은 권리로 살아가야하니 이는 당연한 결과다. 기계가 더욱 발달해 노인과 장애인도 아무런 불편 없이 살아갈 수 있으면 좋겠지만, 틈은 쉽게 메워지지 않는다. 그 역할을 인간이 한다. 이 일은 그래서 인간적이다. 이들을 전문적으로 교육하는 일도 같이 성장할 분야다.

　청소도 기계의 영향에서 벗어날 수는 없다. 하지만 이런 일은 기계가 발전하는 사각지대로 들어갈 확률이 더 높다. 변화가 오더라도 크지 않고 맨 마지막 단계에 이르러서야 급진적인 변화가 생길 분야다. 또한, 여기에는 철저하게 산업의 논리가 작용한다. 청소처럼 매번 상황이 다르고 복잡한 일을 대신할 인공지능을 개발하는 것보다는 학교에서 아이들을 가르치는 교육용 로봇을 개발하는 편이 낫다고 생각하기 때문이다.

　헤어 디자이너가 하는 일은 조금 다르다. 헤어 디자이너가 하는 일은 처음부터 인간의 마음을 이해하는 데서 출발한다. 몇 마디만 소통해도 무엇을 원하는지 이해해야 가능한 일이다. 그다음부터는 디자이너의 창의성과 인간의 손기술이 결합해 결과를 만들어야 한다. 행사에 간다면 행사의 목적에 맞게 디자인되어야 하고 생김새나 얼굴 크기까지도 고려되어야 한다. 이런 일을 기계가 대신할 수 있다면 기술이 최고조에 이르고 이런 서비스를 인간이 거부하지 않아야 한다.

　의사가 암을 진단한다고 해도 한동안은 역할을 대신하기 어려운 분야가 있다. 인간의 정신과 마음에 생긴 병을 상담하고 진단하고 치료하는 일이다. 일정 부분 컴퓨터의 도움을 받을 수 있고, 약물도 같이 개발되어 치료에 도움을 받겠지만, 근본적인 상담과 처방 등은 인간 의사의 일로 상당 기간 남을 것이다. 더구나 과학기술의 발전이 빨라지면 정신적으로 지친 사람은 늘 수밖에 없다.

기계가 발전한다고 해서 바로 사람들이 시간이 많아지고 인간관계가 깊어지는 것은 아니다. 특히 일이 사라지기 시작하면 초기에는 사람과 사람이 만나서 일하고 놀고 운동하는 시간이 같이 줄어들게 된다. 지금까지도 방향이 그랬다. 사람들이 만나서 일한다고 해도 지금처럼 직장 동료가 되는 것도 아니다. 프로젝트 하나를 위해서 만나고 헤어지고 다른 사람을 만나게 된다. 이렇게 인간관계도 점점 기계적으로 변한다.

문제는 일이 사라지면서 사람들의 마음에도 이런 상처가 생길 확률이 커질 것이라는 당연한 추측이다. 돈을 벌어야 하는 사람이 돈을 벌지 못하고 가족들이 고통스러워하는 모습을 보게 되면 이런 상태에 빠지는 사람이 많아진다. 일이 사라진 다음에 만들어질 후폭풍의 하나다. 사람들의 마음은 이렇게 메말라간다. 메말라가는 사람의 마음을 치유하고 공감해주는 일은 당연히 사람의 일이다.

병이 아니더라도 노인에게는 이미 이런 서비스가 필요한 시점이 되었다. 자식과 함께 살지 않는 부모가 늘고, 나이가 들어서는 자식과 연락이 줄거나 끊기고, 더 나이가 들어서는 배우자마저 잃게 되는 것이 이 시대가 가진 고통이다. 지금도 정부에서는 사각지대에 놓인 사람을 위해 많은 행정서비스를 지원하지만, 좀 더 인간적으로 바꾸고 좀 더 촘촘하게 그물망을 짜야 한다. 기계가 들어차면 이들은 더 소외감을 느낀다.

가장 먼저 강화할 부분은 누군가 곁에 있다는 사실을 계속 느낄 수 있도록 하는 일이다. '일주일에 몇 번'과 같은 형식으로만 서비스를 구성하기보다는 발전하는 스마트 의료검진 장치를 활용하고, 훈련받은 전화상담원이 일상을 점검해 문제를 분석해내고, 오프라인 상담 전문가가 실제 만나서 상담하고, 필요한 때는 언제든 먼저 연락할 수 있도록 시스템을 촘촘하게 구성해야 한다. 그래야 기계가 발전하는 혜택이 이들에게도 돌아간다. 이런 일자리가 정부에서 만들 일자리다.

사람과의 데이트

사람들은 피상적인 인간관계를 넘어선 깊은 인간관계를 그리워하게 된다. 이미 그런 시기에 진입했다. 같은 복장으로 줄지어 사이클을 타는 사람들은 사이클을 타거나 사이클에 관한 정보를 얻기 위해서만 모임을 하는 것이 아니다. 이들에게 중요한 것은 사이클을 매개로 사람 사는 고민을 같이 나누는 것이다. 이들에게는 사이클을 타는 일이 여행을 공유하기 위한 것일 수도 있다. 사이클은 운동, 인간관계, 여행, 레저 등 모든 것의 이유가 되어준다. 사람과의 관계는 이렇게 섬세하게 발전한다.

사람과의 관계가 지금까지는 '정보의 공유'와 같은 기술의 혜택을 중심으로 만들어졌다면, 이제부터는 '마음의 공유'가 중요해진다. 그래서 온라인도 점점 오프라인을 병행하게 되고 완전히 오프라인만으로 구성하는 모임도 많아진다. 사람들은 온라인을 경험하면서 그것이 본질과는 다른 모습으로 변했다는 사실을 알게 되었다. 인간적 교류에서

만큼은 이제 온라인은 보조수단이 된다. '마음의 공유'를 위한 커뮤니티가 '정보의 공유'를 위한 커뮤니티와 분리되는 것이다.

    기술이 인간적 교류나 마음의 공유를 어렵게 만들기도 했지만, 기술은 관계나 교류를 촉진하는 방향으로도 개발된다. 마치 온라인으로 친구를 찾고 단절되었던 그들과의 관계를 복원했던 것처럼 기술은 새로운 방식으로 관계에 개입한다. 방식은 두 가지다. 하나는 가상 공간에서 이루어지는 교류를 완전히 실제처럼 만드는 것이다. 다른 하나는 실제 물리적 공간에 기술을 적용해 더 다채로운 교류로 바꾸는 것이다. 물론 지금처럼 어떤 교류에도 둘 다 적용할 수 있다.

    가상 공간에서 실제처럼 만들어지는 교류는 무궁무진하다. 서로 다른 곳에 있는 친구들과 삼차원 공간에서 만나 게임을 할 수도 있고, 오지의 섬마을로 탐험을 떠날 수도 있다. 반대로 모두가 모인 오프라인과도 융합해 실내에서 같이 사이클을 타고 오지 섬마을로 여행을 갈 수 있게 해주고, 우주비행사가 되어 무중력 상태를 경험하게도 해준다. 기술은 사람들이 마음을 나누는 곳으로도 급속하게 파고든다.

09

인간,
과거로 자연으로

한쪽은 기술로 모든 것을 바꿔가지만,

다른 한쪽은 과거를 복원해간다.

환경을 지키는 사람, 자연에서 평화로움을 찾는 사람이 많아지면서

일자리가 일부 복원된다.

기술은 점점 더 사람을 편하게 해주지만, 사람들은 과거를 그리워하기도 한다. 기술로 과거를 복원하거나 기술로 자연을 체험하면서 한편으로는 인간이 원래 자연이라는 사실을 기억해낸다. 사람들이 가장 그리워하는 것은 역시 추억에서 나온다. 모든 것이 너무 빠르게 변한 탓이다. 과거에 사람들이 발전한 기술을 체험하면서 행복해졌다면, 2030년대에는 사람들이 자연을 직접 체험하고 자연으로 돌아가는 것을 행복해한다. 이미 2010년대에도 그런 조짐이 있다.

　가장 사람들에게 사랑받는 여행은 우주여행이 아니라 자연과 함께하는 여행이다. 북유럽의 국가들은 잘 보존한 자연으로 계속 선진국의 삶을 유지한다. 사람들은 잘 가꾼 숲보다는 자연 그대로의 숲을 더 사랑한다. 숲을 너무나 사랑해서 숲에서 사는 사람도 있다. 그들은 환경보호가 직업이다. 숲을 해설하는 사람이 계속 직업을 유지했다는 사실은 놀라운 일이다. 기계가 많아지고, 사람조차 기계와 구분하기 어려워질수록 사람들은 과거의 삶을 그리워한다.

　사람을 사이보그화 된 정도에 따라 등급을 매겨야 할 지경이지만, 자연의 가치는 누구에게나 인정받는다. 심화하는 사이보그화를 거부하는 사람들은 더 자연을 좋아한다. 자연에서 휴양하고 자연에서 치유를 얻으려 하고 자연에서 건강을 유지하려고 한다. 2030년대는 자연에서 삶을 선택하는 사람들이 늘어나는 시기다. 자연에서 휴양하고 자연과 함께 살고 나아가서는 환경을 지키는 일을 한다. 실제로 2010년대에도 이런 삶을 사는 사람들의 행복감이나 만족도가 도시에서 사는 사람보다 훨씬 높았다.

더 적극적으로 자연으로 들어간 사람은 전통 농업에도 도전한다. 못생긴 과일과 작은 열매는 수확하기도 전에 판매된다. 자연에서 얻은 재료로 만드는 자연식품에도 도전하는 사람이 는다. 공장에서 만드는 것보다 100배는 더 어렵고 복잡한 일이지만, 자연식품을 선호하는 사람이 계속 유지된다. 과거의 방식으로 동물을 사육하고 바이오 에너지를 생산하는 사람도 있다. 바이오 에너지는 동식물의 배설물에서도 얻지만, 해조류에서도 얻는다.

지역전문가는 인기 있는 직업이다. 역사, 교통, 문화, 자연 등을 공부한 이들은 다방면에 관여한다. 지역개발에서 자연보호, 관광, 심지어는 외부에서 유입되는 정착민들을 교육하는 일도 한다. 지역전문가들은 각 지역을 연결하고 자신들의 네트워크를 운영한다. 상담이나 큐레이션처럼 이들에게 조언을 요청하는 사람들에게 정보를 주기 위한 목적이다.

기계가 발달할수록, 인간의 삶에 기계가 깊게 개입할수록, 인간이 기계가 되어갈수록 과거에 긴 역사를 축적하며 만든 인간적 삶도 가치가 커진다. 새로운 삶은 두 가지다. 하나는 기술이 만든 세상에서 사는 삶이고, 다른 하나는 자연으로 돌아가서 사는 삶이다. 기술이 만든 세상에서 살려면 일자리도 거기서 얻어야 한다. 자연으로 돌아간 삶도 거기서 일자리를 얻어야 하기는 마찬가지다. 다만, 자연으로 돌아간 삶이 불편하더라도 불편한 삶이라고 생각되지는 않을 것이다. 행복에는 다른 잣대가 필요하다.

추억으로 가는 여행

지금도 은퇴자들이 선호하는 은퇴 후 삶은 고향으로 돌아가는 것이거나, 돌아갈 곳이 마땅치 않으면 새롭게 자연과 함께하는 삶을 찾는 것이다. 2030년이 되어도 은퇴 후 삶을 구상하는 사람들은 가능하면 북적이는 도시는 피하려고 한다. 이동의 자유도 주어질 테니 선택은 더 쉬워진다. 기술이 만든 세계가 이 시기에 이런 삶을 동경하게 하지만, 실제로는 일자리의 한 방편으로도 가능성이 크다.

주말이면 가족과 자연으로 들어가 캠핑을 즐기고 자연에서 하루나 이틀을 쉬는 일은 자연스러운 일상이 된다. 실제로 농촌에서 어린 시절을 보내며 자란 사람이라면 이런 일은 낯선 풍경이 아니다. 이 분야는 지금도 성장하는 분야지만, 시간이 갈수록 유망한 분야가 된다. 이런 짧은 휴식을 원하는 사람을 상대하는 산업은 계속 성장할 수밖에 없다. 이들이 사용하는 장비를 만드는 일은 기존산업의 일이고 기계가 대체해 가져가기 쉽지만, 이들에게 장소를 제공하고 인간적인 대응을 하는 일은 기계가 하면 이상하게 보이는, 사람의 일이다.

이런 분야의 일은 크게 네 가지로 나눌 수 있다. 하나는 짧은 기간 동안 개인이나 가족 단위로 자연에서 휴양하는 그런 일이다. 지금의 캠핑과도 비슷하고 민박과도 비슷한 일이 될 것이다. 캠핑과 민박의 중간 정도 되는 시장을 개척해도 될 것이다. 강원도에는 이런 장소를 마련하기 위해 지금도 경쟁이 치열하다. 사람들은 비슷한 생활을 하면 비슷한 생각을 하게 되고 결국은 비슷한 행동을 하게 된다.

다른 하나는 자연과 결합한 헬스케어다. 홈 헬스케어도 성장하지만, 자연과 어우러진 헬스케어도 사랑받는다. 사실 이 산업은 이미 상당한 수준으로 커지기 시작했다. 앞으로도 계속 커질 분야다. 농촌 한쪽에 폐교한 학교도 새롭게 탄생할 헬스케어의 요충지다. 이런 시설을 고치면 더없이 좋은 시설이 된다. 교실은 같이 생활하는 숙소나 놀이방, 치료실이 된다. 운동장과 작은 화단도 있으니 더 좋은 환경을 찾기 어렵다. 이보다 작은 단위로 자연치유의 길을 찾는 사람도 생긴다. 자연치유를 원하는 사람들은 실제로 정착해서 자연에서 살기를 원한다. 이들이 불편하지 않도록 환경을 구성해주는 일은 지금도 가능성이 큰 분야다.

또 다른 한 가지는 자연을 지키는 일이다. 기술과 결합하면 이 분야는 완전히 새로운 산업이 될 수 있다. 오션 클린업과 같은 원대한 생각으로 환경을 지키는 일을 모두가 할 수는 없다. 하지만 작은 기업을 만들어 연결된 환경보호 시스템을 만드는 일은 아이디어만 있으면 지방자치단체와 협업해 시도해볼 만한 일이다. 센서, 카메라 등의 몇 가지 장비를 연결하면 놀라운 환경보호 시스템을 만들어낼 수 있다.

자연을 지키는 일은 지금부터 누가 시작해도 될 일이다. 열정이 있고 공부만 한다면 복잡하거나 어려운 일도 아니다. 거기에 더해 삶과 직업으로서의 만족도도 상당한 일이다. 이 분야는 미래의 시점을 대입할 필요가 있는 일도 아니다. 자연은 과거부터 계속 우리 곁에 있었고 미래에도 있어야 하기 때문이다.

마지막은 자연을 활용하는 일이다. 캠핑이나 헬스케어가 자연으로 들어가는 일이라면 좀 더 적극적으로 자연을 경험하는 일도 중요해진다. 자연에서 레포츠 활동을 하고 탐험하고 여행하는 일은 설계만 잘하면 많은 사람에게 사랑받을 일이다. 자연을 보호하는 일과 연계해도 좋다. 캠핑과 같은 휴양과 연계하면 더 커지고 시너지를 낼 수 있는 분야다.

이런 일을 설계할 때, 우리는 자연에 약간의 기술을 결합하거나, 완전히 기술을 배제해서 일을 만들 것을 권한다. 기술을 결합하는 이유는 편리함이나 효율을 약간 올리기 위함이고, 기술을 배제하는 이유는 그래야만 더 날 것을 경험할 수 있기 때문이다. 자연은 마지막까지도 자연의 일부인 인간에게 함께하는 삶을 허락할 것이다.

새로운 삶을 찾아서

2030년, 자연에서 새로운 삶을 원한다면 과거를 복원하는 일을 추천한다. 우리는 그중에서 가장 현명한 일거리로 세 가지를 추천한다. 하나는 전통 농업과 축산업을 하는 일이다. 과거처럼 농사짓고 가축을 기르는 일이다. 다른 하나는 지역전문가로 사는 삶이다. 급속한 발전은 사람들을 두 부류로 나눌 것이다. 변화를 만들거나 견디면서 사는 사람과 변화가 싫은 사람이다. 후자에게 도움을 주는 사람이 이들이다. 마지막은 직접 전통 농업에 종사하는 사람들보다 아주 조금 기술을 가미한 삶을 사는 것이다.

전통 농업과 축산업은 큰 시장을 만들지는 못한다. 하지만 시장을 계속 유지하고 아주 조금씩 시장이 커질 수 있는 분야다. GMO 농작물이 모든 농작물을 대체한다고 해도 이런 작물을 거부하고 친환경 작물만을 원하는 사람이 계속 존재한다. 문제는 친환경 작물을 친환경 농법으로 재배해야 한다는 제약이다. 지금도 그렇지만, 기후변화가 커지면 예상하지 못한 피해가 발생할 수 있다. GMO 농작물과의 경쟁은 크게 걱정하지 않아도 된다. 이 둘은 시장이 다르다.

지역전문가로 사는 삶은 가치 있는 일이다. 하지만 가장 가치를 두어야 하는 일은 새롭게 지역으로 편입하는 사람을 돕는 일이다. 아무리 준비를 한다고 해도 새로운 삶에는 어려움이 따른다. 이들에게 사전에 정보를 주고 교육 프로그램을 제공하고 정착하는 단계를 돕고 주변 사람들과의 원만한 삶을 만들어주는 것은 의미가 크다. 지역전문가는 지방자치단체와 함께 일을 할 가능성이 크다. 소규모 기업 수준으로 비즈니스를 확대할 수 있는 일이기도 하다.

이들은 여행이나 휴양, 역사, 음식, 특산품, 전통과 결합한 다양한 지역 기반 서비스업을 병행할 수도 있다. 지역을 개발하는 일이나 자연을 보존하는 일에서 자문을 할 수도 있다. 비즈니스에서 지역전문가가 이바지할 분야는 여행과 관련된 일이 가장 클 것이다. 지역의 여행산업과 같이 성장하는 지역전문가의 일자리는 더욱 중요해질 것이다.

마지막으로 가능성이 큰 분야는 전통적 삶과 연결되지만, 여기에 작은 기술이 결합한 형태다. 지금도 지역 특산품이 주목받는 것처럼 자연식품 분야는 전통 농업과 연결되어 사랑받을 것이다. 하지만, 이 일에는 지역전문가의 도움도 필요하고 기술을 보유한 장인과 같은 사람과도 연계되어야 한다. 기술과 판로도 생각해야 한다. 그래서 이 분야는 관련 산업에 종사했던 사람에게 추천할 일이다.

자연환경과 관련해서는 바이오 에너지 분야도 주목받을 것이다. 축산 분뇨나 활용할 수 없는 해조류 등은 버려져 자연을 해친다. 이를 활용한 바이오 에너지 생산은 두 마리 토끼를 잡는 일이다. 환경과 관련한 예산을 정부나 지방자치단체에서 지원받을 수도 있고, 에너지를 생산해서 새로운 소득을 올릴 수도 있다. 복잡하지 않은 기술도 있으므로 사전에 준비하면 성과를 내기 좋은 분야다.

기술이 만들
일과 직업의 미래

전체적으로 2020년까지는 모든 것의 징후만 보이고 잘 드러나지 않는 시기다. 알파고처럼 인공지능의 현재를 2017년에 이미 보고도 사람들은 이것이 무엇을 의미하는지 잘 모른다. 하지만 빙하에 작은 균열이 생겨 얼고 녹는 상황이 반복되는 구간이라는 사실을 기억해야 한다. 곧 산더미 같은 빙하가 붕괴할 전조들이 보인다.

금융처럼 오프라인 중심으로 운영되던 산업은 2020년이 되기도 전에 균열이 심각해지면서 여기저기서 붕괴한다. 우리나라는 이런 부분이 너무 취약하다. 금융산업에 종사하는 근로자들에게 이런 일이 먼저 닥치는 것이 안타깝다. 하지만 계속 강조한 대로 금융의 해체는 금융의 새로운 탄생으로 이어질 것이다. 문제라면 일자리가 줄어들고 전혀 다른 일을 하던 사람들이 서서히 그 일을 하게 된다는 점이다.

2020년이 되면 인공지능은 진가를 보여주면서 모든 산업에서 고개를 든다. 이 시기에 만날 가장 놀라운 인공지능은 자율주행 자동차다. 가상현실도 서서히 꽃을 피운다. 아쉽게도 가상현실에 아직 삼차원 디스플레이가 결합하지 못해서 VR 기기에 의존한다. 하지만, 디스플레이 환경만 다를 뿐 모든 물리 세계가 삼차원 가상 공간으로 이동

부록. 기술이 만들 일과 직업의 미래

한 것처럼 느껴진다. 2017년의 인터넷 홈페이지와 같은 이차원의 공간도 삼차원을 품지 않으면 생존하기 어렵다. 삼차원 가상 공간은 물리 세계의 공간 대부분을 파괴한다. 쇼핑, 게임, 스포츠도 상당 부분 가상 공간의 몫이다. 사람들은 실제 스포츠보다 훨씬 실제 같은 가상 스포츠에 빠진다.

2025년까지는 인간의 뇌와 연결된 컴퓨터를 제외한 대부분이 수면 위로 드러나는 시기다. 사물인터넷의 위력도 알게 되고, 자율주행 자동차가 무슨 일을 사라지게 했는지도 알게 된다. 모든 것이 연결되면서 어떤 일자리가 사라지고 어떤 새로운 일로 탄생했는지도 알게 된다. 헬스케어산업이 다른 산업을 융합하면서 엄청난 위력을 발휘하는 것을 보지만, 대부분 사람이 미래를 점점 두려워하게 된다.

2030년까지는 변화의 파도가 급속하게 커지는 구간이다. 자율주행 자동차가 절반에 가까워지고 3D 프린터가 계속 진화한다. 소재 산업은 파도를 더 가속해 키운다. 제약과 바이오산업은 인간의 삶을 개선하고 수명 연장의 희망을 키우지만, 모든 산업에서 자동화가 이루어지고 스마트공장으로 계속 이행해 일과 일자리 문제는 통제하기 어려운 지경에 이른다.

2035년까지는 인간과 기계가 융합을 모색하는 기간이다. 인공 장기가 많은 사람에게 이식되고 사람의 뇌에 초소형 컴퓨터를 연결해 이식하는 수준으로 발전한다. 기술이 거의 최고조를 향하는 데 반해 더 자연적이고 더 인간적인 삶과 비즈니스들이 처음으로 주목받는다. 우주여행은 많은 사람이 선택할 수 있는 경험이 되지만, 인간으로 사는 삶과 인간의 미래에 관해 더 깊은 성찰이 이루어질 시기이기도 하다.

□ 스마트공장

2020년부터 급속하게 건설될 스마트공장은 로봇에게 제조를 내어주는 것이다. 이 시기의 스마트공장은 시험을 마치고 공장자동화가 적용되는 제조분야를 계속 넓혀간다. 하지만 우리나라도 규모가 조금 작은 공장은 아직 도전할만한 분야다. 공장을 짓는 기술을 선점한 기업들이 모든 공장을 다 지을 수는 없기 때문이다. 스마트공장과 관련해서 우리나라에 2025년은 되어야 도입될 것으로 예측하는 전문가도 있는데, 글로벌 경쟁 시대에 그렇게 되지도 않지만 실제로 그렇게 되면 우리나라 제조업은 경쟁력을 완전히 잃는다.

스마트공장의 도입과 관련해서 정책적으로 지원하면 시기가 조정될 수 있다. 줄어드는 일자리는 더 많은 공장을 유치해서 해결해야 한다. 2017년 5월, 삼성 SDI가 헝가리에 첨단 자동차 배터리 공장을 준공한 것은 헝가리에 축하할 일이고 유럽 자동차 기업에는 기쁜 일이지만, 우리나라에는 정말 불행한 일이고 현대자동차에는 한숨이 나오는 일이다. 스마트공장이 급속하게 들어서는 시기가 자율주행 자동차가 일자리 해체의 파급효과를 내는 2025년과 겹치면 백약이 무효다. 해체에 집중된 자율주행 자동차는 늦어도 손실이 적지만, 스마트공장은 늦으면 유치할 공장, 지을 공장마저 없다. 공장은 무조건 영원한 세금이다.

일자리는 스마트공장 기획, 스마트공장 설계, 로봇용 센서 개발, 공장용 로봇 개발, 자동화 물류시스템 개발, 스마트공장 운영, 생산 데이터 분석, 공장 건설 영업, 로봇 수리 등에서 는다. 하지만 공장이 건설되는 순간, 공장 근로자의 일자리가 사라진다. 하지만, 이 시기에도 대부분 100% 자동화는 아니다. 100% 자동화가 되려면 아직 시간이 필요하니, 공장이 해외에서 유치되면 일자리가 늘고 세금이 느는 것이다.

스마트공장은 생산직만의 문제가 아니라 사무직의 일도 해체한다는 점을 기억해야 한다. 전략, 기획, 인사, 회계, 재무 등 기업을 운영하는 시스템이라고 생각했던 근로자들의 일은 스마트공장이 들어서면 급속하게 사라진다. 연구개발과 관련된 일자리는 유지되고 지금처럼 중요하다. 생산관리와 관련된 일은 극히 일부만 남는다.

□ 가상현실

가상현실은 앞으로 계속 일자리를 늘릴 기술 분야다. 미국은 2020년에 급속도로 확산하고, 우리나라는 2023년 정도에 확산한다. 가상현실은 디스플레이에 의존하므로, 결국 가상현실은 디스플레이 기술과 결합한다. 2025년 이후로는 삼차원 홀로그램과 결합한 다양한 가상현실 활용이 가능해진다. 우리나라가 강점을 보일 수 있는 분야다.

가상현실은 우리가 보고 체험하는 모든 물리적 세계와 가상세계를 삼차원의 가상 공간으로 바꾸거나 융합할 수 있다고 생각하면 된다. 소매점포, 놀이공원, 도로, SNS, 상상력으로 만든 모든 콘텐츠가 가상 공간으로 들어가서 다시 물리적 세계와 연결된다. 가상 백화점으로 친구들과 쇼핑을 가서 만져보고 입어보고 들여다보고 설명을 듣고 그 물건을 사면 실제로 결제되어 배송된다. 스크린 골프를 즐기듯 가상현실 프로그램으로 골프를 하면 화면이 아니라 실제 골프장에 온 것처럼 체험할 수 있다.

가장 많은 일자리는 가상현실 공간을 디자인하는 디자이너에게 생긴다. 일부는 실제와 똑같이, 일부는 실제에 약간의 가상이 더해져, 일부는 실제보다 가상이 더 크게 조합된다. 과거 원시로 돌아가면 가상세계가 대부분을 차지할 것이다. 게임은 오히려 실제를 더 많이 반영해 실감 나게 하려고 할 것이다. 가상현실을 프로그램으로 구현하는 일자리도 는다. 지금의 프로그래머가 홈페이지나 게임을 개발하는 일과 같다. 통신, 결제, 사생활이 대부분 가상현실에 통합되므로 보안 일자리도 는다.

가상현실이 만들 다른 일자리는 게임, SNS, 스포츠와 같은 분야다. 가상현실이 스포츠와 결합하면 공간을 대폭 축소하면서 많은 사람이 즐길 수 있게 된다. 스크린 골프가 작은 방 하나면 충분히 즐길 수 있는 것과 같다. 잔디를 걷는 느낌을 내는 새로운 장비, 촉각이나 청각이 실제처럼 느껴지도록 하는 장비 등과 어우러지면 이 분야에도 일자리가 는다. 단, 실제 물리적 공간인 골프장의 일자리는 줄어든다.

□ 3D 프린팅

2021년 미국에서 본격적으로 3D 프린터가 활용되면 제조 자체를 급속도로 파괴한다. 미국에는 3D 프린터가 보급되지 않는 곳이 없을 것이다. 이 말은 3D 프린터를 활용한 산업으로 이동하거나, 3D 프린터를 활용한 비즈니스를 미리 선점하면 긴 시간 자기 일이 될 수 있다는 의미다. 물론 사라지는 산업과 마찬가지로 경쟁은 급속도로 치열해진다. 다른 분야도 그렇지만, 3D 프린터 제조분야는 우리나라가 이미 늦었다. 바이오 프린터를 개발하듯 프린터를 일정 부분 개선하고 개조해 활용하는 일로 눈을 돌려야 한다.

프린터 제작을 제외하면 프린터 소재 개발이 가장 상위의 산업이 된다. 의류, 의료, 건축, 소품, 시제품 제작의 모든 분야에 3D 프린터를 활용한 일자리가 만들어진다. 하지만, 3D 프린터가 간단하게 물건을 제작할 수 있다는 말은 복잡하게 만들던 여러 사람의 일이 버튼 하나로 해결된다는 의미다. 3D 프린터로 집을 짓는다면 그만큼 집을 짓는 사람의 일은 줄어든다.

생산과 관련된 용접, 판금, 단조, 도장, 가공, 세공, 조립, 정비의 일자리도 준다. 전문가에게 맡겨 처리하던 일이 스스로 할 수 있는 일이 되는 것이다. 간접적인 새로운 일자리로는 프린트 대행, 개인 맞춤형 디자인, 3D 프린팅 교육이 있다. 3D 프린터용 디자인 파일을 제작하는 프리랜서 디자이너는 훌륭한 디자인을 공개해 스타가 될 수 있다.

□ 사물인터넷

2022년은 처음으로 사물인터넷이 위력적으로 변하는 시기로, 제품 정보는 물론 필요한 정보를 읽어 주변의 다른 전자기기와 주고받을 수 있는 칩이 아주 저렴하게 바코드나 QR코드처럼 프린트되는 시기다. 칩은 초저전력 센서를 내장하게 되고 이를 통해 주변의 기기와 연결된다. 사물인터넷은 활용도가 무궁무진하므로 일자리를 줄이는 분야도 있고 일자리를 늘리는 분야도 있다.

2025년부터 모든 분야에 사물인터넷이 적용되기 시작하면 사물인터넷 설계, 사물인터넷 보안, 사물인터넷 기기 제조 등에 일자리가 는다. 하지만 사물인터넷은 관리, 경비, 감시, 정산과 같은 일을 급속도로 사라지게 한다. 예를 들어, 사물인터넷을 중심으로 대형 할인점이 구축되면 계산, 재고관리 등은 사물인터넷으로 자동 처리된다.

□ 맞춤형 의료

맞춤형 의료분야는 전문가마다 정의가 조금씩 다르다. 병원과 제약산업은 물론 사물인터넷과 관련되고 나노기술과 관련되며, 3D 프린터나 빅데이터, 심지어는 보험산업과도 관련되기 때문이다. 살펴본 대로 미국과 유럽의 글로벌 제약사나 바이오기업의 성과를 보면 미국은 2022년부터 시장이 커질 것으로 보인다. 우리나라는 보험산업과 연계되어 2024년부터 시장이 커질 것으로 판단한다.

일자리는 사물인터넷에 연결된 의료장비와 건강보험산업에 집중된다. 하지만, 의료장비와 관련된 일자리는 대부분 기존 제조업으로 흡수되기 때문에 일자리를 크게 늘리지 못한다. 또한, 의료장비는 대부분 우리 기업의 몫이 아니다. 다만, 나노기술과 융합한 의료장비는 가능성이 있다. 대형병원은 왓슨과 같은 인공지능을 도입하지만 말고 빅데이터를 직접 구축해서 활용할 방법을 같이 모색해야 한다. 최종 의료 데이터가 우리 것이 되어야 한다는 의미다.

보험산업은 예방과 치료의 모든 분야를 키운다. 보험은 질병 예방과 사후 대응의 수준을 한 차원 올려준다. 예방은 보험료 지급을 줄이지만, 늘어난 수명은 다시 보험료 지급을 늘린다. 하지만 보험이 있어서 일반인들이 상상하기 어려운 인공 장기 이식이나 유전자치료도 가능해진다. 가장 일자리가 많이 느는 분야는 예방과 관련된 의료장비와 결합한 보험상품 판매와 홈 헬스케어 분야다. 건강에 관련된 휴양과 장기요양 분야도 계속 커진다.

홈 헬스케어와 관련된 장비의 제조, 대여, 판매, 설치, 유지보수, 방문과 상담에 일자리가 는다. 헬스케어와 융합한 보험은 설계사들에 활로를 열어줄 것으로 기대되지만, 보험의 온라인화가 장애물이다. 확실하게 일자리가 줄지 않을 분야는 휴양이나 요양과 관련된 분야다. 고령화가 지속할수록 계속 수요가 늘고 기술이 발전할수록 더 인간적인 서비스가 필요한 분야가 되기 때문이다. 이 분야는 음식부터 청소, 환자 보호, 치료, 간호, 관리 등 사람이 사는 환경에 필요한 모든 일자리가 만들어진다.

□ 자율주행 자동차

자율주행 자동차는 인공지능의 한 분야여서 독일이 아니라 미국이 앞섰다. 자율주행 자동차는 모든 사람에게 기술이 어떻게 일을 해체하는지 알게 해준다. 일차적으로 운전과 관련된 직업으로서의 일자리는 2020년 4단계 자율주행 자동차, 2023년 5단계 자율주행 자동차의 출시와 함께 즉시 사라지기 시작한다. 미국에서 직업으로서의 '운전'은

2025년이면 대부분 사라지고, 우리나라도 심각한 사회 문제가 된다. 2025년이면 자동차와 관련된 소재산업과 보험산업까지 상당한 영향을 받는다.

사고가 급속하게 줄면서 철강, 보험, 병원, 카센터까지도 이차적으로 피해를 본다. 병원과 보험은 연결된 예방의료와 개인 맞춤형 의료에서 길을 찾아야 한다. 차를 수리하는 업종은 차를 새로운 공간으로 바꾸는 일로 전환해야 한다. 차의 개념이 바뀌기 전에 '자동차 실내 구조변경이나 성능 개선'과 같은 관련 법령을 개정해야 서민의 일자리 고통을 덜 수 있다. 이 시기에 전자기업, 로봇제작 기업, 인공지능 기업이 협업하면 기존의 자동차산업이 완전히 바뀔 수 있다. 여기에 3D 프린팅 자동차도 변수다.

자율주행 자동차가 만드는 일자리는 차 안의 콘텐츠와 도로에 관련된다. 콘텐츠 분야는 오디오, 비디오, 디스플레이, 가상현실, 게임 등과 접목하면서 일자리가 만들어지지만, 대부분 기존에 일하던 사람의 일자리이고 새로 만들어지는 일자리는 적다. 도로와 관련해서는 사물인터넷이 도로에 깔린다고 생각하면 된다. 도로를 따라 사물인터넷이 커다란 교통통제시스템에 연결되고, 자동차에 연결되어 정보를 주고받는다. 위성으로 제공되는 위치정보도 5cm 수준까지 정밀해져서 차량흐름 제어, 사고처리, 운행 효율 향상으로 이어진다.

교통정보와 관련된 사물인터넷망 설계, 사물인터넷 센서 개발, 사물인터넷 설치, 정밀지도 제작, 차량용 소재 개발, 맞춤형 차량 개조 등에 가장 일자리가 많아진다. 가장 오랫동안 일자리가 유지될 일은 사물인터넷 설치와 검사, 유지보수에 관련된 일이지만, 새로운 도로 건설 분야는 그나마 건설산업에 편입되어 크게 일자리를 늘리지 못한다. 맞춤형 차량 개조 분야도 차량 제작업체들이 제작 단계에 통합해버리면 일이 급속하게 줄어든다. 콘텐츠도 차량의 기본 기능으로 흡수해버릴 확률이 높다.

□ 신재생에너지

신재생에너지와 관련해서는 2차전지를 활용해 전력 저장기술을 개발하는 방안을 찾아야 한다. 대규모로 건설되는 데저텍 프로젝트와 같은 분야를 연구해서 안정적 전력공급을 위한 저장장치를 설계하면 앞서갈 수 있다. 기존 건물의 벽체나 유리, 지붕을 활용하는 태양광 발전장치나 솔라 루프Solar Roof와 같은 건축자재를 개발하면 풍력발전 설비를 여기저기 설치하는 것보다 효과적일 수 있다.

효율이 높은 태양광 발전 건축자재가 양산되고 법적 지원이 이루어지면 이 분야는 일자리를 긴 시간 동안 늘릴 수 있다. 건물 신축에는 최소한 기존 건설 일자리를 유지하게 해주고, 기존 건물에 설치하면 새로운 일자리가 된다. 건물마다 들어갈 지능형 전력시스템 설계와 개발, 설치에도 연관되어 일자리를 만든다. 신재생에너지를 공부하는 청년에는 해외를 포함하면 최고의 일자리가 장시간 주어진다.

□ 청색기술

청색기술은 관련되지 않는 분야가 없을 정도다. 자연에서 얻을 수 있는 기술은 디자인에서 나노기술, 화학에서 인공지능까지 무궁무진하다. 무엇보다 인류가 지금까지 자연에서 아이디어를 얻어왔음에도 본격적으로 산업화하지 못한 분야라는 점이 가능성을 크게 열어준다. 지금은 과거처럼 자연을 분석하고 활용 가능성을 판단하는 데 시간이 오래 걸리지 않는다는 점에 주목해야 한다.

가장 먼저 각 주체가 어떤 청색기술을 개발할 것인지 과제들을 결정하고 기술을 획득하고 산업에 어떻게 적용할 것인지 그림부터 그려야 한다. 더 크게, 국가 차원이나 지방자치단체에서 그림을 그리면 더좋다. 수많은 연구기관이 중복과제를 수행하지 않도록 하는 것도 중요한 일이다. 우리가 청색기술을 높게 평가하는 이유는 기술이 진화하는 방향과 일치하고, 새로 발명하는 일보다 발견과 응용이 쉬우며, 새로운 산업보다는 기존산업의 경쟁력을 키우기 때문이며, 특허로 보호받을 수 있고, 산업의 융합을 촉진하기 때문이다.

□ 뉴 모빌리티

2018년부터 등장할 새로운 교통수단에는 드론, 플라잉카Flying Car, 하이퍼루프Hyperloop [162]등이 있다. 드론이 물류에 투입되고 플라잉카가 하늘을 날기 위해서는 교통시스템을 정비하고 관련 법규가 마련되어야 가능한 일이다. 지금은 드론을 날리면 안 되는 시간이나 구역을 설

부록. 기술이 만들 일과 직업의 미래

정하는 수준이다. 그렇다고 나머지가 모두 허용된다는 말도 아니다. 교통시스템으로서 '하늘'을 도로로 간주해주길 바랄 뿐이다.

　드론을 활용한 항공촬영과 관련한 분야는 이미 성장하여 일자리를 만들기 시작했다. 학교에 관련 학과도 계속 설치되고 있다. 플라잉카를 자동차와 비행기라는 좁은 개념으로 받아들이지 말고, 하늘을 나는 이동수단으로 정의해야 산업이 성장한다. 자동차 기업은 땅으로 이동구역을 한정하는 순간, 미래가 사라진다. 스페이스 엑스의 일론 머스크가 아이디어를 낸 하이퍼루프는 시속 1,200km 이상으로 달리는 열차다. 이미 유럽과 중동에는 적용을 모색하는 시험구간이 설치 중이다. 이 분야는 장래가 밝다.

가슴 뛰는 미래를 찾아서

우리는 수많은 자료와 많은 사람의 생각을 정리하고, 사실을 확인하고, 그 자료와 생각의 연계성을 찾아내고, 일의 문제에 대입하면서 몇 가지 중요한 생각이 떠올랐다. 그중에서 가장 중요한 것은 '지금은 과거처럼 시간이 흐르지 않는다'는 확신이다. 구석기 시대 이후 인류의 역사가 30,000년이라면 구석기인이나 우리의 할아버지가 살던 구간의 시간 흐름은 같았다. 구석기인이나 우리의 할아버지는 태어났을 때와 죽을 때의 환경이 크게 변하지 않았다는 의미다. 하지만, 우리에게 주어진 이 시간은 너무나 다르다.

독자들은 닥쳐올 일과 일자리에 더 관심을 두었겠지만, 중요하게 생각해야 할 지점은 30년 후다. 30,000년간 계속해 온 인류의 삶이 300년도 안 되는 산업혁명으로 완전히 바뀌기 시작해서 앞으로 30년이면 인류의 운명이 결정된다. 우리는 70대를 거의 마감하는 시기고, 우리의 아이들은 40대나 50대가 된다. 독자들도 자신의 나이, 아이들의 나이를 대입해보기 바란다. 30년 후에 살아있다면, 인류가 어떤 모습이 될지 볼 수 있게 된다.

2016년에 우리도 알파고를 처음 봤다. 인공지능과 기계학습에 관심을 두고 공부하고 있었지만, 충격은 생각보다 컸다. 당시에 이런 내용의 칼럼을 썼다. '다시는 인간이 알파고를 이길 수 없다.' 당시에 이세돌이 알파고를 딱 한 번 이긴 이유는 간단했다. 대국을 두는 동안은 알파고가 이세돌을 학습하지 않는 것이었다. 그러니 알파고는 매번 첫 대국과 같은 상태로 이세돌과 대국을 한 것이다. 오히려 이세돌은 알파고를 공부했고 그렇게 딱 한 번 이겼다.

이세돌은 "오늘의 패배는 이세돌의 패배지 인간의 패배는 아니다."라고 했지만, 우리는 다시는 인간이 알파고를 이길 수 없다는 사실을 알았다. 그 사실은 2017년 5월에 알파고가 커제를 만나면서 증명했다. 이런 알파고가 바둑을 두는 모습은 이제 보기 어렵게 되었다. 하지만 이름을 바꾼 알파고를 모든 곳에서 만나게 된다. 자동차에서, 공장에서, 병원에서, 심지어 스마트폰에서도 만나게 된다. 솔직히 우리는 두렵다.

2025년이면 가능해질 뇌·컴퓨터 인터페이스는 뇌와 컴퓨터를 항상 온라인 상태로 연결하는 일이다. 지금은 스마트폰으로 검색하는 일이 그냥 생각만으로 해결된다. 누구나 알파고에 연결할 수는 없겠지만, 누군가는 알파고에 연결될 것이다. 1년 만에 다시는 바둑으로 이길 수 없는 상태가 된 알파고가 10년쯤 뒤에는 어떤 존재가 되어 있을까? 물론 바둑이 아닌 분야에서 말이다.

생각해볼 과제가 많아졌다. 알파고와 같은 인공지능에 연결된 인간이 지금의 인간과 같은 인간일까? 과연 그들과 같이 살아갈 수 있을까? 아니다. 주객이 전도되었다. '그들이 우리와 같이 살려고 할까?' 하지만 이렇게 인간이 직접 컴퓨터에 연결되지 않아도 인공지능은 계속 발전해서 30년 후에는 모든 분야에서 가장 뛰어난 지능이 된다. 되돌릴 수도 없는 일이다. 앞으로 30년은 인류의 역사 30,000년보다 복잡하고 길다.

두 번째로 생각한 것은 '우리는 어떻게 굶주리지 않을까' 하는 것이다. 초등학교부터 배운 대로 우리는 실제로 가진 것이 없다. 경쟁에서 뒤처지면 바로 굶주리게 된다. 지금 청년실업을 말하지만, 왜 그런지를 말하는 사람은 없다. 여러 가지 이유가 복합되었지만, 가장 중요한 문제는 국내에 공장이 없기 때문이다. 점점 자동화된 공장은 생산성이 올라가면서 사람이 덜 필요하게 되어 사업이 커져도 자리가 전혀 늘지 않았다. 사람이 필요한 일은 저임금을 명분으로 중국으로, 동남아로 나갔다. 물류비를 절약한다고 선진국에도 공장을 세웠다.

대기업에 세금을 깎아주면 투자를 늘려 일자리가 만들어진다고

말하는 사람도 있다. 맞는 말이다. 기업가는 돈이 생기면 쌓아두는 것
보다는 투자하려고 하기 때문이다. 그런데 문제는 투자, 그러니까 공
장을 짓는 일을 대부분 한국에 하지 않는 데 있다. 헝가리에, 미국에,
중국에 공장을 짓는다. 일자리는 우리 것이 아니라 외국인의 차지다.
대기업에 세금을 깎아주고 우리가 대신 낸 세금이 외국에 일자리를 만
들고 있다.

　서비스업은 돈이 돌아야 일자리가 생긴다. 그런데 공장이 사라지
는 우리나라에 돈이 돌 리가 없다. 누군가 공장에서 일해 돈을 벌고 그
돈으로 누군가 물건을 사줘야 파는 사람의 일자리가 만들어지지 않겠
는가? 중년층은 가계부채가 쌓여서 이자 내기도 바쁘고, 청년들은 일
자리마저 없으니 돈을 쓸 수가 없다. 일자리가 없는 청년을 둔 부모는
돈을 쓰고 싶어도 쓸 수가 없다. 2017년 하반기부터 본격적으로 금리
가 오르면 더욱 쓸 돈이 없다. 서비스업에도 일자리가 만들어질 수 없
는 구조적 이유다.

　지금 선진국은 거의 완전고용 상태다. 원하기만 하면 얼마든지 일
이 있다. 일본은 사람이 부족해서 사람을 구하는 수준이 아니라 회사
가 애걸복걸한다. 독일은 생산가능인구가 줄어들 것을 대비해 20년 전
부터 공장자동화를 추진했다. 우리하고는 상황이 완전히 다르다. 무엇
보다 중소기업이 뒤를 받친다. 대기업이 공장을 자동화하면 중소기업
은 더 좋은 인력을 데려올 수 있다. 대기업은 자동화하면 생산성과 품

질이 모두 오른다. 더 많은 제품을 팔게 되어 중소기업의 일도 동시에 늘어난다. 공장을 가진 나라의 이야기다.

건설산업은 무언가를 만들어내는 제조업처럼 보이지만, 건설이 끝나면 굴착기와 일이 사라져 한숨짓는 사람만 남는다. 특히 건설의 대상이 생산이나 제조와 덜 관계된 일일수록 그렇다. 건설업이 나쁘다는 말이 아니라, 공장을 건설하는 대신 비버처럼 집만 짓거나 댐만 만들거나 하는 이상한 일을 했다는 말이다. 미국, 독일, 일본과 같은 나라가 앞으로 다가올 30년을 준비하는 동안 한 일이어서 더 문제다.

공장에서 사람, 그러니까 인건비는 이제부터 별로 중요하지 않다. 자동화된 공장을 지으면서 인건비가 문제라면 말이 되지 않는다. 미국에 공장을 지으라는 으름장에 맞서 우리도 우리 땅에 공장을 건설하게 해야 한다. 똑똑한 청년들에게 취업이 안 되니 일본에서 일하라고 하는 것은 일본 사람이 되라는 말과 같다. 이것은 나라다운 나라가 해야할 일이 아니다. 하나라도 공장을 우리나라에 더 짓게 해서 나간 사람도 불러들여야 한다.

공장이 자동화하면 자동화하지 못한 공장은 급속하게 경쟁력을 잃는다. 새로운 공장을 계속 외국에만 지은 우리가 당면할 문제다. 대기업은 외국에서 공장을 가동하면 그만이지만, 경쟁력을 잃은 국내공장을 폐쇄하면 그 피해는 고스란히 우리 근로자의 몫이다. 물론 이 공장에 납품하는 수많은 중소기업이 연쇄적으로 문을 닫는다. 그저 중소기업을 지원한다고 해서 될 일이 아니라는 말이다. 공장이 들어서는 것이 먼저다. 근로자도 외국에만 공장을 짓는 사용자의 문제를 지적해야 한다.

　　마지막으로 우리가 생각한 것은 '우리에게 미래가 있을까' 하는 것이다. 미래는 두 구간이다. 하나는 앞으로 30년이고, 다른 하나는 그 이후의 미래다. 앞으로 30년은 앞으로 5년에 달렸다. 새로운 정부와 관계없이 시간으로 그렇다. 2022년이나 2023년이면 이 책에서 말한 그런 기술과 우리가 알지도 못하는 더 많은 기술이 파도처럼 덮친다. 이때는 생각을 바꾸고 무언가를 하려고 해도 때를 놓쳐 할 수 없는 시기다. 앞으로 5년간 새로운 공장이 얼마나 들어서고 얼마나 들어설 계획이 세워지느냐가 그대로 우리의 미래가 된다.

　　30년 이후의 미래는 두렵다. 이때는 인류의 문제이니 국가의 문제도 아닐 것이다. 어떤 사람은 지금과 똑같은 사람이고, 어떤 사람은 신처럼 느껴질 것이다. 대다수를 차지하는 순수한 인간보다 100억 배나 뛰어난 인간이 과연 같은 공간에 공존할 수 있을까? 한쪽에서는 환경을 극한으로 파괴하고 한쪽에서는 환경을 지키기 위해 목숨을 걸고 싸우는 것이 인간이다. 인간이 30,000년간 해온 이런 모든 일의 결과가 종지부를 찍는다. 30년 이후의 미래는 이 결과에 달렸다.

　　30년 후에도 가슴 뛰는 미래를 발견할 수 있기를.

참고자료

1 https://en.wikipedia.org/wiki/Ray_Kurzweil

2 〈4차 산업혁명〉, 클라우스 슈밥, 새로운 현재

3 https://www.weforum.org/

4 〈3차 산업혁명〉, 제러미 리프킨, 민음사

5 https://www.23andme.com/

6 https://www.gene.com/

7 https://www.fda.gov/

8 https://en.wikipedia.org/wiki/BRAIN_Initiative

9 https://en.wikipedia.org/wiki/Human_Brain_Project

10 https://commons.wikimedia.org/wiki/James_Watt

11 http://www.zipcar.com/

12 https://en.wikipedia.org/wiki/AlphaGo

13 https://www.ibm.com/kr-ko/

14 http://www.gartner.com/

15 http://www.spacex.com/

16 https://www.3dhubs.com/

17 http://www.kinkos.co.kr/

18 http://organovo.com/

19 https://localmotors.com/

20 http://www.bmskorea.co.kr/

21 http://www.merck.com/

22 https://www.lilly.com/

23 https://www.blueorigin.com/

24 http://www.virgingalactic.com/

25 https://en.wikipedia.org/wiki/Hans_Moravec

26 〈위대한 해체〉, 스티브 사마티노, 인사이트앤뷰

27 http://www.alibaba.com/

28 https://www.threadless.com/

29 https://www.bmwgroup.com/

30 http://www.aussiefarmers.com.au/

31 https://en.wikipedia.org/wiki/Machine_learning

32 https://en.wikipedia.org/wiki/Cloud_computing

33 http://www.bbc.com/

34 https://www.siemens.com/global/

35 〈파퓰러 사이언스(Popular Science)〉, 2016년 4월호, 이인식

36 http://www.midea.com/global/

37 https://www.kuka.com/

38 http://www.stephenwiltshire.co.uk/

39 〈천재들의 공부법〉, 조병학, 인사이트앤뷰

40 〈매일경제〉, 이인식 과학칼럼, 2016.04.29

41 http://www.stratasys.com/

42 https://www.3dsystems.com/

43 http://www.tamicare.com/

44 https://www.thingiverse.com/

45 https://www.3dsystems.com/

46 https://www.youmagine.com/

47 https://www.shapeways.com/

48 https://www.ponoko.com/

49 http://www.roche.com/

50 https://www.oculus.com/

51 https://www.facebook.com/spaces

52 http://www.keyence.com/

53 https://www.bccresearch.com/

54 http://www.daifuku.com/

55 http://www.desertec.org/

56 https://www.deutsche-bank.de/

57 http://new.abb.com/

58 http://www.abengoa.com/web/en/

59 https://www.saint-gobain.com/en/

60 http://www.dongenergy.com/en/

61 http://www.nature.com/nature/

62 https://www.tesla.com/

63 https://www.walmart.com/

64 https://www.tesla.com/

65 http://www.donki-hd.co.jp/en/

66 〈일반가맹점주들 "신용카드 수수료율 낮추라"〉, 시사저널 이코노미, 2017.04.19

67 https://squareup.com/reader/

68 https://www.starbucks.com/

69 https://moven.com/

70 https://www.amazon.com/

71 https://en.wikipedia.org/wiki/Project_Loon

72 http://www.hri.co.kr/

73 https://www.oxfam.org/

74 https://www.census.gov/

75 〈사이보그 시티즌〉, 크리스 그레이, 김영사

76 https://en.wikipedia.org/wiki/Genetically_modified_organism

77 https://www.netflix.com/

78 http://www.ebay.com/

79 https://www.costco.com/

80 〈위대한 해체〉, 스티브 사마티노, 인사이트앤뷰

81 http://www.gsma.com/mobileeconomy/

82 https://www.spotify.com/

83 https://www.coursera.org/

84 http://www.huffingtonpost.com/

85 https://www.buzzfeed.com/

86 https://www.buzzfeed.com/cnnbuzzfeed

87 https://www.fullscreen.com/

88   https://awesomenesstv.com/

89   https://www.jnj.com/

90   http://www.evaluategroup.com/public/EvaluatePharma/

91   http://kitepharma.com/

92   https://www.junotherapeutics.com/

93   https://www.novartis.com/

94   http://www.merck.com/

95   http://www.pfizer.com/

96   http://www.novonordisk.com/

97   http://en.sanofi.com/

98   https://www.olympus-global.com/

99   http://blog.naver.com/with_msip

100   https://verily.com/

101   https://www.gsk.com/

102   http://www.galvani.bio/

103   http://www.secondsight.com/

104   https://en.wikipedia.org/wiki/History_of_money#Goldsmith_bankers

105   https://www.safaricom.co.ke/

106   http://www.vodafone.com/

107   https://www.zidisha.org/

108   https://www.btpn.com/

109   https://www.t-mobilebankowe.pl/

110   https://www.itau.com.br/

111   http://www.nvidia.com/

112   https://www.intel.com/

113   https://www.navigantresearch.com/

114   https://www.harman.com/

115   https://www.ted.com/

116   http://ansari.xprize.org/

117   http://www.scaled.com/

118   http://www.pipistrel.si/

119   https://www.aeromobil.com/

120 https://kittyhawk.aero/

121 http://cartivator.com/

122 https://www.pal-v.com/

123 https://www.uber.com/

124 http://www.fao.org/

125 https://www.unicef.org/

126 http://fortune.com/

127 https://www.forbes.com/

128 http://www.monsanto.com/

129 http://www4.syngenta.com/

130 https://www.astrazeneca.com/

131 http://www.bp.com/

132 http://www.solarcity.com/residential/solar-roof

133 〈자연은 위대한 스승이다〉, 이인식, 김영사

134 http://www.neurotechnology.neu.edu/

135 http://www.bostondynamics.com/

136 http://www.zeri.org/

137 https://www.theoceancleanup.com/

138 https://www.naturabrasil.fr/en/

139 https://www.qualcomm.com/

140 https://www.airbnb.com/

141 http://www.zipcar.com/

142 https://en.wikipedia.org/wiki/Sharing_economy

143 http://www.toms.com/

144 https://www.raspberrypi.org/

145 〈두산백과〉, http://terms.naver.com/

146 〈한경 경제용어사전〉, http://terms.naver.com/

147 https://www.daiwahouse.co.jp/English/

148 〈자연은 위대한 스승이다〉, 이인식, 김영사

149 〈거북복이 미래 자동차로〉, 머니투데이, 2010.11.03

150 〈'청색기술'에 미래 건 경북 전남〉, 한국경제신문, 2017.05.02

151 〈타인 체세포로 만든 줄기세포 일본서 세계 첫 이식수술 성공〉, 한국경제신문, 2017.03.30

152 www.heliatek.com/

153 〈브릴리언트 II〉, 조병학 이소영, 인사이트앤뷰

154 https://en.wikipedia.org/wiki/Brain_computer_interface

155 https://en.wikipedia.org/wiki/Neuroprosthetics

156 http://thefuturelaboratory.com/uk/

157 https://en.wikipedia.org/wiki/Low_Earth_orbit

158 https://en.wikipedia.org/wiki/Massive_open_online_course

159 https://en.wikipedia.org/wiki/Savant_syndrome

160 https://www.stfc.ac.uk/

161 https://www.patientslikeme.com/

162 http://www.spacex.com/hyperloop

· 〈MONEY〉, 토니 로빈스, RHK

· 〈감각의 박물학〉, 다이앤 애커먼, 작가정신

· 〈퓨처 스마트〉, 제임스 캔턴, 비즈니스북스

· 〈지능이란 무엇인가〉, 하워드 가드너, 사회평론

· 〈마음의 탄생〉, 레이 커즈와일, 크레센도

· 〈거래의 기술〉, 도널드 크럼프, 살림

· 〈세계의 역사를 뒤바꾼 1,000가지 사건〉, 내셔널 지오그래픽, 지식갤러리

· 〈Science & Invention〉, 내셔널지오그래픽, 지식갤러리

· 〈The Science Book〉, 내셔널지오그래픽, 지식갤러리

· 〈The Big Idea〉, 내셔널지오그래픽, 지식갤러리

· 〈오리지널스〉, 애덤 그랜트, 한국경제신문사

· 〈우리는 도시에서 행복한가〉, 찰스 몽고메리, 미디어윌

· 〈스티브 잡스 무한 혁신의 비밀〉, 카민 갤로, 비즈니스북스

· 〈바이털 퀘스천 : 생명은 어떻게 탄생했는가〉, 닉 레인, 까치

· 〈경험은 어떻게 비즈니스가 되는가〉, 브라이언 솔리스, 다른

· 〈인간은 필요 없다〉, 제리 카플란, 한스미디어

- 〈뇌는 어떻게 결정하는가〉, 조나 레러, 21세기북스
- 〈미각의 지배〉, 존 앨런, 미디어윌
- 〈공부하는 기계들이 온다〉, 박순서, 북스톤
- 〈Superintelligence〉, Nick Bostron, Oxford University Press
- 〈살아 있는 것들은 전략이 있다〉, 서광원, 김영사
- 〈창조적 인간의 탄생〉, 하워드 가드너, 사회평론
- 〈무엇이 아름다움을 강요하는가〉, 나오미 울프, 김영사
- 〈2035 미래기술 미래사회〉, 이인식, 김영사
- 〈나는 왜 이 일을 하는가〉, 사이먼 시넥, 타임비즈
- 〈생활 속의 응용윤리〉, 박찬구, 세창출판사
- 〈사피엔스〉, 유발 하라리, 김영사
- 〈사이보그 시티즌〉, 크리스 그레이, 김영사
- 〈지식〉, 루이스 다트넬, 김영사
- 〈당신의 경쟁전략은 무엇인가〉, 조안 마그레타, 진성북스
- 〈뉴턴의 시계〉, 에드워드 돌닉, 책과 함께
- 〈명견만리(윤리, 기술, 중국, 교육 편)〉, KBS 명견만리 제작진, 인플루엔셜
- 〈Winners〉, 알래스테어 캠벨, 전략시티
- 〈천재들의 공부법〉, 조병학, 인사이트앤뷰
- 〈브릴리언트〉, 조병학 이소영, 인사이트앤뷰
- 〈브릴리언트 II〉, 조병학 이소영, 인사이트앤뷰
- 〈제4차 산업혁명〉, 클라우스 슈밥, 새로운 현재
- 〈세상을 바꾸는 14가지 미래기술〉, 한국경제TV산업팀, 지식노마드
- 〈일의 미래 : 무엇이 바뀌고, 무엇이 오는가〉, 선대인, 인플루엔셜
- 〈자연은 위대한 스승이다〉, 이인식, 김영사
- 〈위대한 해체〉, 스티브 사마티노, 인사이트앤뷰
- 〈4차 산업혁명 인사이트〉, 임일, 더메이커